职业教育新形态一体化教材——道路工程类
陕西省"十四五"首批职业教育规划教材

道路工程试验与检测
（智媒体版）

主　编　樊兴华
副主编　刘超群
主　审　刘长江　李林军

西南交通大学出版社
·成都·

图书在版编目（CIP）数据

道路工程试验与检测：智媒体版 / 樊兴华主编. —成都：西南交通大学出版社，2021.11（2025.2 重印）
ISBN 978-7-5643-8370-1

Ⅰ. ①道… Ⅱ. ①樊… Ⅲ. ①道路试验 – 检测 – 高等职业教育 – 教材 Ⅳ. ①U416.03

中国版本图书馆 CIP 数据核字（2021）第 231515 号

Daolu Gongcheng Shiyan yu Jiance
(Zhimeiti Ban)

道路工程试验与检测（智媒体版）

主编　樊兴华

责任编辑	王　旻
特邀编辑	王玉珂
封面设计	GT 工作室

出版发行	西南交通大学出版社 （四川省成都市金牛区二环路北一段 111 号 西南交通大学创新大厦 21 楼）
邮政编码	610031
发行部电话	028-87600564　028-87600533
网址	http://www.xnjdcbs.com
印刷	四川煤田地质制图印务有限责任公司
成品尺寸	185 mm × 260 mm
印张	14.75
字数	368 千
版次	2021 年 11 月第 1 版
印次	2025 年 2 月第 2 次
定价	45.00 元
书号	ISBN 978-7-5643-8370-1

课件咨询电话：028-81435775
图书如有印装质量问题　本社负责退换
版权所有　盗版必究　举报电话：028-87600562

前　言

课程主要内容及学习目标

　　"道路工程试验检测技术"是高等职业院校土木工程领域中道路桥梁工程技术、工程监理、工程检测等专业的主要专业课。

　　本书力争反映道路工程试验检测领域最新的科学技术成果，以我国最新出版的有关技术标准、规程和规范为依据，阐述本学科理论和概念，贯彻理论与实践相结合的原则，结合高等职业技术教育的特点，注重知识的适用性和可操作性，重点突出行业岗位群对从业人员知识结构和职业能力的要求，充分体现高等职业技术教育的特点。同时，将道路工程试验检测技术的理论知识和相关实训指导合二为一，相关的视频、动画、微课、习题、任务指导书、实训报告等采用二维码的方式呈现。重点突出行业岗位群对从业人员知识结构和职业能力的要求，充分体现高等职业技术教育的特点，融"教、学、做"为一体，实现了课堂与实训的一体化。

　　本书主要内容有：

　　项目一：试验检测数据的处理

　　项目二：路基检测

　　项目三：路面材料检测

　　项目四：路面现场检测

　　项目五：桥梁检测

　　项目六：隧道检测

　　项目七：试验检测资料的整理及归档

　　附录：公路工程质量检验评定标准

本书绪论和项目三中任务一由刘超群编写，项目一和附录由龚贵林编写，项目二由张小利编写，项目三中任务二由西安铁信试验检测有限公司金辉高级工程师编写，任务三至任务七由樊兴华编写，项目三中任务八由西安铁信试验检测有限公司贺阿明高级工程师编写，项目四中任务一至任务三由郭俊娥编写，项目四中任务四至任务七由陈彦军编写，项目五和项目六由李刚编写，项目七由刘群编写。

全书由陕西铁路工程职业技术学院樊兴华担任主编，刘超群担任副主编，由中铁北京工程局集团第一工程有限公司刘长江与陕西铁路工程职业技术学院李林军主审。

在本书编写的过程中得到了陕西铁路工程职业技术学院的大力支持，在此，向关心、支持和帮助本书编写的有关领导和专家致以衷心的感谢。

由于编者水平有限，疏漏失误之处恳请批评指正。

同时，欢迎读者关注课程的教学网址并提出宝贵意见：
https://www.xueyinonline.com/detail/216868634

编 者
2020 年 7 月

数字资源目录

章节	序号	名　　称	类型/数量	页码
前言	1	课程主要学习内容及学习目标	课件+微课	前言
绪论	2	初识道路工程试验与检测	课件+微课	2
	3	试验检测机构及其对试验检测人员的要求		3
	4	试验检测规程及工作细则		3
	5	试验检测人员职业资格考试		8
项目1 试验检测数据的处理	6	试验检测数据的统计分析	任务单	10
	7	认识误差	课件+微课	10
	8	抽样检验		13
	9	检测数据的统计特征数		15
	10	正态分布		17
	11	t 分布		21
	12	试验检测数据的处理及表达	任务单	24
	13	有效数字	课件+微课	24
	14	数字修约		25
	15	拉依达法		27
	16	肖维纳特法		27
	17	格拉布斯法		28
	18	表格法		30
	19	图示法		31
	20	经验公式法		31
项目2 路基检测	21	土的击实	任务单+试验指导书及报告	41
	22	土的含水率试验方法	课件+微课	41
	23	烘干法测定土的含水率		41
	24	酒精燃烧法测定土的含水率		42
	25	微波法检测土的含水率		43

续表

章节	序号	名　称	类型/数量	页码
项目2　路基检测	26	土的击实——适用范围及仪器设备	课件+微课	43
	27	土的击实——试样准备		45
	28	土的击实——试验步骤		45
	29	土的击实——结果整理		46
	30	路基压实度检测方法	任务单+课件+微课	48
	31	路基压实度检测挖坑灌砂法	试验指导书及报告	48
	32	挖坑灌砂法适用范围及仪器材料	课件+微课	48
	33	挖坑灌砂法量砂密度的标定		50
	34	挖坑灌砂法试验步骤		50
	35	挖坑灌砂法结果整理		51
	36	路基压实度检测环刀法	试验指导书及报告	52
	37	环刀法测试压实度方法	课件+微课	53
	38	环刀测试压实度数据处理		54
	39	路基强度检测	任务单+试验指导书及报告	58
	40	CBR的定义及仪器设备	课件+微课	58
	41	CBR试验原理及试样制备		60
	42	CBR测定路基强度试验步骤		60
	43	CBR试验结果整理		61
	44	承载板测试土基回弹模量方法		64
	45	贝克曼梁法测试路基路面回弹模量方法		66
	46	路基弯沉检测	任务单+试验指导书及报告	70
	47	认知弯沉	课件+微课	71
	48	弯沉测定——试验仪器		72
	49	弯沉测定——准备工作		72
	50	弯沉测定——测试步骤		72
	51	弯沉测定——结果整理		73

续表

章节	序号	名称	类型/数量	页码
项目3 路面材料检测	52	活性氧化钙、氧化镁含量测定	任务单	85
	53	石灰氧化钙镁含量测定——测试原理及仪器设备	课件+微课	85
	54	石灰氧化钙和氧化镁含量测定——试验目的	课件+微课+试验指导书及报告	85
	55	石灰氧化钙含量测定——试剂准备		86
	56	石灰氧化钙和氧化镁含量测定-试样准备	课件+微课	87
	57	石灰氧化钙含量测定-试验步骤及结果整理		87
	58	石灰氧化镁测定方法	试验指导书及报告	87
	59	石灰氧化镁含量测定——原理及试剂准备	课件+微课	88
	60	石灰氧化镁含量测定——试验结果及结果整理		89
	61	石灰有效氧化钙和氧化镁简易测定方法	试验指导书及报告	89
	62	水泥或石灰稳定材料中水泥或石灰剂量的测定	任务单+试验指导书及报告	91
	63	EDTA滴定法概述		91
	64	EDTA适用范围及仪器设备	课件+微课	91
	65	EDTA标准曲线试样准备		92
	66	EDTA标准曲线准备及试验步骤		93
	67	无机结合料稳定类材料含水率试验方法	试验指导书及报告	97
	68	无机结合料含水率测定	课件+微课	97
	69	无机结合料稳定材料的击实试验	任务单+试验指导书及报告	102
	70	无机结合料击实——仪器设备		102
	71	无机结合料击实——试验步骤（理论讲解）		103
	72	无机结合料击实——试验操作	课件+微课	103
	73	无机结合料击实——试验配料计算		104
	74	无机结合料击实——试验注意事项		105
	75	无机结合料击实——试验数据处理		106

续表

章节	序号	名　称	类型/数量	页码
项目3　路面材料检测	76	无机结合料稳定材料试件制作方法（圆柱形）	试验指导书及报告	107
	77	无机结合料稳定材料养生试验方法		111
	78	无机结合料稳定材料无侧限抗压强度试验方法	任务单+试验指导书及报告	112
	79	无侧限试验原理	课件+微课	112
	80	无侧限操作步骤		113
	81	无侧限结果整理		114
	82	无侧限注意事项		114
	83	回弹仪测试水泥混凝土强度方法	任务单+试验指导书及报告	115
项目4　路面现场检测	84	公路路基路面现场测试随机选点方法	任务单+试验指导书及报告	127
	85	纵向位置选取	课件+微课	127
	86	纵向及横向位置选取		132
	87	现场抽样选点方法		134
	88	现场抽样钻芯和切割取样方法	任务单+试验指导书及报告	135
	89	路基路面几何尺寸测试方法概述	课件+微课	137
	90	路基路面几何尺寸检测		137
	91	挖坑和钻芯法测试路面厚度方法	课件+微课+任务单+试验指导书及报告	140
	92	钻芯测试路面压实度方法	课件+微课+任务单+试验指导书及报告	143
	93	路面平整度检测	任务单+试验指导书及报告	145
	94	路面平整度概述	课件+微课	146
	95	三米直尺测试路面平整度方法		146
	96	连续式平整度仪测试方法		147
	97	路面抗滑性检测	任务单	154
	98	路面抗滑性能试验概述	课件+微课	154
	99	手工铺砂法测试路面构造深度方法	课件+微课+试验指导书及报告	155
	100	电动铺砂仪测试路面构造深度方法	课件+微课+试验指导书及报告	156

续表

章节	序号	名 称	类型/数量	页码
项目4 路面现场检测	101	路面抗滑性检测（摆式仪法）	试验指导书及报告	160
	102	摆式仪测试路面摩擦系数方法的测试过程	课件+微课	161
	103	摆式仪测试路面摩擦系数方法的结果整理		162
	104	沥青路面渗水系数检测	任务单+试验指导书及报告	168
	105	沥青路面渗水系数测试方法概述	微课+课件	168
	106	沥青路面渗水系数测试方法的操作步骤		169
项目5 桥梁检测	107	地基承载力检测和钻孔灌注桩检测	任务单+试验指导书及报告	173
	108	桥梁上部结构检测及桥梁荷载检测		192
项目6 桥梁检测	109	隧道施工质量检测	任务单+试验指导书及报告	203
	110	隧道施工监控量测		206
项目7 试验检测资料的整理与归档	111	试验检测资料的整理及归档	任务单	212
	112	试验检测制度	微课+课件	213
	113	文件资料管理制度		214
	114	项目试验室建立的主要质量记录		215
	115	试验检测资料的标准化管理		215
	116	施工试验检测资料的编制和组卷		217
附录	117	工程质量检验		221
	118	工程质量评定		222
	119	路基土石方工程质量检验评定标准	WORD	223
	120	路面工程质量检验评定标准		223
	121	桥涵工程质量检验评定标准		223
	122	隧道工程质量检验评定标准		223

目 录

绪 论 ·· 2
 复习思考题 ··· 8

项目一 试验检测数据的处理 ··· 9
 任务一 试验检测数据的统计分析 ··· 10
 任务二 试验检测数据的处理及表达 ··· 24
 任务三 检测路段数据统计方法及相关性试验 ··································· 34
 项目小结 ··· 38
 复习思考题 ··· 38

项目二 路 基 检 测 ·· 40
 任务一 土的击实 ··· 41
 任务二 路基压实度检测 ·· 48
 任务三 路基强度和模量检测 ·· 58
 任务四 路基弯沉检测 ·· 70
 项目小结 ··· 81
 复习思考题 ··· 81

项目三 路面材料检测 ·· 82
 任务一 活性氧化钙、氧化镁含量测定 ·· 85
 任务二 水泥或石灰稳定材料中水泥或石灰剂量测定 ·························· 91
 任务三 无机结合料稳定类材料的含水量试验 ·································· 97
 任务四 无机结合料稳定材料击实试验 ··· 102
 任务五 无机结合料稳定材料试件制作方法（圆柱形） ······················· 107
 任务六 无机结合料稳定材料养生试验方法 ···································· 111
 任务七 无机结合料稳定材料无侧限抗压强度试验 ···························· 112
 任务八 水泥混凝土强度检测 ··· 115
 项目小结 ·· 125
 复习思考题 ·· 125

项目四 路面现场检测 126

- 任务一 路基路面现场测试随机选点方法 127
- 任务二 现场抽样 133
- 任务三 几何尺寸及路面厚度检测 136
- 任务四 路面压实度检测 143
- 任务五 路面平整度检测 145
- 任务六 路面抗滑性能检测 154
- 任务七 沥青路面渗水性能检测 168
- 项目小结 171
- 复习思考题 171

项目五 桥梁检测 172

- 任务一 地基承载力及钻孔灌注桩检测 173
- 任务二 桥梁上部结构检测及桥梁荷载试验 192
- 项目小结 202
- 复习思考题 202

项目六 隧道检测 203

- 任务一 隧道施工质量检测 203
- 任务二 隧道施工监控量测 206
- 项目小结 211
- 复习思考题 211

项目七 试验检测资料的整理及归档 212

- 任务一 试验检测管理制度 212
- 任务二 试验检测资料的整理与归档 215
- 项目小结 219
- 复习思考题 219

附录 公路工程质量检验评定标准 220

参考文献 224

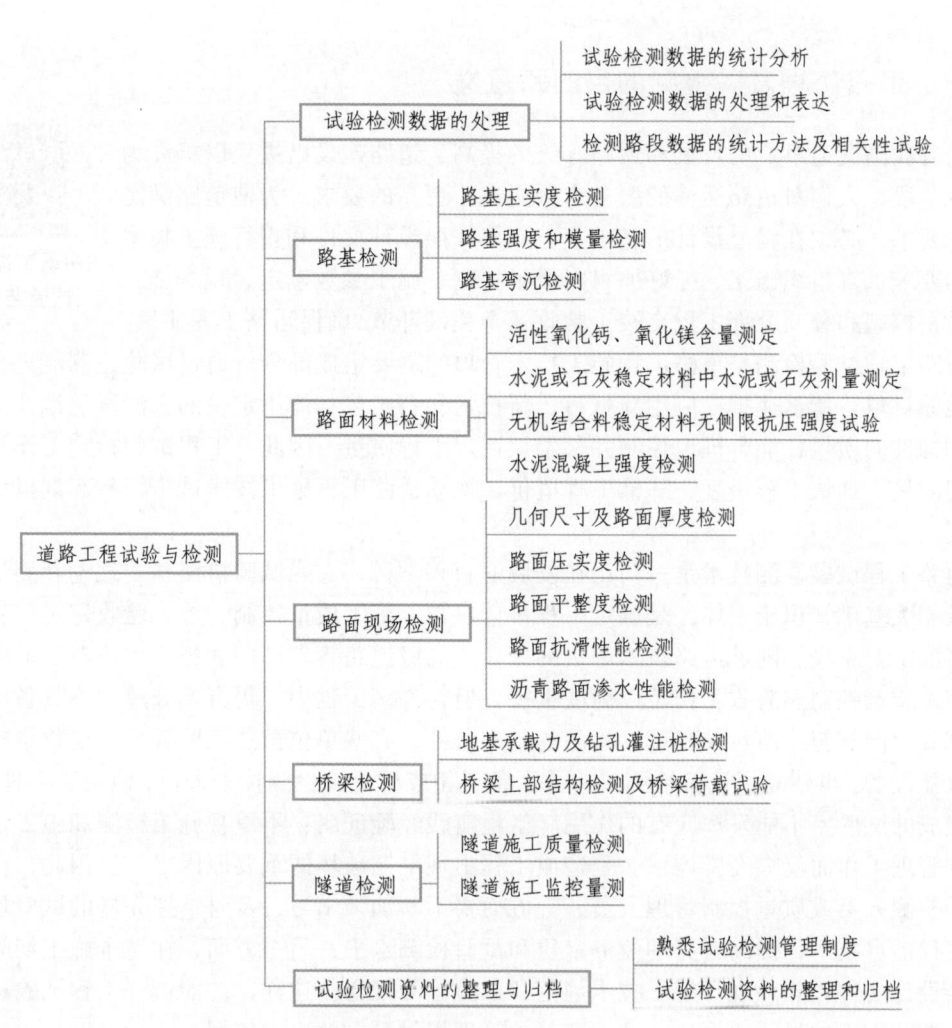

全书知识点思维导图

绪 论

一、道路工程试验检测的目的和意义

随着我国交通事业的发展和道路等级的提高，道路建设已进入以提高为主的新阶段，人们对道路运输的服务水平提出了更高的要求。为使道路满足使用的要求，必须在精心设计的基础上，严格按照设计文件和现行施工技术规范的要求认真组织施工，抓好原材料质量控制、施工参数确定、现场施工过程质量控制和分项分部工程交竣工验收 4 个关键环节，确保道路工程质量。

初识道路工程试验与检测

道路工程试验检测是道路工程施工技术管理的重要组成部分，通过试验检测能充分地利用当地原材料，能迅速推广应用新材料、新技术和新工艺；能用定量的方法科学地评定各种材料和构件的质量；能合理地控制并科学地评定工程质量。因此，工程试验检测工作对于提高工程质量、加快工程进度、降低工程造价、推动道路工程施工技术进步，将起到极为重要的作用。

道路工程试验检测技术是一门正在发展的新兴学科，它融试验检测基本理论和测试操作技能及相关基础知识于一体，是确定工程设计参数、施工质量控制、施工验收评定、养护管理决策的主要手段。随着道路技术等级的提高，高级道路管理部门和施工单位对加强质量检测与施工质量控制和验收工作予以高度重视。但在许多工程中，仍有部分单位不具备原材料质量试验检测和施工质量控制试验检测的基本条件，有些单位虽然已购置了一定数量的试验检测仪器设备，也建立了试验检测机构并配备了相应的试验检测技术人员，但由于多种原因，使已建成的试验室不能发挥应有的作用。工程实践经验证明：不重视施工检测和施工现场质量控制管理工作而仅靠经验评估，是造成工程出现早期破坏的重要原因之一。因此，作为工程试验检测人员或质量控制管理人员，一方面要不断加强学习，及时掌握先进的试验检测技术和现代信息技术，提高自身的业务素质和试验检测水平；另一方面，在整个施工期间应完全领会设计文件，熟悉现行施工技术规范和试验检测规程。这样，才能做好工程试验检测工作，为道路工程的科研、设计、施工和养护管理提供可靠的决策依据。

二、道路工程试验检测规程和细则

试验检测工作是试验检测机构工作中的一个关键环节，试验检测结果的准确性与可靠性将直接影响质检机构的工作质量。为了确保提供的数据准确可靠，要求试验检测人员在试验检测的全过程中必须严格遵照有关试验检测规程，并力求消除试验检测人为误差，提高试验检测精度。

（一）试验检测机构

目前，各地从事道路工程试验检测的专业机构大体有以下几种类型：

（1）从事道路工程检测的专业公司。

（2）一些大专院校设立的以教师为主体的试验检测中心或实验室。

（3）设计部门成立的试验检测公司。

（4）科研机构成立的试验检测部门或公司。

（5）一些道路养护部门和施工企业组建的试验检测部门或公司。

试验检测机构及其对试验检测人员的要求

（二）对试验检测人员的要求

试验检测人员应按各自的岗位分工，认真履行岗位职责，做好本职工作，确保检测工作质量。

1. 对试验检测人员的要求

（1）试验检测人员应熟悉检测任务，了解被检测对象和所用检测仪器设备的性能。检测人员必须经过考核合格，取得上岗操作证以后，才能上岗操作。

（2）检测人员应掌握所从事检测项目的有关技术标准，了解本领域国内外测试技术、检测仪器的现状及发展方向，具备制定检测大纲、采用国内外最新技术进行检测工作的能力。

（3）检测人员应了解误差理论、数据统计方面的知识，能独立进行数据处理工作。

（4）检测人员应实事求是、忠于职守、作风正派，对检测过程、数据处理工作持严肃的态度，以数据为依据。

2. 对检测人员考核的主要内容

（1）工程质量检测专业知识。了解所用仪器设备的结构原理、性能及正确使用和维护等知识；掌握所检测工程项目的质量标准和有关技术指标程度；实际操作和数据处理的能力。

（2）计量的基础知识、计量法常识、国际单位制基本内容和误差理论基本知识。

（三）现行国家试验检测规程名称

试验检测机构的依据是设计文件、技术标准及试验检测规程，特殊情况下也可由用户提供检测要求。目前，国家试验检测常用的规程、规范和标准有：

试验检测规程及工作细则

（1）《公路土工试验规程》（JTG 3430—2020）

（2）《公路工程沥青及沥青混合料试验规程》（JTG E20—2011）

（3）《公路工程水泥混凝土试验规程》（JTG E30—2005）

（4）《公路工程岩石试验规程》（JTG E41—2005）

（5）《公路工程水质分析操作规程》（JTJ 056—1984）

（6）《公路工程无机结合料稳定材料试验规程》（JTG E51—2009）

（7）《公路工程集料试验规程》（JTG E42—2005）

（8）《公路路基路面现场测试规程》（JTG E3450—2019）

（9）《公路工程土工合成材料试验规程》（JTG E50—2006）

（10）《公路工程技术标准》（JTG B01—2014）

（11）《公路工程质量检验评定标准　第一册　土建工程》（JTG F80/1—2017）

（12）《公路水泥混凝土路面施工技术技术细则》（JTG/T F30—2014）

（13）《公路路基设计规范》（JTG D30—2015）

（14）《公路沥青路面设计规范》（JTG D50—2017）

（15）《公路路基施工技术规范》（JTG/T 3610—2019）

（16）《公路路面基层施工技术规范》（JTJ/T F20—2015）

（17）《公路沥青路面施工技术规范》（JTG F40—2004）

（18）《公路路面技术状况自动化检测规程》（JTJ/T E61—2014）

（19）《公路沥青路面再生技术规范》（JTG/T 5521—2019）

（20）《公路工程基桩动测技术规程》（JTG/T F81-01—2004）

（四）试验检测工作细则

每项试验检测方法，应根据现行最新技术标准、操作规程和有关行业工作规范，制定详细实施细则。

1. 制定实施细则的必要性

由于有些标准规定得不全面，且有些质检机构人员有可能是新手，他们虽然已通过本单位的考核，但不一定很熟练；更重要的是质检机构的工作就像工厂生产产品一样，每个步骤都必须按工艺要求实施。为此，必须制定有关实施细则。

2. 实施细则的内容

（1）技术标准、规定要求、检测方法、操作规程等。

（2）抽样方法及样本大小。

（3）检测项目、被测参数大小及允许变化范围。

（4）检测人员组成和检测系统框图。

（5）对检测仪器的检查标定项目和结果。

（6）对检测仪器和样品或试件的基本要求。

（7）对环境条件的检查，即从保证计量检测结果可靠角度出发，运用允许变化范围的规定。

（8）在检测过程中发生异常现象的处理办法。

（9）在检测过程中发生意外事故的处理办法。

（10）检测结果计算整理分析方法。

3. 实施细则的有关方法

（1）抽样方法。确定样本大小后，一般由委托试验检测单位提供编号进行随机抽样。原则上抽样人不得与产品直接见面，样本应在生产单位已经检测合格的基础上抽取。特殊情况下，也允许在生产场所已经检测合格的产品中抽取。

抽样前，不得事先通知被检产品单位；抽样结束后，样品应立即封存，连同出厂检测合格证一同送往试验检测地点。

（2）样本大小的确定。凡产品技术标准中已规定样本大小的，按规定标准执行；凡产品技术标准中未明确规定样本大小的，按试验检测规程或相应技术标准中规定的方法确定，也可按百分比抽样，但抽样基数不得小于样本的5倍；在生产场所抽样时，当天产量不得小于均衡生产时的基本日均产量；在使用抽样时，抽样基数不得小于样本的2倍。

（3）样本的保存。样本确定后，抽样人应以适当的方式封存，由样本所在部门以适当的方式运往检测部门。运输方式应以不损坏样本的外观及性能为要求。样品箱、样品桶、样品的包装也应满足上述要求。

（4）样本登记表的内容。抽样结束后，由抽样人填写样品登记表，登记表应包括以下内容：产品生产单位、产品名称、产品型号、样品中单件产品编号及封样的编号、抽样依据、样本大小、抽样基数、抽样地点、运输方式、抽样日期、抽样人姓名、封样人姓名等。

4. 注意事项

（1）对于比较重要的检测项目，若采用专门检测设备，应通过试验确定其检测数据的重复性。

（2）对于某些比较简单的试验检测项目，如果标准规定得很细，能满足上述要求时，可不必制定实施细则。

（五）试验检测原始记录

检测原始记录是出具检测报告的依据，是最重要的记录。为了保证出具的检测报告能够复现，原始记录应包含足够的信息，记录中数据的有效位数和计量单位应正确无误。并且不允许随意更改，不许删减。

原始记录应印成一定格式的记录表，其格式根据检测的要求不同可以有所不同。原始记录表包括：样品名称、型号、规格；样品编号、产地；检测项目、检测编号、检测地点；温度、湿度；主要检测仪器名称、型号、编号；检测原始记录数据、数据处理结果；检测人、复核人；试验日期等。

记录表中应包括所要求记录的信息及其他必要信息，以便在必要时能够判断检测工作在哪个环节可能出现差错。同时，根据原始记录提供的信息，能在一定准确度内重复所做的检测工作。

原始记录中还应包括参与抽样、样品制备（准备）人员的识别。所有的原始记录应使用钢笔或签字笔填写，一般不得使用铅笔，字迹要清晰，内容填写应完整；所有记录填写均要使用法定计算单位；有效数字的取舍必须按误差理论和数字修约规则，截取所需要的数据；不需要填写的栏目应用"/"占位。

原始记录有错误需更改时，不得随意涂抹，如确需涂改，在需要修改位置上画上两条水平线，然后在原数据的右上方写上正确的内容，在修改处加盖更改人的印章。

原始记录经过计算后的结果，即检测结果必须有人校核，校核者必须在本领域有5年以上工作经验。校核者必须在试验检测记录和报告中签名。校核者必须认真核对检测数据，校核量不得小于所检测项目的5%。

硬盘上的原始记录要打印一份用书面形式保存，并有书面签字。要指定专人负责原始记录的保管，保管期一般不得少于 2 年。每年年底应进行整理，按类别及编号顺序分别装订成册，并集中保存和管理。

（六）试验检测数据的处理

1. 试验检测数据整理

试验检测数据的处理是试验检测工作中的一个重要内容。由于试验检测中得到的数值都是近似值，而且在运算过程中还可能运用无理数构成的常数，因此，为了获得准确的试验检测结果，同时也为了节省运算时间，必须按误差理论的规定和数字修约规则截取所需要的数据。此外，误差表达方式反映了对试验检测结果的认识是否正确，也利于用户对试验检测结果的正确理解。

（1）数据处理时应注意：检测数据异常值的判定方法；区分可剔除异常值与不可剔除异常值；整理后的数据应填入原始记录的相应部分。

（2）检测数据的有效位数与检测系统的准确度相适应，不足部分用"0"补充，以便测试数据位数相等。

（3）同一参数检测数据个数少于 3 时，用算术平均法；测试个数大于 3 时，建议采用数理统计方法，计算代表值。

（4）同一参数异常值的判断，可根据精度采用拉依达法（即 3σ 法）、肖维纳特法和格拉布斯法等方法进行判断。

特别提示，对比检测应使用 3 台与原检测仪器准确度相同的仪器对检测项目进行重复性试验。如检测结果与原检测数据相符，则证明此异常值是由产品性能波动造成的；如不相符，则证明此值是因仪器造成的，可以剔除。

2. 试验检测结果判定

在工程质量检验评定中，施工质量的不合格率是大家所关心的问题，由于所抽子样的数据都是随机变量，它们总是存在一定的波动。看到数据有一些变化，或某检测数据低于技术规定要求，就认为施工质量或产品有问题，这样的判定方法是不慎重的，也是缺乏科学依据的，因此很容易给施工带来损失。试验检测结果的整理和判断必须按照数理统计的方法即项目 1 所述的方法进行。

三、道路工程检测技术的发展趋势

当今世界范围内对计算机、激光、GPS 卫星定位及雷达等高科技的推广应用，使人类的生存环境与生活质量发生了巨大的变化。道路交通领域内的技术进步在近几十年呈飞跃式发展，尤其是尖端技术对公路行业的不断渗透，改变了人们多年的传统观念，有力地推动了道路工程检测技术的发展。

（一）道路工程检测技术发展总体趋势

近 20 年来，国际上道路工程的检测技术发展十分迅速，总体的发展趋势是：由人工检测向自动化检测技术发展；由破损类检测向无破损检测技术发展；由一般技术向高新技术发展。比如，机电一体化技术及高精度传感器被应用于弯沉检测；激光技术被用于路面断面检测；雷达技术被用于路基路面厚度和压实度检测；模式识别与图像处理技术被用于路面病害观测。而传统的手工检测方式已经开始逐步被自动化的检测方式所取代，主要体现在检测测量的方式、检测数据的采集和数据的处理以及检测工作安全性等方面的改善。高性能路基路面检测设备开发和应用所追求的目标是准确、高效及安全。具体来讲，就是以各种电子和机械自动化测量方式代替人工测量，并通过微机及专用软件实现测试数据的自动采集、记录和统计计算分析等功能。这样不仅避免了人为因素对测试结果的干扰，而且可以成倍提高测试速度和采样频率，极大地增强了工作效率和现场安全性。

路基路面工程自动化测试设备主要用来检测路基路面的施工质量和运营使用状况，尤其针对满足高速公路较为严格的技术性能和使用要求，采用高科技自动化测试技术具有测试数据准确、采样频率高、工作效率高、对路面结构无损害、安全性好等优点。

此外，运用计算机网络技术和数据挖掘技术对路基路面检测数据进行处理分析，能改变以往道路工程试验检测数据方面的信息孤岛问题，对有效地检测和监控路基路面的工程质量有着十分重要的意义。

（二）道路检测设备和市场发展趋势

近年来，随着多种尖端技术的发展和应用，各国研制的道路专用路面检测设备也在不断改进，力求更好地满足现代高等级道路对诸多技术性能的要求。综合高速公路实际应用的需要，今后开发研制各类路基路面检测设备时将追求实现以下目标：

（1）高精度。随着新产品的研发，不断提高各类检测仪器的分辨率和测试精度。另外，在野外各种严酷环境中进行检测作业的条件下，提高设备的工作稳定性，尤其是使各种电子产品能够抵御诸如温度、湿度、振动及空中干扰波的影响，将进一步提高测试结果的准确性。

（2）实时化。能够对现场采集的大量数据进行实时的分析和统计计算，提高检测评价的时效性。此外，可利用宽带网实现测试数据的远程传送，实现室内工作站与测试现场保持同步监控。

（3）标准化。建立统一的标准体系，使检测同一指标的不同类型设备的测试结果具有相关可比性。

（4）智能化。针对检测对象的复杂变化，利用高性能计算机并编制完善的智能处理软件，使操作人员能够更为轻松灵活地运用自动化测试仪器进行工作。

（5）多功能。应用各类小型化、微型化和集成化的自动控制技术，将各种检测功能汇集在同一个系统中，提高测试效率。目前已出现能够同时测试路面平整度、纹理构造深度、车辙、横纵坡、弯道半径的多功能测试系统，以后有望在此基础上增加路况和雷达探测功能。

综上所述，今后的道路检测对设备以及测试技术人员的要求都会不断提高。因此，道路检测将向专业化服务方向转变。目前，在欧美发达国家就已存在许多专业检测公司长期为道路的管理者提供各种路面检测与评价服务。凭借服务范围广泛开放，技术维护和追踪全面，拥有大量设备和技术人员，这类服务机构正在显现出其在道路检测领域的优势。我国在近年高速公路通车里程急剧增加的情况下，路面检测的发展趋势也将逐步向专业化方向转变。

四、职业资格制度规定

试验检测人员
职业资格考试

人社部发〔2015〕59号，为加强公路水运工程试验检测专业技术人员队伍建设，提高试验检测专业技术人员素质，根据《中华人民共和国公路法》《中华人民共和国港口法》《中华人民共和国航道法》和国家职业资格证书制度的有关规定制定。

（1）国家设立公路水运工程试验检测专业技术人员水平评价类职业资格制度，纳入全国专业技术人员职业资格证书制度统一规划，面向全社会提供公路水运工程试验检测专业技术人员能力水平评价服务。评价结果与工程系列相应级别职称有效衔接，为用人单位科学使用公路水运工程试验检测专业技术人才提供依据。

（2）公路水运工程试验检测专业（Highway and Waterway Testing & Inspection Professionals）技术人员职业资格包括道路工程、桥梁隧道工程、交通工程、水运结构与地基、水运材料5个专业，分为助理试验检测师和试验检测师2个级别。助理试验检测师和试验检测师职业资格实行考试的评价方式。

（3）通过公路水运工程助理试验检测师和试验检测师职业资格考试，并取得相应级别职业资格证书的人员，表明其已具备从事公路水运工程试验检测专业相应级别专业技术岗位工作的能力。

（4）人力资源社会保障部、交通运输部共同负责公路水运工程试验检测职业资格制度的政策制定，并按职责分工对职业资格制度的实施进行指导、监督和检查。交通运输部职业资格中心具体承担公路水运工程试验检测职业资格评价工作。

复习思考题

1. 加强试验检测工作对工程质量控制有何意义？
2. 简述现行试验检测规程的名称和相应内容。
3. 试验检测原始记录包括的内容有哪些？
4. 简述国内外道路工程检测技术的现状和发展趋势。

项目一

试验检测数据的处理

【材料试验员岗位工作标准】对试验检测原始记录进行分析和处理。

【试验检测工程师职业资格考试要求】主要检验应考人员对公路水运工程试验检测工作中所涉及的法律、法规、规章及规范性文件；试验检测管理及技术要求；试验检测基础等相关知识的掌握情况，以及在试验检测工作中熟练灵活应用这些知识的能力。相关人员应掌握数值修约方法及修约规则的运用、误差分析理论及测量误差计算方法、抽样技术及其应用。

【教学目标】了解试验检测数据的统计分析，熟悉检测路段数据统计方法，掌握试验检测数据的处理和表达，能够对检测数据进行处理和表达。

【思维导图】

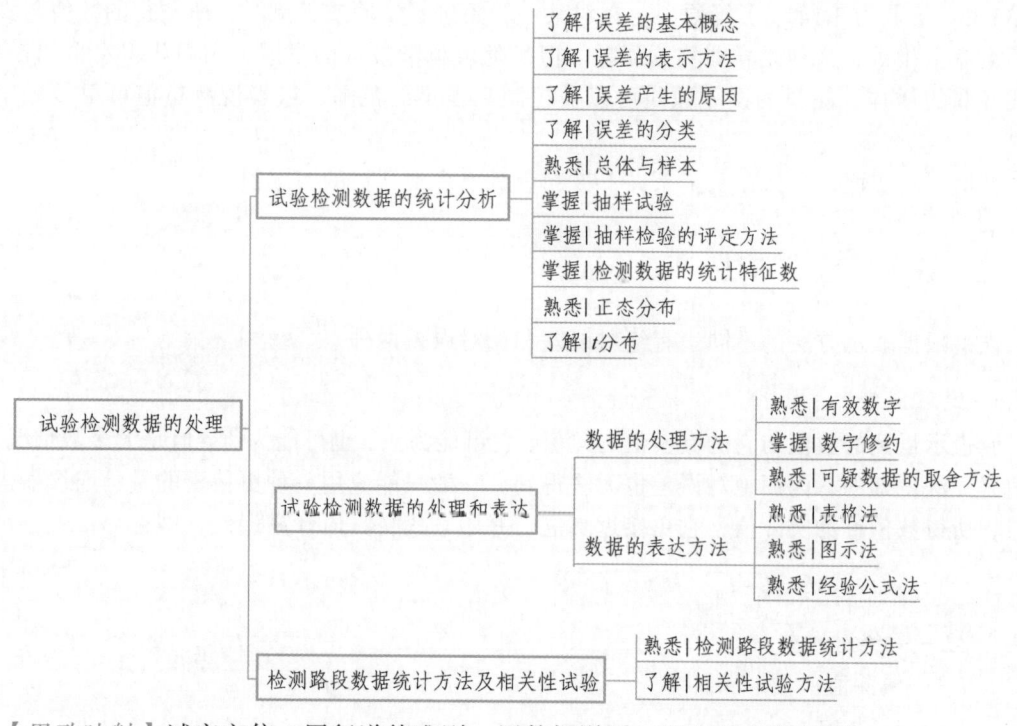

【思政映射】诚实守信，履行道德准则，用数据说话，具有社会责任感。
【建议学时】6 学时

任务一 试验检测数据的统计分析

【工作任务】当对某路段沥青混凝土面层进行抗滑性能检测时,如何对测得的摆值进行统计分析并对其抗滑性能进行评定。

试验检测数据的统计分析

【预备知识】

一、误差的基本概念

认识误差

工程质量的评价是以试验数据为依据的,试验检测采集得到的原始数据类多量大,并且有各种各样的误差,有时杂乱无章,甚至还有错误。因此,必须对原始数据进行分析处理,才能得到可靠的试验检测结果。

试验时,即使使用极为精密的仪器,测定后得到的数据也绝不可能与客观情况完全相同。在实际工作中,试验员对某一客观存在的量进行多次测量,如往返丈量某段距离或重复测量某一水平角等,其多次测量结果总是存在着差异,这说明测量值中含有测量误差。由于人们认识能力的局限、科学技术水平的限制,以及量测数值不能以有限位数表示(如 1/3 就取为 0.333 33,π 取为 3.141 6)等原因,在对某一对象进行试验或量测时,所测得的数值与真实值不会完全相等,这种差异即称为误差。但是随着科学技术的发展,人们认识水平的提高,实践经验的增加,测量的误差数值可以被控制到很小的范围,或者说测量值可更接近于其真值。

真值即真实值,是指在一定条件下被测量对象客观存在的实际值。

二、误差的表示方法

误差根据表示方法的不同,有绝对误差和相对误差两种。

1. 绝对误差

它表示量测的数值与它的真实值的差值,它可能为正,也可能为负。但是大多数情况下,真值是无法得知的,因而绝对误差也无法得到。一般只能应用一种更精密的量具或仪器进行测量,所得数值称为实际值,它更接近真值,并用它代替真值计算误差,即

$$\Delta L = L - L_0 \tag{1.1.1}$$

式中　ΔL——绝对误差;
　　　L——量测值;
　　　L_0——实际值。

绝对误差具有以下一些性质:
(1)它是有单位的,与测量时采用的单位相同。
(2)它能表示测量的数值是偏大还是偏小以及偏离程度。
(3)它不能确切地表示出测量所达到的精确程度。

2. 相对误差

相对误差是指绝对误差与被测真值（或实际值）的比值，通常用百分数表示，即

$$\delta = \frac{\Delta L}{L_0} \times 100\% \quad\quad (1.1.2)$$

式中 δ——相对误差；

其他符号含义同前。

相对误差不仅表示量测的绝对误差的大小，而且还能反映出量测时所达到的精度。例如，一试验员量测 100 m 跑道时误差为 10 cm，量测 1 000 m 跑道时误差也为 10 cm，如果仅从绝对误差来考虑，则两者相同；如果引用相对误差的概念，则有：

前者相对误差为：$\frac{10 \times 10^{-2}}{100} \times 100\% = 0.1\%$

后者相对误差为：$\frac{10 \times 10^{-2}}{1\,000} \times 100\% = 0.01\%$

很明显，后者的精度高于前者。相对误差具有以下一些性质：

（1）它是无单位的，通常以百分数表示，而且与测量所采用的单位无关。而绝对误差则不然，测量单位改变，其值亦发生改变。

（2）它能表示误差的大小和方向，当被测真值（或实测值）相等时，相对误差大者绝对误差亦大。

（3）它能表示测量的精确程度。当测量所得绝对误差相同时，则测量的量大者精确度就高。

因此，通常都用相对误差来表示测量误差。

【例 1.1.1】用毫米钢尺测量某水泥路面结构层的厚度为 60 mm，且已知钢尺的最大绝对误差为 0.5 mm，问此结构层的真正厚度是多少？相对误差是多少？

【解】 实测值 $L = 60$ mm，绝对误差 $\Delta L = 0.5$ mm，则：

真正厚度　　$L_0 = L - \Delta L = (60 \pm 0.5)$ mm

相对误差　　$\delta = \frac{\Delta L}{L_0} \times 100\% = \frac{0.5}{60} \times 100\% = 0.83\%$

三、误差产生的原因

在任何测量过程中，无论采用多么完善的测量仪器和测量方法，也无论在测量过程中怎样细心和注意，都不可避免存在误差。产生误差的原因很多，概括起来有以下几方面：

1. 仪器装置误差

仪器装置误差主要指设备装置的设计、制造、安装、调整与运用引起的误差，如经纬仪的视准轴与横轴不垂直、度盘刻划误差，试验机机视误差，实验室仪器安装不垂直、偏心等。

2. 外界环境误差

外界环境误差指试验时所处的外界环境因素（包括温度、风力、日光、湿度等）达不到

试验要求的标准状态所引起的误差,如混凝土养护条件达不到标准的温度、湿度要求,温度变化引起钢尺伸缩等。

3. 试验人员误差、试验方法误差

试验人员误差指试验人员感官的鉴别能力存在局限性,生理上的最小分辨力和固有的习惯引起的误差;试验方法误差指试验人员未按规定的操作方法进行试验所引起的误差。如强度试验时试块放置偏心,加荷时速度过快或过慢等。

试验人员、仪器和外界环境是试验检测工作的必需条件,由于受这些条件的影响,试验中误差是不可能避免的,但是可以对产生的各种误差进行分析处理,从而尽量减小误差。

四、误差的分类

误差就其本身的性质而言,可以分为系统误差、随机(偶然)误差和过失误差3类。

1. 系统误差

在同一条件下,多次重复测试同一量时产生一系列误差,这些误差随某种(或某几种)因素变化而有规律地变化,这种误差称为系统误差。产生系统误差的来源可能是仪器误差、试验人员的心理误差、环境误差(如温度变化的误差等)或理论不妥当引起的误差等。由于系统误差具有规律性,它总是偏离真值一侧,因此即使多次试验也不能消除。系统误差具有下述基本性质:

(1)系统误差可能是一个常数,或是某种因素的函数。

(2)多次重复量测,系统误差可能重复出现,并且正、负符号不变。

(3)量测结果经过修正,接近实际值(真值)。

2. 随机误差(偶然误差)

在相同条件下,多次重复测试同一量时,在尽力修正系统误差后仍然产生不规则的或正或负的误差,这种误差称为随机误差。若只进行一次量测,是无法估计随机误差的大小及正负符号的,但经过多次测量,随机误差的平均值由于正负抵消而趋于零。随机误差具有下述基本性质:

(1)它的出现并无确切的规律性,并且是无法预先知道的,大多具有偶然性。

(2)随着量测次数的增多,随机误差的平均值趋于零。

(3)数量相等、符号相反的随机误差出现的频率大致相等。

(4)值小的随机误差比值大的随机误差出现的频率要高些。

3. 过失误差(粗差或差错)

由于人为的因素致使量测的结果明显地而且较大范围地偏离真值,或明显地歪曲试验结果,这种误差称为过失误差,即粗差、差错或错误。如测错、读错、记错、计算错误,或未按测量规程进行量测等。含有过失误差的测量数据是不能采用的,必须利用一定的准则从测得的数据中剔除。

因此在进行误差分析时,只考虑系统误差与随机误差,而过失误差则是测试人员应竭力避免的。

五、总体与样本

在工程质量检验中，对无限总体中的个体，逐一考察其某个质量特性显然是不可能的；对有限总体，若所含个体数量虽不大，但考察方法往往是破坏性的（如钻芯取样机钻取抗压或抗折强度试验所使用的试件，挖坑灌砂法测定路基压实度等），同样不能采用全数考察。所以，通过抽取总体中的一小部分个体加以检测，以了解和分析总体质量状况，这是工程质量检测的主要方法。因此，除特殊情况外，大多采用抽样检验，这就涉及总体和样本的概念。

在数理统计分析中我们把所要研究的对象的全体称为总体或母体，组成总体的每个单元称为个体。例如，在水泥混凝土拌和工地上需要确定某公司运来的一批水泥质量是否合格，则这批水泥就是总体。总体分为有限总体和无限总体：如果是一批产品，由于其数量有限，所以称其为有限总体；如果是施工中的一道工序，由于工序总是源源不断地生产出产品，有时是一个连续的整体，所以这样的总体称为无限总体。

从总体中抽取一部分个体就是样本（又称子样）。例如，从每一包水泥中取 2 个试样，一批水泥有 100 包，抽查 200 个试样做试验，则 100 包水泥为总体，而这 200 个试样就是样本。而组成样本的每个个体即为样品。如这 200 个试样中的某一个，就是该样本中的一个样品。样本容量是样本中所含样品的数量，通常用 n 来表示，上例中样本容量 $n = 200$。样本容量的大小直接关系到判断结果的可靠性。一般来说，样本容量愈大，可靠性愈好，但检测所耗费的工作量亦愈大，成本也就愈高。

六、抽样检验

检验可以分为全数检验和抽样检验。全数检验是对待检的全体对象的每个个体都进行检验，然后对其质量状况进行评定。抽样检验是对待检的全体对象中抽取一部分个体进行检验，然后对整体的质量状况进行推断评定。

全数检验的可靠性较好，但耗费人力、物力，工作量大，通常不采用。抽样检验以数理统计学为理论基础，具有科学性和可实施性，大多数情况下，我们都采用抽样检验。在工程检测中，采用的质量检测手段通常都具有一定的破坏性，由于现在无破损检验仪器的种类少，性能不稳定，在不采用无破损性检验时，就得采用破坏性检验，而破坏性检验是不可能对全部产品都做检验的，所以只能采用抽样检验。另外当检验对象为连续性物体或粉块混合物时（如油、沥青、水泥等），只有采用抽样检验才是最佳选择。

抽样检验的过程就是从待检工程中抽取部分有代表性的样本，通过对样本的检验及其数据的分析，推断出整个工程的质量状况，从而做出合理的评定，以促进工程质量的提高。总的来说，抽样检验可分为非随机抽样与随机抽样两类。

（一）非随机抽样

进行人为地有意识地挑选取样即为非随机抽样。在非随机抽样中，人的主观因素占主导作用，由此得到的质量数据往往会对总体做出错误的判断。因此采用非随机抽样的方法得到的检验结论，可信度较低。

（二）随机抽样

随机抽样排除了人的主观因素，使得待检总体中的每一个个体具有同等机会被抽取。只有随机抽取的样本才能客观反映总体的质量状况。这类方法所得到的数据代表性强，质量检验的可靠性得到基本保证，因而被广泛使用。

从检查的一批产品中抽取样本的方法称为抽样方法。抽样方法的正确性包括抽样的代表性和随机性，代表性反映样本与总体的接近程度，而随机性反映检查的总体中单位产品被抽入样本纯属偶然，即由随机因素所决定。

假如有一批施工脚手架扣件，共 100 箱，每箱 10 件，要从中选择 100 个样品，一般有以下几种方法：

（1）从整批中，即 1 000 件零件中，任意抽取 100 件。

（2）从整批中，将这 100 箱先分成 10 组，每组 10 箱，然后分别从各组中任意抽取 10 件。

（3）从整批中，分别从每箱中任意抽取 1 件，共 100 件。

（4）从整批中，任意抽取 10 箱，每箱 10 件，总共 100 件。

上述 4 种方法，分别称为单纯随机抽样、系统随机抽样、分层随机抽样、密集群抽样。这几种方法中，适合于道路工程质量检验的随机抽样方法一般为以下 3 种：

1. 单纯随机抽样

在总体中，直接抽取样本的方法即为单纯随机抽样。这是一种完全随机化的抽样方法。要实现单纯随机抽样，应对总体中各个个体进行编码。随机抽样并不意味着随便、任意地取样，而是应采取一定的方式获取随机数，以确保抽样的随机性。而随机数可以利用随机数表获得，也可以利用掷骰子和抽签的方法获得。

2. 系统随机抽样

有系统地将总体分成若干部分，然后从每一个部分抽取一个或若干个个体，组成样本的抽样方法称为系统随机抽样。在工程质量控制中，系统抽样的实现主要有以下 3 种方式：

（1）将比较大的工程分为若干部分，再根据样本容量的大小，从每部分中按比例进行单纯随机抽样，将各部分抽取的样品组合成一个样本进行检验。

（2）间隔定时法，即每隔一定的时间，从工作面抽取一个或若干个样品进行检验。

（3）间隔定量法，即每隔一定数量的产品，抽取一个或若干个样品进行检验。

3. 分层随机抽样

一项工程或工序往往是由若干不同的班组施工的，分层抽样法就是根据此类情况，将工程或工序分为若干层进行抽样检验。例如，同一个班组施工的工程或工序可作为一层；若某项工程或工序是由 3 个不同的班组施工的，则可分为 3 三层，然后按一定比例确定每层应抽取样品数，对每层则按单纯随机抽样法抽取样品进行检验。分层抽样法便于了解每层的质量状况，分析每层产生质量问题的原因。

七、抽样检验的评定方法

抽样检验的目的，就是根据样本取得的质量数据来推测样本所属的一批产品或工序的质量状况，并判断该批产品或该工序是否合格。

抽样检验的评定原理：假如 N 为一批产品数量，n 为这一批产品中随机抽取的样本数，d 为抽出的样本中的不合格产品数，c 为抽样中的允许不合格品数（称为合格判定数）。若 $d \leq c$，则认为该批产品合格，可以接受；若 $d > c$，则说明该批产品不合格，应拒绝接受。

八、检测数据的统计特征数

检测数据常用的统计特征数可分为位置特征数和离散特征数两类。位置特征数是分析计量数据的基本指标。通常，我们所获得的检测数据是分散的，必须通过平均数把它们集中起来，反映其共同趋向的平均水平，它表达了数据的集中位置。位置特征数一般包括算术平均值、中位数等。离散特征数表示数据离散性质或波动程度，表达随机变量的各变值大小的差异程度。常用的离散特征数有极差、标准偏差、变异系数等。

（一）位置特征数

1. 算术平均值

算术平均值是表示一组数据集中位置最有用的统计特征数，经常用样本的算术平均值来代表总体的平均水平。总体的算术平均值用 μ 表示，样本的算术平均值用 $\bar{X}$ 表示。如果 n 个样本数据为 $x_1, x_2, \cdots, x_n$，那么样本的算术平均值为

$$\bar{X} = \frac{1}{n}(x_1 + x_2 + \cdots + x_n) = \frac{1}{n}\sum_{i=1}^{n} x_i \tag{1.1.3}$$

【例 1.1.2】某路段沥青混凝土面层进行抗滑性能检测时，其摩擦系数 F_B 的检测值（共10点）分别为 54，52，60，58，47，55，60，62，63，54（摆值），求摩擦系数的算术平均值。

【解】根据算术平均值计算公式，该路面摩擦系数算术平均值为

$$\bar{F}_B = \frac{1}{10}(54 + 52 + 60 + 58 + 47 + 55 + 60 + 62 + 63 + 54) = 56.5 \text{（摆值）}$$

2. 中位数

在一组数据 $x_1, x_2, \cdots, x_n$ 中，按其大小次序排序，以排在正中间的一个数表示总体的平均水平，称之为中位数，或称中值，用 m_D 表示。n 为奇数时，正中间的数为中位数；n 为偶数时，正中间的数有 2 个，则取这 2 个数的平均值作为中位数，即

$$m_D = \begin{cases} x_{\frac{n+1}{2}} & (n\text{为奇数}) \\ \frac{1}{2}\left(x_{\frac{n}{2}} + x_{\frac{n}{2}+1}\right) & (n\text{为偶数}) \end{cases} \tag{1.1.4}$$

【例1.1.3】 检测值同【例1.1.2】,求中位数。

【解】 检测值按大小次序排列为:63,62,60,60,58,55,54,54,52,47(摆值),则中位数为

$$m_D = (F_{B(5)} + F_{B(6)})/2 = (58+55)/2 = 56.5（摆值）$$

（二）离散特征数

1. 极　差

极差又称全距,指在一批数据中最大值与最小值相减之差。常用于测定数值的离散程度,适合于小样本,可以了解产品的波动范围和波动程度,但容易受样本中异常值的影响,不能表示内部频数的分布情况。

$$R = x_{\max} - x_{\min} \qquad (1.1.5)$$

【例1.1.4】 检测值同【例1.1.2】,计算数据的极差。

【解】 根据公式(1.1.5),检测数据的极差为

$$R = x_{\max} - x_{\min} = 63 - 47 = 16（摆值）$$

在生产中,只反映产品的平均水平是不够的,如混凝土强度太高或太低都不好。即使平均值符合要求,但当数值波动太大时,产品质量也不能让人满意。因此需要了解数据波动范围的大小。极差没有充分利用数据的信息,但计算十分简单,仅适用于样本容量较小($n < 10$)的情况。

2. 标准偏差

标准偏差用 S 表示,又称标准差或均方差,指每次测定值与平均值的均方根值,是描述检测数据离散程度的最重要指标。它与平均值结合起来就能更全面地说明一批检测变量值的分布情况,可以用来评定相同等级材料的质量。S 愈小表示测定值离散程度小,S 愈大表示离散程度大。其计算公式为

（1）总体的标准差：

$$S_{总体} = \sqrt{\frac{(x_1-\bar{X})^2 + (x_2-\bar{X})^2 + \cdots + (x_n-\bar{X})^2}{n}} = \sqrt{\frac{\sum_{i=1}^{n}(x_i-\bar{X})^2}{n}} \qquad (1.1.6)$$

（2）样本的标准差：

$$S_{样本} = \sqrt{\frac{(x_1-\bar{X})^2 + (x_2-\bar{X})^2 + \cdots + (x_n-\bar{X})^2}{n-1}} = \sqrt{\frac{\sum_{i=1}^{n}(x_i-\bar{X})^2}{n-1}} \qquad (1.1.7)$$

在质量检验中,总体的标准差 S 不易求得,一般我们计算样本的标准偏差来衡量数据的分散程度以及波动性。

【例1.1.5】 检测值同【例1.1.2】,求样本标准偏差 S。

【解】 根据公式（1.1.7），样本标准偏差为：

$$S = \sqrt{\frac{(54-56.5)^2 + (52-56.5)^2 + \cdots + (54-56.5)^2}{10-1}} = 5.0$$

3. 变异系数

标准偏差可反映样本数据的绝对波动状况，当测量较大量值时，绝对误差一般较大；测量较小量时，绝对误差一般较小。而变异系数反映的是数据相对波动的状况，变异系数用 C_v 表示，指一组测定值的标准差和其算术平均值之比，是衡量一批数据中各个检测值的相对离散程度，表明重复测定结果的变异程度，可以用来比较平均值不同的几组材料变量值的变异情况。C_v 值愈小表示测定值离散程度小，C_v 愈大表示离散程度大。其计算公式为

$$C_v = \frac{S}{\overline{X}} \times 100\% \tag{1.1.8}$$

【例 1.1.6】 若甲路段沥青混凝土面层的摩擦系数算术平均值为 55.2（摆值），标准偏差为 4.13（摆值）；乙路段的摩擦系数算术平均值为 60.8（摆值），标准偏差为 4.27（摆值）。试计算两路段的变异系数。

【解】 根据公式（1.1.8），两路段的变异系数分别为

甲路段变异系数　　$C_v = 4.13/55.2 \times 100\% = 7.48\%$
乙路段变异系数　　$C_v = 4.27/60.8 \times 100\% = 7.02\%$

从标准偏差看，甲路段标准偏差小于乙路段标准偏差。但从变异系数分析，甲路段变异系数大于乙路段变异系数，说明甲路段的摩擦系数相对波动比乙路段的大，面层抗滑稳定性比乙差。

九、正态分布

正态分布也叫误差分布，在对某一测试对象进行多次测试时，测定值在真值附近的一定范围内波动，其中接近平均值的数值占绝大多数，大于和小于平均值的频率几乎一样，远离平均值的占少数，这种分布规律叫"正态分布"，用图形表示称为正态分布曲线。在道路检测试验中得到的数据分布规律多为正态分布。正态分布的概率密度函数计算公式为

$$y = f(x) = \frac{1}{\sigma\sqrt{2\pi}} e^{-\frac{(x_i - \overline{X})^2}{2\sigma^2}}, \quad -\infty < x < \infty \tag{1.1.9}$$

其中，$\overline{X}, \sigma^2$ 为参数，称 x 服从参数为 $\overline{X}, \sigma^2$ 的正态分布，记作 $x \sim N(\overline{X}, \sigma^2)$。
式中　y——测定值的概率密度；
　　　$\overline{X}$——测定值的平均值；
　　　x_i——某测定值；
　　　σ——标准差。

$f(x)$ 的图形如图 1.1.1 所示，可以看出，正态分布曲线具有以下性质：

（1）曲线关于 $x = \bar{X}$ 对称，表明对于任意的 $\sigma > 0$，有

$$P\{\bar{X} - \sigma < x \leqslant \bar{X}\} = P\{\bar{X} < x \leqslant \bar{X} + \sigma\}$$

（2）当 $x = \bar{X}$ 时，$f(x)$ 取到最大值，即

$$f(x) = \frac{1}{\sqrt{2\pi} \cdot \sigma}$$

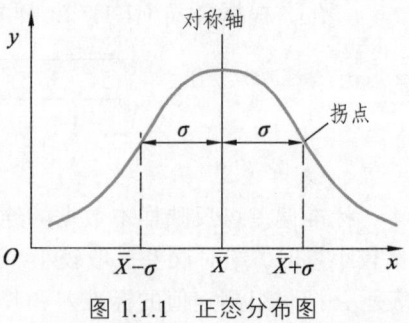

图 1.1.1 正态分布图

x 离 $\bar{X}$ 越远，$f(x)$ 的值越小。这表明对于同样长度的区间，当区间离 $\bar{X}$ 越远，$f(x)$ 越小，即 x 落在这个区间的概率越小。

（3）在 $x = \bar{X} \pm \sigma$ 处曲线有拐点，曲线以 x 轴为渐近线。

（4）若令 $t = \dfrac{x_i - \bar{X}}{\sigma}$，并将其代入式（1.1.9）中，则得

$$y = f(x) = \frac{1}{\sigma\sqrt{2\pi}} e^{-\frac{t^2}{2}} \quad (1.1.10)$$

特别指出，当 $\bar{X} = 0$，$\sigma = 1$ 时，此时的正态分布称为标准正态分布，记为 $N(0, 1)$。其标准正态分布图形如图 1.1.2 所示，整个正态分布曲线与横轴之间所包含的总面积（即概率）应为 1，其分布函数为

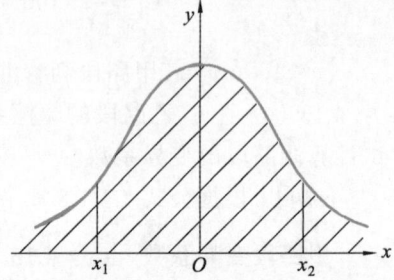

图 1.1.2 标准正态分布图

$$\Phi(x) = \frac{1}{\sqrt{2\pi}} \int_{\infty}^{x} e^{-\frac{t^2}{2}} dt, \quad -\infty < x < \infty \quad (1.1.11)$$

当 $x > 0$ 时，分布函数 $\Phi(x)$ 的值可根据编制好的正态分布概率系数表（见表 1.1.1）查得，路基路面检测常用系数表（见表 1.1.2）查得；当 $x < 0$ 时，$\Phi(-x) = 1 - \Phi(x)$。若 $x \sim N(\bar{X}, \sigma^2)$，通过线性变换可得 $Z_a = \dfrac{x - \bar{X}}{\sigma} \sim N(0, 1)$。对于任意区间的 (x_1, x_2)，则有

$$P\{x_1 < X < x_2\} = \Phi\left(\frac{x_2 - \bar{X}}{\sigma}\right) - \Phi\left(\frac{x_1 - \bar{X}}{\sigma}\right) \quad (1.1.12)$$

表 1.1.1 标准正态分布概率系数表

Z_a	0.00	0.01	0.02	0.03	0.04	0.05	0.06	0.07	0.08	0.09
0.00	0.5000	0.5040	0.5080	0.5120	0.5160	0.5199	0.5239	0.5279	0.5319	0.5359
0.10	0.5398	0.5438	0.5478	0.5517	0.5557	0.5596	0.5636	0.5675	0.5714	0.5753
0.20	0.5793	0.5832	0.5871	0.5910	0.5948	0.5987	0.6026	0.6064	0.6103	0.6141
0.30	0.6179	0.6217	0.6255	0.6293	0.6331	0.6368	0.6406	0.6443	0.6480	0.6517
0.40	0.6554	0.6591	0.6628	0.6664	0.6700	0.6736	0.6772	0.6808	0.6844	0.6879
0.50	0.6915	0.6950	0.6985	0.7019	0.7054	0.7088	0.7123	0.7157	0.7190	0.7224

续表

Z_a	0.00	0.01	0.02	0.03	0.04	0.05	0.06	0.07	0.08	0.09
0.60	0.7257	0.7291	0.7324	0.7357	0.7389	0.7422	0.7454	0.7486	0.7517	0.7549
0.70	0.7580	0.7611	0.7642	0.7673	0.7703	0.7734	0.7764	0.7794	0.7823	0.7852
0.80	0.7881	0.7910	0.7939	0.7967	0.7995	0.8023	0.8051	0.8078	0.8106	0.8133
0.90	0.8159	0.8186	0.8212	0.8238	0.8264	0.8289	0.8315	0.8340	0.8365	0.8389
1.00	0.8413	0.8438	0.8461	0.8485	0.8508	0.8531	0.8554	0.8577	0.8599	0.8621
1.10	0.8643	0.8665	0.8686	0.8708	0.8729	0.8749	0.8770	0.8790	0.8810	0.8830
1.20	0.8849	0.8869	0.8888	0.8907	0.8925	0.8944	0.8962	0.8980	0.8997	0.9015
1.30	0.9032	0.9049	0.9066	0.9082	0.9099	0.9115	0.9131	0.9147	0.9162	0.9177
1.40	0.9192	0.9207	0.9222	0.9236	0.9251	0.9265	0.9278	0.9292	0.9306	0.9319
1.50	0.9332	0.9345	0.9357	0.9370	0.9382	0.9394	0.9406	0.9418	0.9430	0.9441
1.60	0.9452	0.9463	0.9474	0.9484	0.9495	0.9505	0.9515	0.9525	0.9535	0.9545
1.70	0.9554	0.9564	0.9573	0.9582	0.9591	0.9599	0.9608	0.9616	0.9625	0.9633
1.80	0.9641	0.9648	0.9656	0.9664	0.9671	0.9678	0.9686	0.9693	0.9700	0.9706
1.90	0.9713	0.9719	0.9726	0.9732	0.9738	0.9744	0.9750	0.9756	0.9762	0.9767
2.00	0.9722	0.9778	0.9783	0.9788	0.9793	0.9798	0.9803	0.9808	0.9812	0.9817
2.10	0.9821	0.9826	0.9830	0.9834	0.9838	0.9842	0.9846	0.9850	0.9854	0.9857
2.20	0.9861	0.9864	0.9868	0.9871	0.9874	0.9878	0.9881	0.9884	0.9887	0.9890
2.30	0.9893	0.9896	0.9898	0.9901	0.9904	0.9906	0.9909	0.9911	0.9913	0.9916
2.40	0.9918	0.9920	0.9922	0.9925	0.9927	0.9929	0.9931	0.9932	0.9934	0.9936
2.50	0.9938	0.9940	0.9941	0.9943	0.9945	0.9946	0.9948	0.9949	0.9951	0.9952
2.60	0.9953	0.9955	0.9956	0.9957	0.9959	0.9960	0.9961	0.9962	0.9963	0.9964
2.70	0.9965	0.9966	0.9967	0.9968	0.9969	0.9970	0.9971	0.9972	0.9973	0.9974
2.80	0.9974	0.9975	0.9976	0.9977	0.9977	0.9978	0.9979	0.9979	0.9980	0.9981
2.90	0.9981	0.9982	0.9982	0.9983	0.9984	0.9984	0.9985	0.9985	0.9986	0.9986
3.00	0.9987	0.9987	0.9987	0.9988	0.9988	0.9989	0.9989	0.9989	0.9990	0.9990
3.10	0.9990	0.9991	0.9991	0.9991	0.9992	0.9992	0.9992	0.9992	0.9992	0.9993
3.20	0.9993	0.9993	0.9994	0.9994	0.9994	0.9994	0.9995	0.9995	0.9995	0.9995
3.30	0.9995	0.9995	0.9995	0.9996	0.9996	0.9996	0.9996	0.9996	0.9996	0.9996
3.40	0.9997	0.9997	0.9997	0.9997	0.9997	0.9997	0.9997	0.9997	0.9997	0.9998

表 1.1.2　路基路面检测常用系数表

Z_a	1.282	1.645	1.960	2.326	2.576	3.090	3.291	3.719	3.891
$\Phi(z_a)$	0.90	0.95	0.975	0.99	0.995	0.999	0.9995	0.9999	0.99995

【例 1.1.7】 若某检测值 $x \sim N(0, 1)$，求 $P\{-1 < x < 1\}$。

【解】 由于该检测值服从 $\bar{X} = 0$，$\sigma = 1$ 的正态分布，则有

$$P\{-1 < x < 1\} = \Phi\left(\frac{1-0}{1}\right) - \Phi\left(\frac{-1-0}{1}\right) = \Phi(1) - [1 - \Phi(1)]$$

查表 1.1.1，当 $Z_a = 1$ 时，$\Phi(1) = 0.8413$，$P\{-1 < x < 1\} = 2\Phi(1) - 1$，则有

$$P\{-1 < x < 1\} = 68.26\%$$

利用公式（1.1.12），我们可以求得双边置信区间的几个重要数据：

$$\left.\begin{array}{l} P\{\bar{X} - \sigma < x < \bar{X} + \sigma\} = 68.26\% \\ P\{\bar{X} - 2\sigma < x < \bar{X} + 2\sigma\} = 95.44\% \\ P\{\bar{X} - 3\sigma < x < \bar{X} + 3\sigma\} = 99.73\% \\ P\{\bar{X} - Z_a\sigma < x < \bar{X} + Z_a\sigma\} = 合格率 \end{array}\right\} \quad (1.1.13)$$

式中，Z_a 通常称为保证率系数，在工程应用中，其取值与公路的等级有关。$\bar{X}$ 为样本平均值，σ 常用样本标准差 S 代替。式（1.1.13）可以这样理解：试验所测得的值在误差区间（$\bar{X} - Z_a\sigma$，$\bar{X} + Z_a\sigma$）的可能性（或概率值）的大小，如 $P\{\bar{X} - 3\sigma < x < \bar{X} + 3\sigma\} = 99.73\%$，理解为：试验所测得的值在误差区间（$\bar{X} - 3\sigma$，$\bar{X} + 3\sigma$）的概率为 99.73%。在工程试验中，我们所测得的实际值是很难达到这个精度要求的。但我们可以人为地制定误差区间，即规定 Z_a 值的大小，或规定合格率的大小。如果检测值满足规定的要求，则数据合格；否则，数据不合格。

【例 1.1.8】 某预应力混凝土梁设计强度 $R_D = 40$ MPa，按规定的方法制备试块，经 28 d 标准条件养护后，各组试块抗压强度如表 1.1.3 所示，规范要求合格率为 85%，求该批混凝土平均值、标准差、变异系数，并对该批混凝土进行质量评定，（混凝土立方体抗压强度标准值计算公式为：$\bar{R} = R_D + Z_a\sigma$）。

表 1.1.3 混凝土强度试验结果

组别	1	2	3	4	5	6	7	8	9	10
试块抗压强度 /MPa	42.2	45.3	38.5	44.0	48.2	47.5	43.3	44.0	45.2	43.4
	46.3	39.3	36.4	45.8	45.8	43.8	42.4	37.5	44.0	38.0
	45.4	44.0	46.1	38.2	43.8	47.3	43.2	45.7	44.7	43.2

【解】 根据公式有

平均值 $\quad \bar{R} = \dfrac{\sum_{i=1}^{30} R_i}{n} = \dfrac{1\,305.2}{30} = 43.4$（MPa）

标准差 $\quad \sigma = \sqrt{\dfrac{\sum_{i=1}^{30}(R_i - \bar{R})^2}{n-1}} = \sqrt{\dfrac{285.23}{30-1}} = 3.1$（MPa）

变异系数 $C_v = \dfrac{\sigma}{\bar{R}} = \dfrac{3.1}{43.4} \times 100\% = 7.1\%$

抗压强度标准值计算公式：

$$\bar{R} = R_D + Z_a \sigma$$

则 $Z_a = \dfrac{\bar{R} - R_D}{\sigma} = \dfrac{43.4 - 40}{3.1} = 1.097$

查表 1.1.1 可得 $\Phi(1.09) = 0.8621$，$\Phi(1.10) = 0.8643$。

内插可得：

$$P = \Phi(1.097) = 0.8621 + (0.8643 - 0.8621) \times 0.7 = 86.36\% > 85\%$$

故该批混凝土质量合格。

十、t 分布

t 分布

在大样本检测分析中（如 $n > 50$），通常认为 x 是近似地遵循正态分布。但在实际工作中，大量的工作都是进行小样本检测分析，这就要用到 t 分布以解决小样本的推断问题。在小样本检测中，由于总体标准差 σ 未知，若用标准差估计值 S 代替 σ，则统计量 $t = \dfrac{x_i - \bar{X}}{S/\sqrt{n}}$ 为 t 分布，记为 $T \sim t(n)$。

若 x_1，x_2，$\cdots$，x_n，n 是总体 $N(\bar{X}, \sigma^2)$ 的样本，$\bar{X}$，S^2 分别是样本均值和样本方差，则有

$$\dfrac{x_i - \bar{X}}{S/\sqrt{n}} \sim t(n) \tag{1.1.14}$$

根据给定的保证率 α 以及自由度 $n-1$，由分布概率系数表查得平均值为 $\bar{X}$ 的单边置信区间为

$$\mu < \bar{X} \pm t_{1-\alpha}(n-1) \dfrac{S}{\sqrt{n}} \tag{1.1.15}$$

其中：$\mu < \bar{X} + t_{1-\alpha}(n-1) \dfrac{S}{\sqrt{n}}$ 表示上置信界限；

$\mu < \bar{X} - t_{1-\alpha}(n-1) \dfrac{S}{\sqrt{n}}$ 表示下置信界限。

1. t 分布曲线（见图 1.1.3）

t 分布曲线类似于标准正态分布，t 分布曲线有以下分布特征：

（1）t 分布曲线是一种以 0 为中心、两侧对称的类似于正态分布曲线形状的曲线。

（2）$t = 0$ 时所对应的纵坐标为分布曲线的峰值，即纵坐标最高处。

（3）t 分布为单峰曲线，其离散程度较正态曲线大（即不如正态曲线密集）。

（4）t 分布不是一条曲线，而是随着自由度 f 而变化的一簇曲线（见图 1.1.3），即随着样本所含个数（n）变化，t 分布曲线的峰值也随之变化。这种变化完全取决于计算标准差 S 的自由度 $f(f=n-1)$；当 n 较小时，即 $f<10$ 时，曲线低平，t 分布与正态分布曲线差别较大；当 $f>100$ 可用正态分布代替 t 分布；$t \to \infty$，t 分布曲线和正态分布曲线是严格一致的，这时 $t=\bar{X}$。

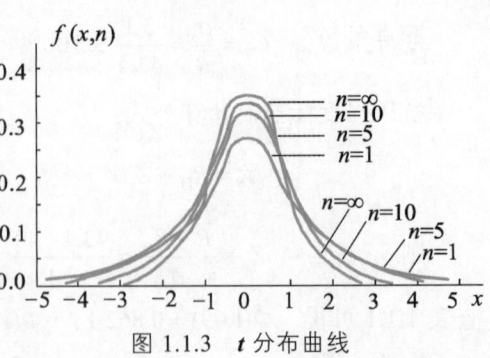

图 1.1.3 t 分布曲线

2. t 分布的应用和意义

t 分布广泛应用于处理和正态分布有关的小样本检测。应用 t 分布的前提条件是两个要比较的总体方差必须具有统计上的一致性。t 分布临界值表（单边）如表 1.1.4 所示。

（1）比较两批产品某特征值是否有明显差异。
（2）比较一批产品是否与规格相一致。
（3）比较不同检验人员、不同检验方法或不同实验室的检验结果。
（4）检验两条回归直线的一致性。
（5）检查系统误差，估计检测结果的置信区间。

表 1.1.4 t 分布临界值表（单边）

自由度 f	α				
	0.10	0.05	0.025	0.01	0.005
1	3.078	6.314	12.706	31.821	63.657
2	1.886	2.920	4.303	6.965	9.925
3	1.638	2.353	3.182	4.541	5.841
4	1.533	2.132	2.776	3.747	4.604
5	1.476	2.015	2.571	3.365	4.032
6	1.440	1.943	2.447	3.143	3.707
7	1.415	1.895	2.365	2.998	3.499
8	1.397	1.860	2.306	2.896	3.355
9	1.383	1.833	2.262	2.821	3.250
10	1.372	1.812	2.228	2.764	3.169
11	1.363	1.796	2.201	2.718	3.105
12	1.356	1.782	2.179	2.681	3.055
13	1.350	1.771	2.160	2.650	3.012
14	1.345	1.761	2.145	2.624	2.977
15	1.341	1.753	2.131	2.602	2.947
16	1.337	1.746	2.120	2.583	2.921

续表

自由度 f	α				
	0.10	0.05	0.025	0.01	0.005
17	1.333	1.740	2.110	2.567	2.898
18	1.330	1.734	2.101	2.552	2.878
19	1.328	1.729	2.093	2.539	2.861
20	1.325	1.725	2.086	2.528	2.845
21	1.323	1.721	2.080	2.518	2.831
22	1.321	1.717	2.074	2.508	2.819
23	1.319	1.714	2.069	2.500	2.807
24	1.318	1.711	2.064	2.492	2.797
25	1.316	1.708	2.060	2.485	2.787
26	1.315	1.706	2.056	2.479	2.779
27	1.314	1.703	2.052	2.473	2.771
28	1.313	1.701	2.048	2.467	2.763
29	1.311	1.699	2.045	2.462	2.756
30	1.310	1.697	2.042	2.457	2.750
31	1.310	1.696	2.040	2.453	2.744
32	1.309	1.694	2.037	2.449	2.739
33	1.308	1.692	2.035	2.445	2.733
34	1.307	1.691	2.032	2.441	2.728
35	1.306	1.690	2.030	2.438	2.724
36	1.306	1.688	2.028	2.434	2.720
37	1.305	1.687	2.026	2.431	2.715
38	1.304	1.686	2.024	2.429	2.712
39	1.304	1.685	2.023	2.426	2.708
40	1.303	1.684	2.021	2.423	2.704
60	1.296	1.671	2.000	2.390	2.660
120	1.289	1.658	1.986	2.358	2.617
∞	1.282	1.645	1.960	2.326	2.576

【例 1.1.9】 检查某路段路基压实度，共检测 30 点，得压实度平均值 $\bar{K} = 93.5\%$，标准偏差 $S = 3.0\%$，现推定其保证率为 99% 的平均值单边下置信区间。

【解】 按照单边置信区间公式有：$f = n-1 = 29$，$1-\alpha = 1-0.99 = 0.01$，查 t 分布表得 $t_{1-\alpha} = t_{0.01} = 2.462$。由下置信界限公式 $\mu < \bar{X} - t_{1-\alpha}(n-1)\dfrac{\sigma}{\sqrt{n}}$ 可得

$$\mu = \overline{X} - t_{0.01(29)} \frac{0.03}{\sqrt{30}} < 93.5\% - 0.462 \times \frac{0.03}{\sqrt{30}}$$

可得 $\mu < 94.85\%$。这说明，平均压实度"真值"小于 94.85% 的概率为 99%。

任务二　试验检测数据的处理及表达

【工作任务】为保证路基土及路面基层达到最大的压实效果，可通过击实试验测定其最佳含水率和最大干密度，此项指标是用以评价土的压实程度和指导施工。请根据击实试验结果绘制击实曲线并确定最佳含水率和最大干密度。

试验检测数据的处理及表达

【预备知识】

一、数据的处理方法

在量测工作中，量测结果总会有误差，这种误差与很多因素有关。因此我们在测量计算中，需要确定取几位数来代表测量或计算的结果，这就涉及有效数字问题。从计算数学的观点来说，有效数字可用来描述一个近似数的精度，一个数的相对（绝对）误差都与有效数字有关，有效数字的位数越多，相对（绝对）误差就越小。所以，在对数据的处理中，掌握有效数字的相关知识是很重要的。

（一）有效数字

有效数字的概念可表述为：由数字组成的一个数，除最末一位数字是不确切值或可疑值外，其他数字皆为可靠值或确切值，则组成该数的所有数字包括末位数字称为有效数字，除有效数字外其余数字为多余数字。

有效数字

对于"0"这个数字，它在数中的位置不同，可能是有效数字，也可能是多余数字。

整数前面的"0"无意义，是多余数字。

对于纯小数，在小数点后，数字前的"0"只起定位，决定数量级的作用（相当于所取得测量单位不同），所以也是多余数字。处于数中间位置的"0"为有效数字。处于数后面位置的"0"是否算有效数字可分三种情况：

（1）若把多余数字的"0"用 10 的乘幂来表示，使其与有效数字分开，这样在 10 的乘幂前面所有数字包括"0"皆为有效数字。

（2）作为测量结果并注明误差值的数值，其表示的数值等于或大于误差值的所有数字，包括"0"皆为有效数字。

（3）上面两种情况外的数后面的"0"则很难判断是有效数字还是多余数字，因此应避免采用这种不确切的表示方法。

一个数中有效数字占有的位数，即有效数字的个数，为该数的有效位数。为弄清有效数

字与有效位数的概念,举例如下:

828,0.082 8,8.28,8.28×10²,这 4 个数的有效位数均为 3,有效数字都是 3 个。再如,测量某一试件的面积,得其有效面积 A = 0.050 150 2 m²,测量的极限误差率 δ = 0.000 005。则测量结果应表示为 A = (0.050 150 ± 0.000 005) m²。误差的有效数字为 1 位,即 5;而有效面积的有效数字应为 5 位,即 50 150;因 2 小于误差数量级,故为多余数字。

若给出的数值为 71 300,则为不确切的表示方法。它可能是 713×10²,也可能是 7.13×10⁴,也可能是 7.130 0×10⁴。即有效数字可能是 3 位、4 位或 5 位。若无其他说明,则很难判定其有效数字究竟是几位。

在测量或计量中应取多少位有效数字,可根据下述准则判定:

(1)对不需要标明误差的数据,其有效位数应取到最末一位数字为可疑数字(也称不确切或参考数字)。

(2)对需要标明误差的数据,其有效位数应取到与误差同一数量级。

(二)数字修约

1. 修约间隔

修约间隔是指确定修约保留位数的一种方式。修约间隔的数值一经确定,修约值即应为该数值的整数倍。

例如指定修约间隔为 0.1,修约值即应在 0.1 的整数倍中选取,相当于将数值修约到 1 位小数。又如指定修约间隔为 100,修约值即应在 100 的整数倍中选取,相当于将数值修约到"百"数位。

0.5 单位修约(半个单位修约)是指修约间隔为指定数位的 0.5 单位,即修约到指定数位的 0.5 单位。

0.2 单位修约是指修约间隔为指定数位的 0.2 单位,即修约到指定数位的 0.2 单位。

最基本的修约间隔是 10^n(n 为整数),它等同于确定修约到某数位。

2. 数字修约进舍规则

我国国家标准《数值修约规则与极限数值的表示和判定》(GB/T 8170—2008),对修约方法分别做了规定。

(1)拟舍弃数字的最左一位数字小于 5 时,则舍去,即保留的各位数字不变。

【例 1.2.1】 将 17.447 6 修约到 1 位小数,得 17.4。

【例 1.2.2】 将 17.447 6 修约成 2 位有效位数,得 17。

(2)拟舍弃数字的最左一位数字大于 5,或者是 5,而且后面的数字并非全部是 0 时,则进 1,即保留的末位数字加 1。

【例 1.2.3】 将 1 167 修约到"百"数位,得 12×10²(特定时可以写为 1 200)。

【例 1.2.4】 将 1 167 修约成 3 位有效位数,得 117×10(特定时可写为 1 170)。

【例 1.2.5】 将 10.502 修约到"个"数位,得 11。

(3)拟舍弃数字的最左一位数字为 5,而后面无数字或全部为 0 时,若被保留的末位数字为奇(1,3,5,7,9)则进 1,为偶数时(2,4,6,8,0)则舍弃。

【例 1.2.6】 修约间隔为 0.1(或 10^{-1})。

拟修约数值 2.050　　　修约值 2.0

拟修约数值 0.150　　　修约值 0.2

【例 1.2.7】 修约间隔为 1 000（或 10^3）。

拟修约数值 4 500　　　修约值 4×10^3（特定时可写为 4 000）

拟修约数值 5 500　　　修约值 6×10^3（特定时可写为 6 000）

【例 1.2.8】 将数字修约成 2 位有效位数。

拟修约数值 0.034 5　　修约值 0.034

拟修约数值 34 500　　 修约值 34×10^3（特定时可写为 34 000）

（4）负数修约时，先将它的绝对值按上述三条规定进行修约，然后在修约值前面加上负号。

【例 1.2.9】 将下列数字修约至"十"数位。

拟修约数值 -255　　　修约值 -26×10（特定时可写为 -260）

拟修约数值 -245　　　修约值 -24×10（特定时可写为 -240）

【例 1.2.10】 将下列数字修约成 2 位有效位数。

拟修约数值 -285　　　修约值 -28×10（特定时可写为 -280）

拟修约数值 -0.028 5　　修约值 -0.028

（5）0.5 单位修约时，将拟修约数值乘以 2，按指定数位依进舍规则修约，所得数值再除以 2。

【例 1.2.11】 将下列数字修约到"个"数位的 0.5 单位（或修约间隔为 0.5）。

拟修约数值（a）	乘 2	修约值（2a）	修约值（a）
50.25	100.5	100	50.0
50.38	100.76	101	50.5
-50.75	-101.5	-102	-51.0
-60.28	-120.56	-121	-60.5

（6）0.2 单位修约时，将拟修约数值乘以 5，按指定数位依进舍规则修约，所得数值再除以 5。

【例 1.2.12】 将下列数字修约到"个"数位的 0.2 单位（或修约间隔为 20）。

拟修约数值（a）	乘 5	修约值（5a）	修约值（a）
830	4 150	4 200	840
842	4 210	4 200	840
832	4 160	4 200	840
-930	-4 650	-4 600	-920

（7）拟舍去的数字并非单独的一个数字时，不得对该数值连续进行修约，应按拟舍去的数中最左面的第一位数字的大小，照上述各条一次修约完成。

如：15.454 6 修约整数，不应该 15.454 6→15.455→15.46→15.5→16 这样修约，而是 15.454 6→15 这样一次修约完成。

上述数值修约规则（有时称之为"奇升偶舍法"）与以往用的"四舍五入"的方法区别在于用"四舍五入"法对数值进行修约，从很多修约后的数值中得到的均值偏大，用上述修约规则进舍的状况具有平衡性，进舍误差也具有平衡性，若干数值经过这种修约后，修约值之和变大的可能性与变小的可能性是一样的。

为便于记忆,将上述规则归纳为以下几句口诀:"四舍六入五考虑,五后非零则进一,五后为零视奇偶,奇升偶舍要注意,修约一次要到位"。

(三)可疑数据的取舍方法

在一组条件完全相同的重复试验中,个别的测量值可能会出现异常。如测量值过大或过小,这些过大或过小的测量数据是不正常的,或称为可疑的。对于这些可疑数据应该用数理统计的方法判别其真伪,并决定取舍。常用可疑数据的取舍方法有拉依达法、肖维纳特(Chauvenet)法、格拉布斯(Grubbs)法等。

1. 拉依达法(3S准则)

拉依达法是美国混凝土标准所采用的方法,由于该方法以 3 倍标准差作为判断标准,所以亦称 3S 法。如果检测质量数据的总体服从正态分布 $x \sim N(\bar{X}, \sigma^2)$,对于每个质量数据落在区间 $(\bar{X} - 3S, \bar{X} + 3S)$ 内的概率为 99.73%,而落在这个区间外面的概率仅为 0.27%,即 1 000 次测量中只可能出现 3 次。因此,在有限的测量中发生这种情况的可能性是很小,而且一旦出现,就认为该测量数据是不可靠的,应舍去。

拉依达法

3S 准则比较适用于样本容量 $n > 50$ 的情况。判断方法如下:

设 $x_1, x_2, \cdots, x_n$ 是总体中抽取的样本,其中 x_i 为其中过大或过小值。

(1)计算数据的平均值 $\bar{x}$,如总体的标准差未知,则同时求出样本的标准差 S;

(2)计算 $|x_i - \bar{X}|$,如果 $|x_i - \bar{X}| > 3S$,则将该测量值剔除,否则保留。

另外,当测量值与平均值之差大于 2 倍标准差($|x_i - \bar{X}| > 2S$)时,则该测量值应保留,但需存疑。

【例 1.2.13】试验室内进行同配比的混凝土强度试验,其试验结果为($n = 10$):23.0 MPa,24.5 MPa,26.0 MPa,25.0 MPa,24.8 MPa,27.0 MPa,25.5 MPa,31.0 MPa,25.4 MPa,25.8 MPa,试用拉依达法决定其取舍。

【解】 分析上述 10 个数据,$x_{\min}=23.0$ MPa,$x_{\max} = 31.0$ MPa 最可疑。故应首先判别 $x_{\min}$、$x_{\max}$,经计算:$\bar{X}=25.8$ MPa,$S = 2.10$ MPa。由于

$$|x_{\max}-\bar{X}| = |31.0 - 25.8| = 5.2 \text{(MPa)} < 3S = 6.3 \text{(MPa)}$$

$$|x_{\min}-\bar{X}| = |23.0 - 25.8| = 2.82 \text{(MPa)} < 3S = 6.3 \text{(MPa)}$$

故上述测量数据均不能舍弃。

2. 肖维纳特法

进行 n 次试验,其测量值服从正态分布,以概率 $1/(2n)$ 设定一判别范围 $(-K_nS, K_nS)$,当偏差(测量值 x_i 与其算术平均值 $\bar{X}$ 之差)超出该范围时,就意味着该测量值 x_i 是可疑的,应予以舍弃。判断方法如下:

肖维纳特法

(1)计算数据的平均值 $\bar{X}$,同时如总体的标准差未知,则求出样本的标准差 S。

（2）对每个样本的 x_i 值，计算 $|x_i-\bar{X}|$，如果 $|x_i-\bar{X}|>K_nS$，则将 x_i 剔除，否则保留。K_n 为肖维纳特系数，与试验次数 n 有关，可由表 1.2.1 查得。

表 1.2.1　肖维纳特系数表

n	K_n	n	K_n	n	K_n	n	K_n
3	1.38	13	2.07	23	2.30	50	2.58
4	1.53	14	2.10	24	2.31	60	2.64
5	1.65	15	2.13	25	2.33	70	2.69
6	1.73	16	2.15	26	2.34	80	2.73
7	1.80	17	2.17	27	2.35	90	2.78
8	1.86	18	2.20	28	2.37	100	2.81
9	1.92	19	2.22	29	2.38	150	2.93
10	1.96	20	2.24	30	2.39	200	3.02
11	2.00	21	2.26	35	2.45	250	3.11
12	2.04	22	2.28	40	2.50	500	3.29

【例 1.2.14】　试验结果同【例 1.2.13】，试用肖维纳特法进行判断。

【解】　查表 1.2.1，当 $n=10$ 时，$K_n=1.96$。对于测量值 31.0 MPa，有

$$\left|\frac{x_i-\bar{X}}{S}\right|=\left|\frac{31.0-25.8}{2.1}\right|=2.48 \geqslant K_n=1.96$$

说明测量数据 31.0 是异常的，应予以舍弃。

3. 格拉布斯法

格拉布斯法假定测量结果服从正态分布，根据顺序统计量来确定可疑数据的取舍。假设进行 n 次重复试验，试验结果为 x_1，x_2，…，x_i，…，x_n，而且 x_i 服从正态分布。为了检验 x_i（$i=1$，2，…，n）中是否有可疑值，可将 x_i 按其值由小到大的顺序重新排列，得

$$x_1 \leqslant x_2 \leqslant \cdots \leqslant x_n$$

根据顺序统计原则，可给出标准化顺序统计量 g。

当最小值 x_1 可疑时，则 $g_1=\dfrac{\bar{X}-x_1}{S}$；

当最大值 x_n 可疑时，则 $g_n=\dfrac{x_n-\bar{X}}{S}$。

根据格拉布斯统计量的分布，在指定的显著性水平 $\beta(\beta=1-\alpha$，其中 α 为保证率，保值率是指测量数据与真实值的匹配程度或接近程度）下，求得判断可疑值的临界值 $g_0(\beta,n)$，格拉布斯法的判断方法如下：

（1）计算数据的平均值 $\bar{X}$，同时如总体的标准差未知，则求出样本的标准差 S。

（2）对每个样本的 x_i 值，当 $g_i \geq g_0(\beta, n)$ 时，x_i 为异常值应舍弃，反之为正常值，应予以留下。其中 $g_0(\beta, n)$ 值可查表 1.2.2 得出。

表 1.2.2　格拉布斯准则 $g_0(\beta, n)$

n	β		n	β		n	β	
	0.01	0.05		0.01	0.05		0.01	0.05
3	1.15	1.15	12	2.55	2.28	21	2.91	2.58
4	1.49	1.46	13	2.61	2.33	22	2.94	2.60
5	1.75	1.67	14	2.66	2.37	23	2.96	2.62
6	1.94	1.82	15	2.70	2.41	24	2.99	2.64
7	2.10	1.94	16	2.75	2.44	25	3.01	2.66
8	2.22	2.03	17	2.78	2.48	30	3.10	2.74
9	2.32	2.11	18	2.82	2.50	35	3.18	2.81
10	2.41	2.18	19	2.85	2.53	40	3.24	2.87
11	2.48	2.23	20	2.88	2.56	50	3.34	2.96

注：格拉布斯准则比较适用于样本容量 $n \leq 25$ 的情况。

【例 1.2.15】　试用格拉布斯法判断【例 1.2.13】测量数据的真伪，显著性水平。

【解】（1）测量数据按从大到小的次序排列如下：

23.0，24.5，24.8，25.0，25.4，25.5，25.8，26.0，27.0，31.0

（2）计算数据特征量：$\bar{X} = 25.8$ MPa，$S = 2.10$ MPa。

（3）计算统计量：

$$g_1 = \frac{\bar{X} - x_1}{S} = \frac{25.8 - 23.0}{2.10} = 1.33$$

$$g_{10} = \frac{x_{10} - \bar{X}}{S} = \frac{31.0 - 25.8}{2.10} = 2.48$$

由于 $g_{10} > g_1$，首先判断 $x_{10} = 31.0$ 是否为可疑数据。

（4）根据 $\beta = 0.05$，$n = 10$，查表 1.2.2 可得：$g_0(0.05, 10) = 2.18$。由于 $g_{10} = 2.48 > g_0(0.05, 10) = 2.18$，所以 x_{10} 为异常值，应予以舍弃。仿照上述方法继续对余下的 9 个数据进行判别，经计算无异常值。

应用上述判断准则时应注意以下几点：

（1）剔除可疑数据时，首先应对样本观测值中的最小值和最大值进行判断，因为这两个值极有可能是可疑数据。

（2）可疑数据每次只能剔除一个，然后按剩下的样本观测值重新计算，再做第二次判断，如此逐个地剔除，直到所剩下的值不再是可疑数据为止；不允许一次同时剔除多个样本观测值。

（3）采用不同准则对可疑数据进行判断时，可能会出现不同的结论，此时要对所选用准则的适用范围，给定的检验水平的合理性，以及产生可疑数据的原因等作进一步的分析。

二、数据的表达方法

通过试验检测可获得一系列数据,如何对这些数据进行深入的分析,以便得到各参数之间的关系,甚至用数学解析的方法,导出各参数之间的函数关系,是数据处理的任务之一。测量数据的表达方法通常有表格法、图示法和经验公式法 3 种。

1. 表格法

表格法是指用表格表示函数的方法,在自然科学和工程技术上用得特别多。在科学试验中一系列测量数据都是首先列成表格,然后再进行其他的处理。表格法简单方便,但要进行深入的分析,表格就不能胜任了。首先,尽管测量次数相当多,但它不能给出所有的函数关系;其次,从表格中不易看出自变量变化时函数的变化规律,而只能大致估计出函数是递增的、递减的或是周期性变化的等。列成表格是为了表示出测量结果,或是为了以后的计算方便,同时也是图示法和经验公式法的基础。

表格有两种:一种是试验检测数据记录表,如路基土石方工程检测记录表;另一种是试验检测结果表,如石方路基质量检验评定表,如表 1.2.3、表 1.2.4 所示。

路基土石方工程检测记录格式

_____公路建设项目

项目法人_____ 执行标准_____

监理单位_____ 编　号_____

表 1.2.3　路基土石方工程检测记录表

分项工程起讫桩号:

桩号	平整度/mm		宽度/m		横坡/%		拱高/cm	
	规定值	实测值	规定值	实测值	规定值	允许偏差	左实测值	右实测值
累计	点数: 合格点数:		点数: 合格点数:		点数: 合格点数:			

施工技术负责人:　　　质量检测员:　　　监理工程师:　　　年　月　日

石方路基质量检验评定表格式

_____公路建设项目

项目法人_____　　执行标准_____

承包单位_____　　合 同 号_____

监理单位_____　　编　号_____

表 1.2.4 石方路基质量检验评定表

项次	检验项目		规定值或允许值		检验点数	合格点数	合格率/%	权值	自评分	监理评分
			高速、一级公路	其他公路						
1	压实度/%		层厚和碾压遍数符合要求					3		
2	纵断高程/mm		+10，-20	+10，-30				2		
3	中线偏位/mm		50	100				2		
4	宽度		符合设计要求					2		
5	平整度/mm		20	30				2		
6	横坡/%		±0.3	±0.5				1		
7	边坡/%	坡度	符合设计要求					1		
		平顺度	符合设计要求							
合计：										

外观鉴定：	减分：	监理意见：
质量保证资料：	减分：	
工程质量等级评定：	得分：　　　　　等级	日期：

施工技术负责人：　　　　　　　质检工程师：　　　　　　　监理工程师：

试验检测数据记录表是该项试验检测的原始记录表，它包括的内容应有试验检测目的、内容摘要、试验日期、环境条件、检测仪器设备、原始数据、测量数据、分析结果以及参加人员和负责人等。

试验检测结果表只反映试验检测结果的最后结论，一般只有几个变量之间的对应关系。试验检测结果表应力求简明扼要，能说明问题。

2. 图示法

在自然科学和工程技术中用图形来表示测量数据是最普遍的一种方法。图示法的最大优点是一目了然，即从图形中能非常直观地看出函数的变化规律，如递增性或递减性，最大值或最小值，是否具有周期性变化规律等。但是，从图形上只能得到函数变化关系而不能进行数学分析。同时想从图形上获得某点对应的函数值时，图示法误差常常会显得过大。

图示法

3. 经验公式法

测量数据不仅可用图形表示出函数之间的关系，而且可用与图形对应的一个公式来表示所有的测量数据，该公式不可能完全准确地表达全部数据。因此，常把与曲线对应的公式称为经验公式，在回归分析中则称之为回归方程。

经验公式法

把全部测量数据用一个公式来代替，不仅有紧凑扼要的优点，而且可以对公式进行必要的数学运算，以研究各自变量与函数之间的关系。根据一系列测量数据，可建立相应的公式，步骤如下：

（1）描绘曲线，即以自变量为横坐标，函数量为纵坐标，将测量数据描绘在坐标纸上，并把数据点描绘成测量曲线。

（2）对所描绘的曲线进行分析，确定公式的基本形式。

① 如果数据点描绘出来的基本是直线型态，则可用一元线性回归方法确定直线方程。

② 如果数据点描绘出来的是曲线，则要根据曲线的特点判断曲线属于何种类型。判断时可参考现成的数学曲线形状加以选择，对选择的曲线按一元非线性回归方法处理。

③ 如果测量曲线很难判断属何种类型，则可按多项式回归处理。

（3）曲线化直。如果测量数据描绘的曲线被确定为某种类型的曲线，则可先将该曲线方程变换为直线方程，然后按一元线性回归方法处理。

（4）确定公式的常量。代表测量数据的直线方程或经曲线化直后的直线方程表达式为 $y=a+bx$，可根据一系列测量数据确定方程中的常量 a 和 b，其方法一般有图解法、端值法、平均法和最小二乘法等。

（5）检验所确定公式的准确性。即用测量数据中的自变量的值代入公式计算出函数的值，看它与实际测量值是否一致，如果差别较大，说明所确定的公式基本形式可能有错误，则应建立另外形式的公式。

在具体工程应用中，如果两个变量之间存在一定的关系，并通过试验获得 x 和 y 的一系列数据，用数学处理的方法得出两个变量之间的关系式，这一过程就为回归分析，即工程上所说的拟合问题，所得到的关系式称为经验公式，或称回归方程（拟合方程）。

在道路工程检测试验中，我们所遇到的测量数据大都是呈直线型态的，即两个变量 x 和 y 之间的关系是线性关系，为一元线性回归问题，我们重点学习常用的一元线性回归，回归分析的表达式为：

$$y = a + bx$$

其中，a，b 为回归系数。

回归分析的首要任务是通过统计方法求出直线方程中的 a，b。为了直观地看出变量 a 与 b 间的关系，常以 x 为横坐标，y 为纵坐标，将相应的数据绘制成散布图，所有点是围绕一条直线散布的。显然，这样的直线可以画出许多条，而 a，b 值构成的最优直线必须使函数值 y 与实际测量值 x 之间的偏差最小。理论分析与工程实践均表明，最小二乘法确定的回归方程偏差最小。最小二乘法的基本理论为：当所有测量数据的偏差平方和最小时，所拟合的直线最优。a，b 的计算如下：

$$b = \frac{L_{xy}}{L_{xx}}$$

$$a = \bar{Y} - b\bar{X} \tag{1.2.1}$$

式中

$$L_{xy} = \sum_{i=1}^{n}(x_i - \bar{X})(y_i - \bar{Y}) = \sum_{i=1}^{n} x_i y_i - \frac{1}{n}\left(\sum_{i=1}^{n} x_i\right)\left(\sum_{i=1}^{n} y_i\right)$$

$$L_{xx}=\sum_{i=1}^{n}(x_{i}-\overline{X})^{2}=\sum_{i=1}^{n}x_{i}^{2}-\frac{1}{n}\left(\sum_{i=1}^{n}x_{i}\right)^{2}$$

（6）相关关系——线性相关的显著性检验。

回归直线方程求得后，还需解决一个问题：x 与 y 是否真有线性关系？或者说 x 与 y 的线性相关程度如何？应用相关系数检验法就能解决这个问题，相关系数检验法其公式为：

$$\gamma=\frac{L_{xy}}{\sqrt{L_{xx}L_{yy}}} \qquad (1.2.2)$$

式中　L_{yy}——y 偏差平方和，

$$L_{yy}=\sum_{i=1}^{n}(y_{i}-\overline{Y})^{2}=\sum_{i=1}^{n}y_{i}^{2}-\frac{1}{n}\left(\sum_{i=1}^{n}y_{i}\right)^{2}$$

当 $|\gamma|=0$ 时，x 与 y 完全为线性无关的；

当 $|\gamma|=1$ 时，x 与 y 完全线性相关；

当 $0<|\gamma|<1$ 时，x 与 y 线性相关程度介于中间状态，但是当 $|\gamma|$ 接近 1 的程度如何才能认为是线性相关的呢？对于给定的置信度（测量数据与真实值的匹配程度）α，α 可在相关系数临界表中查出临界值 γ_0。当由样本计算出的 γ 值大于临界值 γ_0，则认为 x 与 y 存在线性相关关系，或者认为线性相关关系显著；当 γ 小于或等于临界值 γ_0 时，则认为 x 与 y 不存在线性关系，即线性关系不显著。

【例 1.2.16】 对路基土进行承载比（CBR）试验，室温为 20 ℃，湿度为 70%，测力环检定结果如表 1.2.5 所示。

表 1.2.5　检 定 结 果

指示器示值	荷载/kN								
	0	0.75	1.5	2	3	4	5	6	7.5
测力环进程/mm	1.000	1.172	1.342	1.458	1.688	1.920	2.168	2.400	2.760

试计算测力环系数，并检验其线性关系的显著性。

【解】 对测力环检定结果进行线性回归分析，如表 1.2.6 所示。

表 1.2.6　测力环进程与荷载回归直线计算

测力次序	荷载 y	测力环进程 x	xy	x^2	y^2
1	0	1.000	0	1	0
2	0.75	1.172	0.879	1.374	0.563
3	1.5	1.342	2.013	1.801	2.250
4	2	1.458	2.916	2.126	4.000
5	3	1.688	5.064	2.849	9.000
6	4	1.920	7.680	3.686	16.000
7	5	2.168	10.840	4.700	25.000
8	6	2.400	14.400	5.760	36.000
9	7.5	2.760	20.700	7.618	56.250
总和	29.75	15.908	64.492	30.914	149.063

经计算有

$$\sum x = 15.908, \quad \bar{X} = 1.768, \quad \sum x^2 = 30.914, \quad \left(\sum x\right)^2 = 253.064$$

$$L_{xx} = \sum_{i=1}^{n} x_i^2 - \frac{1}{n}\left(\sum_{i=1}^{n} x_i\right)^2 = 30.914 - 253.064/9 = 2.796$$

$$\sum y = 29.75, \quad \bar{Y} = 3.31, \quad \sum y^2 = 149.063, \quad \left(\sum y\right)^2 = 885.063$$

$$L_{yy} = \sum_{i=1}^{n} y_i^2 - \frac{1}{n}\left(\sum_{i=1}^{n} y_i\right)^2 = 149.063 - 885.063/9 = 50.723$$

$$n = 9, \quad \sum xy = 64.492, \quad \sum x \cdot \sum y = 443.513$$

$$L_{xy} = \sum_{i=1}^{n} x_i y_i - \frac{1}{n}\left(\sum_{i=1}^{n} x_i\right)\left(\sum_{i=1}^{n} y_i\right) = 64.492 - 473.263/9 = 11.907$$

$$b = L_{xy}/L_{xx} = 11.907/2.796 = 4.258\,6$$

$$a = \bar{Y} - b\bar{X} = 3.31 - 4.258\,6 \times 1.768 = -4.219$$

回归方程为

$$y = -4.219 + 4.259x$$

（1）测力环系数为 4.259，则有

$$C = 4.259 \text{ kN/mm} = 42.59 \text{ N/0.01 mm}$$

（2）线性关系的显著性检验：

$$\gamma = \frac{L_{xy}}{\sqrt{L_{xx} L_{yy}}} = \frac{11.907}{\sqrt{2.796 \times 50.723}} \approx 0.999\,84$$

$\gamma = 0.999\,84$，和 1 非常接近，我们认为 x 和 y 是线性关系显著的。

任务三　检测路段数据统计方法及相关性试验

【工作任务】随着测试技术的进步，在公路现场测试中存在着大量的针对同一技术指标采用不同测试方法的情况，为提高工程质量评价结果的一致性，采用线性回归方法，即确立两组不同试验数据间相关性关系的通用要求及数据处理方法。当采用核子密湿度仪测试路基、路面材料的密度和含水率时，请确定核子仪法与挖坑灌砂法数据的相关性。

【预备知识】

公路路基路面的质量评价通常以"测试路段"为单位，测试路段应当根据工程需要及现行相关规范、规定选择。依据测试路段中各测点（区）的结果，从而评价测试路段的工程质量。

一、检测路段数据统计方法

本方法规定了计算一个测试路段内测试结果的平均值、标准差、变异系数、实测值与设计值的差及代表值的方法。本方法适应于本规程所列试验的数据统计工作，其他试验数据统计可参考使用。

1. 计　算

（1）按式（1.3.1）计算实测值 X_i 与设计值 X_0 之差。

$$\Delta X_i = X_i - X_0 \tag{1.3.1}$$

式中　ΔX_i——实测值 X_i 与设计值 X_0 之差；

　　　X_i——第 i 个测点的测试值；

　　　X_0——设计值。

（2）测试结果的平均值、标准差、变异系数按式（1.3.2）～式（1.3.4）计算。

$$\overline{X} = \frac{\sum X_i}{N} \tag{1.3.2}$$

$$S = \sqrt{\frac{\sum_{i=1}^{N}(X_i - \overline{X})^2}{(N-1)}} \tag{1.3.3}$$

$$C_v = \frac{S}{\overline{X}} \times 100 \tag{1.3.4}$$

式中　X_i——第 i 个测点的实测值；

　　　N——一个测试路段内的测点数；

　　　$\overline{X}$——一个测试路段内实测值的平均值；

　　　S——一个测试路段内实测值的标准差；

　　　C_v——一个测试路段内实测值的变异系数（%）。

（3）计算一个测试路段内实测值的代表值时，对单侧测试的指标，按式（1.3.5）计算；对双侧测试的指标，按式（1.3.6）计算。

$$X' = \overline{X} \pm S \frac{t_\alpha}{\sqrt{N}} \tag{1.3.5}$$

$$X' = \overline{X} \pm S \frac{t_{\alpha/2}}{\sqrt{N}} \tag{1.3.6}$$

式中　X'——一个测试路段内实测值的代表值；

　　　t_α 或 $t_{\alpha/2}$——t 分布表中随自由度（$N-1$）和置信水平 α（保证率）而变化的系数，如表 1.3.1 所示。保证率的选用还应符合相关规范的要求。

表 1.3.1 $\dfrac{t_{\alpha/2}}{\sqrt{N}}$ 和 $\dfrac{t_\alpha}{\sqrt{N}}$ 的值

测定数 N	双边置信水平的 $t_{\alpha/2}/\sqrt{N}$		单边置信水平 $t_\alpha/\sqrt{N}$	
	保证率 95%	保证率 90%	保证率 95%	保证率 90%
	$\alpha/2$	$\alpha/2$	α	α
2	8.985	4.465	4.465	2.176
3	2.484	1.686	1.686	1.089
4	1.591	1.177	1.177	0.819
5	1.242	0.953	0.953	0.686
6	1.049	0.823	0.823	0.603
7	0.925	0.716	0.716	0.544
8	0.836	0.670	0.670	0.500
9	0.769	0.620	0.620	0.466
10	0.715	0.580	0.580	0.437
11	0.672	0.546	0.546	0.414
12	0.635	0.518	0.518	0.392
13	0.604	0.494	0.494	0.376
14	0.577	0.473	0.473	0.361
15	0.554	0.455	0.455	0.347
16	0.533	0.436	0.436	0.335
17	0.514	0.423	0.423	0.324
18	0.497	0.410	0.410	0.314
19	0.482	0.398	0.398	0.304
20	0.468	0.387	0.387	0.297
21	0.454	0.376	0.376	0.289
22	0.443	0.367	0.367	0.282
23	0.432	0.358	0.358	0.275
24	0.421	0.350	0.350	0.269
25	0.413	0.342	0.342	0.264
26	0.404	0.335	0.335	0.258
27	0.396	0.328	0.328	0.253
28	0.388	0.322	0.322	0.248
29	0.380	0.316	0.316	0.244
30	0.373	0.310	0.310	0.239
40	0.320	0.266	0.266	0.206
50	0.284	0.237	0.237	0.184
60	0.258	0.216	0.216	0.167
70	0.238	0.199	0.199	0.155
80	0.223	0.186	0.186	0.145
90	0.209	0.277	0.173	0.136
100	0.198	0.166	0.166	0.129

2. 报 告

（1）根据工程需要及现行相关规范、规定，列出一个测试路段内实测值的记录表，记录平均值、标准差、变异系数及代表值。注明不符合规范要求的测点。

（2）当无特殊规定时，可疑数据的舍弃宜按照 k 倍标准差作为舍弃标准，即在资料分析中，舍弃那些在 $\bar{X} \pm kS$ 范围以外的实测值，然后再重新计算整理。当试验数据 N 为 3，4，5，6 个时，k 值分别为 1.15，1.46，1.67，1.82，N 等于或大于 7 时，k 值宜采用 3。

二、相关性试验方法

随着测试技术的进步，在公路现场测试中存在着大量的针对同一技术指标采用不同测试方法的情况，为提高工程质量评价结果的一致性，工程上常通过试验建立两种不同测试方法之间的转换关系，进而实现不同测试方法所得结果的转换，以方便地用于工程质量评价，这种试验通常称之为相关性试验。由于相关性试验建立的转换关系要应用于日常检测的数据处理工作中，其代表性和可靠性尤为重要，因此对试验条件、测量对象及样本数量等要求应当更为严格和规范。相关性试验不具有溯源性，不能替代计量技术机构对仪器设备的检验。

本方法规定了采用线性回归方法，确立两组不同试验数据间相关性关系的通用要求及数据处理方法。本方法适用于本规程中同一技术指标不同试验方法间的转换。

1. 通用要求

（1）当同一技术指标可采用多个不同试验方法测量时，为满足不同技术标准合格判定的需求，可采用建立不同试验方法测试结果相关性关系的方式，进行不同试验结果之间的转换。

（2）相关性试验选择的被测量对象应不少于 4 个，其量值应较均匀、稳定，范围应能覆盖日常检测工作中检测值，且应较为均匀地分布于该范围内。

（3）进行相关性试验时，宜采用重复试验条件下的多次测量的平均值参与回归分析。

（4）当试验方法对被测对象的量值有影响时，应适当延长不同试验方法实施的间隔时间。

（5）对于试验环境条件敏感的技术方法，应采取必要措施保证重复性试验条件，尽可能避免采用试验环境修正后数据进行回归分析。

2. 数据处理

（1）一般应采用最小二乘法对两组试验数据进行线性回归分析，所得相关性关系式可采用下式表示：

$$Y = AX + B, \quad R = \#.\#\#\#, \quad C = X_{\min} \sim X_{\max} \qquad (1.3.7)$$

式中　Y——转换值，命名方式为"技术指标符号$_{试验方法名称}$"，无量纲；

X——被转换值，命名方式为"技术指标符号$_{试验方法名称}$"，无量纲；

A——斜率；

B——截矩；

R——相关系数，保留 4 位有效数字；

C——测量范围；

$X_{\min}$——试验数据中被转换值最小值；

$X_{\max}$——试验数据中被转换值最大值。

（2）最小二乘法各特征参数的计算公式如下：

$$A = \frac{n\sum xy - \sum x \sum y}{n\sum x^2 - (\sum x)^2} \qquad (1.3.8)$$

$$B = \bar{y} - A\bar{x} \qquad (1.3.9)$$

$$R = \frac{\overline{xy} - \bar{x}\bar{y}}{\sqrt{(\overline{x^2} - \bar{x}^2)(\overline{y^2} - \bar{y}^2)}} \qquad (1.3.10)$$

式中　y——转换值试验数据；

　　　x——被转换值试验数据。

（3）相关系数 R 应满足具体技术指标相关性试验的要求。

项目小结

1. 抽样检验的评定原理：假如 N 为一批产品数量，n 为这一批产品中随机抽取的样本数，d 为抽出的样本中的不合格产品数，c 为抽样中的允许不合格品数（称为合格判定数）。若 $d \leq c$，则认为该批产品合格，可以接受；若 $d > c$，则说明该批产品不合格，应拒绝接受。

2. 标准偏差可反映样本数据的绝对波动状况，而变异系数反映的是数据相对波动的状况。

3. 数字修约准则："四舍六入五考虑，五后非零则进一，五后为零视奇偶，奇升偶舍要注意，修约一次要到位"。

4. 测量数据的表达方法通常有表格法、图示法和经验公式法 3 种。

复习思考题

1. 什么是误差、绝对误差与相对误差？
2. 误差按其性质可分为哪几类？各有什么特征？
3. 何谓抽样检验？随机抽样检验有哪几种？适合于公路工程质量检验的随机抽样又有哪些？
4. 检测数据常用的统计特征数类型有哪些？
5. 什么是有效数字？
6. 按要求修约下列有效数字：

27.453 7（保留两位小数）；　　　　355.555（保留整数）；

17.752 8（保留一位小数）；　　　　29.999 8（保留两位小数）；

10.050 001（保留一位小数）；　　　27.387 5（保留三位小数）；

22.25（保留一位小数）。

7. 弯沉检测时，某测点的百分表初读数为 66.5（0.01 mm），终读数为 32.0（0.01 mm），则该读数的有效数字有几位？该测点弯沉值又有几个有效数字？

8. 某路段路基施工质量检查中，用标准轴载测得 10 点的弯沉值（单位：0.01 mm）分别为 101,100,102,110,95,98,93,96,103,104。计算该路段路基弯沉值的算术平均值、中位数、极差、标准偏差和变异系数;并计算该路段的代表弯沉值(保证率系数 $Z_a = 2.0$)。

9. 某新建高速公路路基施工中,对其中某一路段压实质量进行检查,压实度检测结果为:96.6%,95.4%,93.2%,97.6%,96.4%,95.8%,95.9%,96.8%,95.4%,95.9%,按保证率 95% 计算该路段的代表性压实度,并判断该路段的压实质量是否符合要求(压实度标准为 $K_0 = 95\%$)。

10. 某一级公路水泥稳定砂砾基层厚度检测值为 21 cm,22 cm,20 cm,19 m,18 m,20 m,21 cm,21 cm,22 cm,19 cm,试计算其厚度代表值(保证率为 99%)。

11. 某路段二灰碎石基层无侧限抗压强度试验结果(单位:MPa)分别为:0.792,0.306,0.968,0.804,0.447,0.894,0.702,0.424,0.498,1.075,0.815,请分别用拉依达法、肖维纳特法和格拉布斯法对上述数据进行取舍判断。

12. 对某路基土进行承载比(CBR)试验,室温为 20 ℃,湿度为 70%,测力环检定结果如下表。试计算测力环系数,并检验其线性关系的显著性。

检 定 结 果

指示器示值	荷载/kN							
	0	0.75	1.5	2	3	4	5	6	7.5
测力环进程/mm	1.000	1.178	1.335	1.445	1.661	1.900	2.122	2.350	2.696

13. 某箱梁混凝土设计抗压强度为 50 MPa,施工中对混凝土取样制作边长为 150 mm 立方体标准试件进行强度评定,试件以同龄期者 3 块为 1 组,第一组 3 块试件强度分别为 50.5 MPa、51.6 MPa、61.2 MPa;第二组 3 块试件强度分别为 50.5 MPa、54.6 MPa、57.1 MPa;第三组 3 块试件强度分别为 50.1 MPa、59.3 MPa、68.7 MPa。GB50107《混凝土强度检验评定标准》规定,在确定混凝土强度代表值时:

(1)当一组试件中强度的最大值和最小值与中间值之差均未超过中间值的 15% 时,取 3 个试件强度的算数平均值作为每组试件的强度代表值。

(2)当一组试件中强度的最大值或最小值与中间值之差高于中间值的 15% 时,取中间值作为该组试件的强度代表值。

(3)当一组试件中强度的最大值和最小值与中间值之差均超过中间值的 15% 时,该组试件的强度不应作为评定的依据。

试计算各组试件的强度代表值。

项目二

路基检测

【材料试验员岗位工作标准】能够对土方路基和石方路基中的压实度和弯沉两个关键项目进行检测，也会纵断高程、中线偏位、宽度、平整度、横坡、边坡一般项目进行检测；能够进行CBR值测试、回弹模量检测和回弹弯沉检测。

【试验检测工程师职业资格考试要求】主要检验应考人员对土的含水率、密度的试验内容、方法与评价；土的击实性、CBR试验内容、方法与评价。

【教学目标】了解土的击实，熟悉路基强度和模量检测，掌握路基压实度和弯沉检测，能够对××公路的路基进行检测及评定。

【思维导图】

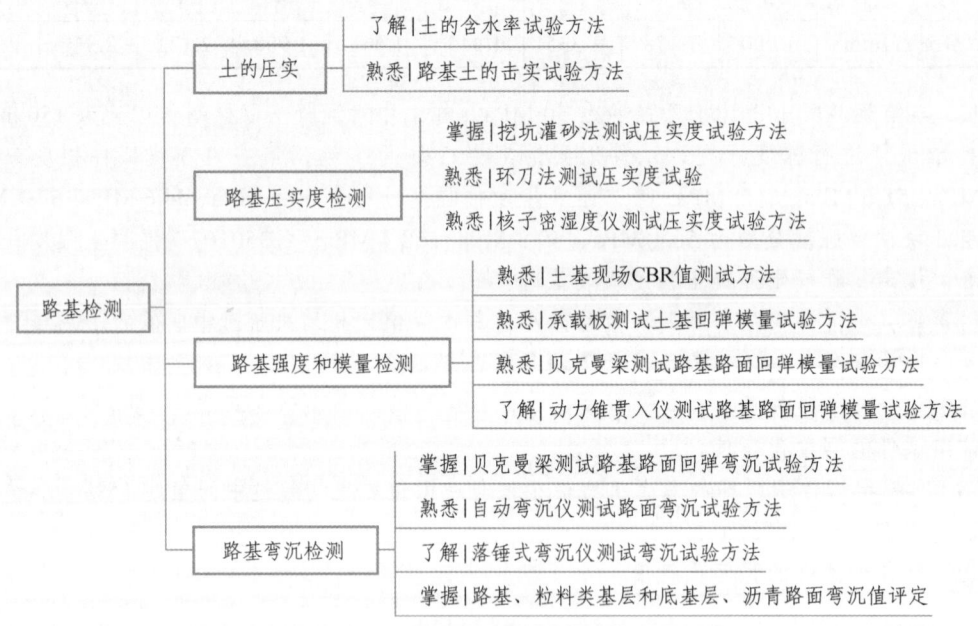

【思政映射】学好基础理论，扣好人生第一粒扣子。

【建议学时】20学时

任务一　土的击实

【工作任务】在工程建设中，经常遇到填土压实、软弱地基的强夯和换土碾压等问题，需要采用既经济又合理的压实方法，使土变得密室，从而在短期内提高土的强度以达到改善土的工程性质的目的。请绘制某路段路基土的含水率和干密度曲线，并得出最佳含水率和最大干密度。

【预备知识】

一、土的含水率试验方法

（一）概　述

土的工程性质之所以复杂，其主要原因是含水率在土的三相物质中形成一不确定的因素，含水率的变化将使土的一系列物理力学性质随之产生变化。土的含水率的不同，可使土变成坚硬的、可塑的或流动的土；反映在土的力学性质方面，能使土的结构强度、孔隙压力、有效应力及稳定性发生变化。因此，无论是研究土的物理力学性质方面，还是在施工控制和工程质量检测工作中，测定土的含水率都是一项不可缺少的内容。

（二）含水率的基本概念

土中的水可分为强结合水、弱结合水及自由水，一般认为，在 105～110 ℃ 温度下能将土中的自由水蒸发掉。工程上将含水率定义为土中自由水的质量与土粒质量之比的百分数，其定义式为：

$$\omega = \frac{m_w}{m_s} \times 100 \quad (2.1.1)$$

式中　ω——含水率，%；
　　　m_w——土中水的质量，g；
　　　m_s——干土质量，g。

（三）土的含水率测定方法

1. 烘干法

烘干法是测定含水率的标准方法，适用于测定黏质土、粉质土、砂类土、砾类土、有机质土和冻土等土类的含水率。

（1）仪器设备：

① 烘箱：可采用电热烘箱或温度能保持 105～110 ℃ 的其他能源烘箱。

② 天平：称量 200 g，感量 0.01 g；称量 5 000 g，感量 1 g。

③ 其他：干燥箱、称量盒等。

（2）试验步骤：

① 取具有代表性试样，细粒土不小于 50 g，砂类土、有机质土为 100 g，砾类土不小于 1 kg，放入称量盒内，立即盖好盒盖，称质量。

② 揭开盒盖，将试样和盒放入烘箱内，在温度 105～110 ℃ 恒温下烘干。烘干时间对细粒土不得少于 8 h，对砂类土和砾类土不得少于 6 h；对含有机质超过 5% 的土或含石膏的土，应将温度控制在 60～70 ℃ 的范围内，烘干时间不宜小于 24 h。

③ 将烘干后的试样和盒取出，放入干燥器内冷却（一般只需 0.5～1 h 即可）。冷却后盖好盒盖，称质量，细粒土、砂类土和有机质土准确至 0.01 g；砾类土准确至 1 g。

（3）结果整理。按下式计算含水率：

$$\omega = \frac{m - m_s}{m_s} \times 100 \tag{2.1.2}$$

式中　ω——含水率，计算至 0.1%；
　　　m——湿土质量，g；
　　　m_s——干土质量，g。

（4）精密度和允许差。

本试验应进行二次平行测定，取其算术平均值，准确至 0.1%，允许平行差值应符合表 2.1.1 规定，否则应重做试验。

表 2.1.1　含水率测定的允许平行差值

含水率/%	允许平行差值/%	含水率/%	允许平行差值/%
$\omega \leqslant 5.0$	$\leqslant 0.3$	$\omega > 40.0$	$\leqslant 2.0$
$5.0 < \omega \leqslant 40.0$	$\leqslant 1.0$		

2. 酒精燃烧法

酒精燃烧法适用于快速简易测定土（含有机质土和盐渍土除外）的含水率。

酒精燃烧法
测定土的含水率

（1）仪器设备：

① 天平：感量为 0.01 g。

② 酒精：纯度为 95% 以上。

③ 其他：滴管、调土刀、称量盒（可定期调整为恒定质量）等。

（2）试验步骤：

① 称取空盒质量，准确至 0.01 g。

② 取代表性试样不小于 10 g，放入称量盒内，称盒与湿土总质量，准确至 0.01 g。

③ 用滴管将酒精注入放有试样的称量盒中，直至盒中出现自由液面为止。为使酒精在试样中充分混合均匀，可将盒底在桌面上轻轻敲击。

④ 点燃盒中酒精，燃至火焰熄灭。

⑤ 火焰熄灭并冷却数分钟，再次用滴管滴入酒精，不得用瓶直接往盒里倒酒精，以防意外。如此再燃烧两次。

⑥ 待第土次火焰熄灭后，盖好盒盖，称干土和盒质量，准确至 0.01 g。

（3）注意事项：

① 上一次的酒精燃烧熄灭后，必须确认完全熄灭时，才能加下一次酒精，以免发生危险。

② 取代表性试样时，砂类土数量应多于黏质土。

3. 含水率的其他测试方法

（1）炒干法。用锅将试样炒干，适用于砂土及含砾较多的土。

（2）微波加热法。微波加热器可用家用微波炉加热土样，一批土样一般几分钟就可烘干。经试验对比多数土的测试结果与标准烘干法相对误差小于1.5%。但对一些含金属矿物质的土不适用，因为一些金属物质本身在微波作用下发热，其温度会超过 100 ℃，从而损坏微波炉。

微波法检测土的含水率

（3）核子密湿度仪法。核子密湿度仪于 20 世纪 90 年代初引入我国，曾在路基路面材料的密度、含水率的测试方面有所应用，但由于核子仪使用和保存要求很高，近年来国内大部分检测单位已经停止使用。

4. 特殊土的含水率测试方法

（1）含石膏土的含水率测试方法。含石膏土的烘干温度在 110 ℃ 时，含石膏土会失去结晶水，用烘干法测定其含水率有影响。因此试样应该在不超过 80 ℃ 的温度下烘干，并可能要烘更长的时间。

（2）含有机质土的含水率测试方法。有机质土在 105～110 ℃ 温度下经长时间烘干后，有机质特别是腐殖酸会在烘干过程中逐渐分解而不断损失，使测得的含水率比实际的含水率大，土中有机质含量越高，误差越大。因此，对有机质含量超过 5% 的土，应在 60～70 ℃ 的恒温下进行烘干。

（3）无机结合料稳定类材料的含水率测试法。无机结合料在与水拌和后要发生水化作用，在较高温度下水化作用发生较快。因此，如将水泥稳定混合料放在原为室温的烘箱内，再启动烘箱升温，则在升温过程中水泥与水的水化作用发生放热反应，得出的含水率往往偏小，所以应提前将烘箱升温到 110 ℃，使放入的水泥混合料一开始就能在 105～110 ℃ 的环境下烘干。

二、路基土的击实试验方法

压实度的大小取决于实测的压实密度，同样也与标准密度的大小有关。击实试验就是利用标准化的击实仪具，在模拟现场施工条件下，测定路基土及路面基层密度和相应含水率的关系，从而确定压实的最大干密度和相应最佳含水率，用以评价土的压实程度和指导施工。所以击实试验是控制路基路面压实度不可缺少的重要试验项目。

用击实试验模拟现场的压实，这是一种半经验方法。由于现场填筑碾压和室内击实试验具有不同的工作条件，两者之间的关系是根据工程实践经验求得的，但要求室内试验的击实功应相当于现场施工的压实功，因此很多国家的不同部门就可能有其自用的击实试验方法和仪器。

1. 适用范围

本试验分轻型击实和重型击实。应根据工程要求和试样最大粒径按表 2.1.2 选用击实试验方法。当粒径大于 40 mm 的颗粒含量大于 5% 且不大于 30% 时，应对试验结果进行校正。粒径大于 40 mm 的颗粒含量大于 30% 时，按表面振动压实法进行。

土的击实——适用范围及仪器设备

表 2.1.2　击实试验方法种类

试验方法	类别	锤底直径/cm	锤质量/kg	落高/cm	试筒尺寸 内径/cm	试筒尺寸 高/cm	试样尺寸 高度/cm	试样尺寸 体积/cm³	层数	每层击数	最大粒径/mm
轻型	Ⅰ-1	5	2.5	30	10	12.7	12.7	997	3	27	20
轻型	Ⅰ-2	5	2.5	30	15.2	17	17	2177	3	59	40
重型	Ⅱ-1	5	4.5	45	10	12.7	12.7	997	5	27	20
重型	Ⅱ-2	5	4.5	45	15.2	17	17	2177	3	98	40

2. 仪器设备

（1）标准击实仪（见图 2.1.1、图 2.1.2）。轻、重型试验方法和设备的主要参数应符合表 2.1.2 中规定。

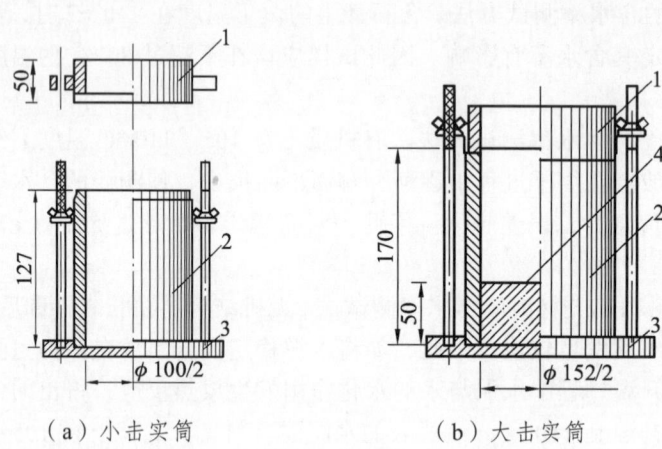

（a）小击实筒　　　　　　（b）大击实筒

1—套筒；2—击实筒；3—底板；4—垫块。

图 2.1.1　击实筒（单位：mm）

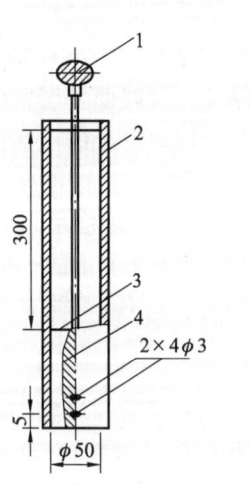 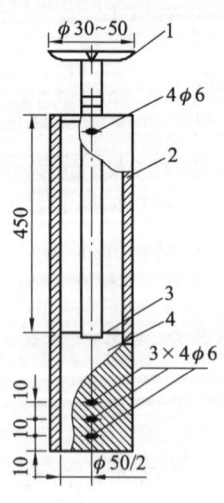

（a）2.5 kg 击锤（落高 30 cm）　　　（b）4.5 kg 击锤（落高 45 cm）

1—提手；2—导筒；3—硬橡皮垫；4—击锤。

图 2.1.2　击锤和导杆（单位：mm）

（2）烘箱及干燥器。
（3）电子天平：称量 2 000 g，感量 0.01 g；称量 10 kg，感量 1 g。
（4）圆孔筛：孔径 40 mm、20 mm 和 5 mm 各 1 个。
（5）拌和工具：400 mm×600 mm、深 70 mm 的金属盘、土铲。
（6）其他：喷水设备、碾土器、盛土盘、量筒、推土器、铝盒、修土刀、平直尺等。

土的击实——试样准备

3. 试 样

本试验可采用不同的方法准备试样，各方法可按表 2.1.3 准备试样。

表 2.1.3 试 料 用 量

使用方法	试筒内径/cm	最大粒径/mm	试料用量
干土法	10	20	至少 5 个试样，每个 3 kg
	15.2	40	至少 5 个试样，每个 6 kg
湿土法	10	20	至少 5 个试样，每个 3 kg
	15.2	40	至少 5 个试样，每个 6 kg

（1）干土法。过 40 mm 筛后，按四分法至少准备 5 个试样，分别加入不同水分（按 1%～3% 含水率递增），将土样拌和均匀，拌匀后闷料一夜备用。

（2）湿土法。对于高含水率土，可省略过筛步骤，拣除大于 40 mm 的石子即可。保持天然含水率的第一个土样，可立即用于击实试验。其余几个试样，将土分成小土块，分别风干，使含水率按 2%～4% 递减。

土的击实——试验步骤

4. 试验步骤

（1）根据土的性质和工程要求，按表 2.1.2 规定选择轻型或重型试验方法。选用干土法或湿土法。

（2）称取试筒质量 m_1，准确至 1 g。将击实筒放在坚硬的地面上，在筒壁上抹一薄层凡士林，并在筒底（小试筒）或垫块（大试筒）上放置蜡纸或塑料薄膜。取制备好的土样分 3～5 次倒入筒内。小筒按 3 层法时，每次约 800～900 g（其量应使击实后的试样等于或略高于筒高的 1/3）；按五层法时，每次约 400～500 g（其量应使击实后的试样等于或略高于筒高的 1/5）。对于大试筒，先将垫块放入筒内底板上，按 3 层法时，每层需试样 1 700 g 左右。整平表面，并稍加压紧，然后按规定的击数进行第一层土的击实，击实时击锤应自由垂直落下，锤迹必须均匀分布于土样面，第一层击实完后，将试样层面"拉毛"然后再装入套筒，重复上述方法进行其余各层土的击实。小试筒击实后，试样不应高出筒顶面 5 mm；大试筒击实后，试样不应高出筒顶面 6 mm。

（3）用削土刀沿套筒内壁削刮，使试样与套筒脱离后，扭动并取下套筒，齐筒顶细心削平试样，拆除底板，擦净筒外壁，称筒与土的总质量 m_2，准确至 1 g。

（4）用推土器推出筒内试样，从试样中心处取样测其含水率，计算至 0.1%，测定含水率用试样的数量按表 2.1.4 规定取样。

表 2.1.4　测定含水率用试样的数量

最大粒径/mm	试样质量/g	个数	最大粒径/mm	试样质量/g	个数
＜5	约 100	2	约 20	约 400	1
约 5	约 200	1	约 40	约 800	1

（5）对于干土法或湿土法，将试样搓散，然后按本试验的方法进行洒水、拌和，但不需闷料，每次约增加 2%～3% 的含水率，其中有两个大于和两个小于最佳含水率，所需加水量按下式计算：

$$m_w = \frac{m_i}{1+0.01\omega_i} \times 0.01(\omega - \omega_i) \tag{2.1.3}$$

式中　m_w——所需的加水量，g；

　　　m_i——含水率 ω_i 时土样的质量，g；

　　　ω_i——土样原有含水率，%；

　　　ω——要求达到的含水率，%。

按上述步骤进行其他含水率试样的击实试验。

土的击实——结果整理

5. 结果整理

（1）计算各含水率下的干密度。按下式计算击实后各点的干密度：

$$\rho_d = \frac{\rho}{1+0.01\omega} \tag{2.1.4}$$

式中　ρ_d——干密度，g/cm³；

　　　ρ——湿密度，g/cm³；

　　　ω——含水率，%。

（2）求最大干密度和最佳含水率。

① 图解法。以干密度为纵坐标，含水率为横坐标，绘制干密度与含水率的关系曲线（见图 2.1.3），曲线上峰值点的纵、横坐标分别为最大干密度和最佳含水率。如曲线不能绘出明显的峰值点应进行补点或重做。

② 三点二次插值法（抛物线插值法）。大量试验结果表明，击实试验所要求的最大干密度（$\rho_{d\max}$）就在该组试验数据中的最大值附近。同时，ρ_d-ω 曲线的形状是一抛物线，所以，选取该组数据中 ρ_d 较大的 3 点（ω_1, ρ_{d1}），（ω_2, ρ_{d2}），（ω_3, ρ_{d3}）作为插值节点，其中 $\omega_1 > \omega_2 > \omega_3$，按下述的

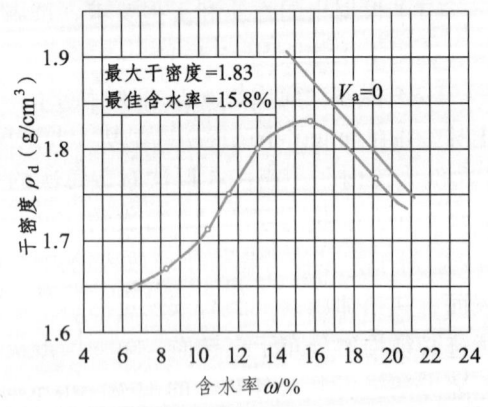

图 2.1.3　含水率与干密度的关系曲线

三点二次插值法即可以求得最大干密度和最佳含水率。该方法的 n 次插值公式如下：

$$L(\omega) = \frac{(\omega-\omega_2)(\omega-\omega_3)}{(\omega_1-\omega_2)(\omega_1-\omega_3)}\rho_{d0} + \frac{(\omega-\omega_1)(\omega-\omega_3)}{(\omega_2-\omega_1)(\omega_2-\omega_3)}\rho_{d1} + \frac{(\omega-\omega_1)(\omega-\omega_2)}{(\omega_3-\omega_1)(\omega_3-\omega_2)}\rho_{d2} \tag{2.1.5}$$

对上式求导，得到下式并令该式等于零得：

$$L'(\omega) = \frac{2\omega-(\omega_2+\omega_3)}{(\omega_1-\omega_2)(\omega_1-\omega_3)}\rho_{d0} + \frac{2\omega-(\omega_1+\omega_3)}{(\omega_2-\omega_1)(\omega_2-\omega_3)}\rho_{d1} + \frac{2\omega-(\omega_1+\omega_2)}{(\omega_3-\omega_1)(\omega_3-\omega_2)}\rho_{d2} = 0 \quad (2.1.6)$$

解此方程即可求出 ω，该值即最佳含水率 $\omega_0 = \omega$。将 ω 代入式(2.1.5)，得到 $\rho_{d\,max} = L(\omega)$。

（3）按下式计算饱和曲线的饱和含水率 ω_{max}，并绘制饱和含水率与干密度的关系曲线图。

$$\omega_{max} = \left[\frac{G_s\rho_w(1+\omega)-\rho}{G_s\rho}\right] \times 100 \quad (2.1.7)$$

或

$$\omega_{max} = \left(\frac{\rho_w}{\rho_d} - \frac{1}{G_s}\right) \times 100 \quad (2.1.8)$$

式中　ω_{max}——饱和含水率，计算至 0.01；
　　　ρ——试样的湿密度，g/cm³；
　　　ρ_d——试样的干密度，g/cm³；
　　　ρ_w——水在 4 ℃ 时的密度，g/cm³；
　　　G_s——试样比重，对于粗粒土，则为土中粗细颗粒的混合比重；
　　　ω——试样的含水率，%。

（4）当试样中有大于 40 mm 颗粒时，应先取出大于 40 mm 颗粒。并求得其百分率 P，把小于 40 mm 部分作击实试验，按下面公式分别对试验所得的最大干密度和最佳含水率进行校正（适用于大于 40 mm 颗粒的含量小于 30% 时）。

最大干密度按下式校正：

$$\rho'_{d\,max} = \frac{1}{\dfrac{1-0.01P}{\rho_{d\,max}} + \dfrac{0.01P}{G'_s}} \quad (2.1.9)$$

式中　$\rho'_{d\,max}$——校正后的最大干密度，g/cm³；
　　　$\rho_{d\,max}$——用粒径小于 40 mm 的土样试验所得的最大干密度，g/cm³；
　　　P——试料中粒径大于 40 mm 颗粒的百分数，%；
　　　G'_s——粒径大于 40 mm 颗粒的密度，计算至 0.01 g/cm³。

最佳含水率按下式校正：

$$\omega'_0 = \omega_0(1-0.01P) + 0.01P \cdot \omega_2 \quad (2.1.10)$$

式中　ω'_0——校正后的最佳含水率，%；
　　　ω_0——用粒径小于 40 mm 的土样试验所得的最佳含水率，%；
　　　P——试料中粒径大于 40 mm 颗粒的百分数，%；
　　　ω_2——粒径大于 40 mm 颗粒的含水率，%。

（5）精度和允许差
最大干密度精确至 0.01g/cm³；最佳含水率精确至 0.1%。

任务二 路基压实度检测

【工作任务】碾压是路基路面施工的重要环节,压实质量与路基路面的强度、刚度、稳定性和平整度密切相关,压实度时路基路面施工质量检验的关键项目。请对某路段路基采用适合的方法进行压实度检测,如采用核子湿密度仪检测压实度时,请确定核子仪与标准方法的相关性。

路基压实度检测方法

【预备知识】

一、挖坑灌砂法测试压实度试验方法

挖坑灌砂法的原理是利用均匀颗粒的砂去置换试坑的体积。很多工程都把灌砂法列为现场测定密度的主要方法,它是当前施工过程中最常用的试验方法之一。该方法可用于测试各种土或路面材料的密度。挖坑灌砂法的缺点是需要携带较多量的砂,而且称量次数较多,因此测试速度较慢。

路基压实度检测挖坑灌砂法

1. 适用范围

本方法适用于现场测试基层或底基层、砂石路面及路基结构的压实度,以评价结构层的压实质量,但不适用于填石路堤等有大孔洞或大空隙的结构压实度测试。

挖坑灌砂法适用范围及仪器材料

2. 仪具与材料技术要求

(1)灌砂筒:灌砂设备包括灌砂筒、标定罐和基板。

① 灌砂筒:金属材质,形式和主要尺寸如图 2.2.1 所示,并符合表 2.2.1 的规定。灌砂筒上部为储砂筒,下部为圆锥体漏斗,筒底与漏斗顶端铁板之间设有开关。灌砂筒的选择:在测试前,应根据填料粒径及测试层厚度选择不同尺寸的灌砂筒,并符合表 2.2.2 的规定。

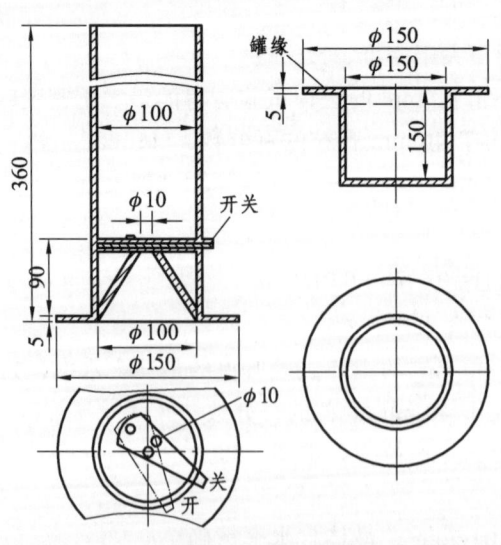

图 2.2.1 灌砂筒和标定罐(单位:mm)

表 2.2.1　灌砂筒的主要尺寸要求

结　构		小型灌砂筒	中型灌砂筒	大型灌砂筒
储砂筒	直径/mm	100	150	200
	容积/cm^3	2 121	4 771	8 482
流砂孔	直径/mm	10	15	20
金属标定罐	内径/mm	100	150	200
	外径/mm	150	200	250
金属方盘基板	边长/mm	350	400	450
	深/mm	40	50	60
中孔	直径/mm	100	150	200
板厚	厚/mm	≥1.0（铁）	≥1.0（铁）	≥1.0（铁）
		≥1.2（铝合金）	≥1.2（铝合金）	≥1.2（铝合金）

注：储砂筒的容积可按照检测层厚度不同而适当调整，其他指标不变，以保证灌砂过程连续。

表 2.2.2　灌砂筒类型

灌砂筒类型/mm	填料最大粒径/mm	适宜的测试层厚度/mm
ϕ100	<13.2	≤150
ϕ150	<31.5	≤200
ϕ200	<63	≤300
ϕ250 及以上	≤100	≤400

② 标定罐：金属材质，上端有罐缘，形式和主要尺寸如图 2.2.1 所示，并符合表 2.2.1 的规定。

③ 基板：金属材质的方盘，盘中心有一圆孔，主要尺寸符合表 2.2.1 的规定。

（2）玻璃板：边长约 500～600 mm 的方形板。

（3）试样盘和铝盒：小筒挖出的试样可用铝盒存放，大筒挖出的试样可用 300 mm × 500 mm × 40 mm 的搪瓷试样盘存放。

（4）电子秤：分度值不大于 1 g。

（5）电子天平：用于含水率测试时，对细粒土、中粒土、粗粒土的分度值宜分别为 0.01 g、0.1 g、1.0 g。

（6）含水率测试设备：如铝盒、烘箱、微波炉等。

（7）量砂：粒径 0.3～0.6 mm 清洁干燥的砂，约 20～40 kg。使用前须洗净、烘干、筛分至符合要求并放置 24 h 以上，使其与空气的湿度达到平衡。

（8）盛砂的容器：塑料桶等。

（9）温度计：分度值不大于 1 ℃。

（10）其他：凿子、改锥、铁锤、长把勺、长把小簸箕、毛刷等。

3. 准备工作

（1）按照有关标准和规程对结构层填料进行击实试验，得到最大干密度（$\rho_{d\max}$）。

（2）选用灌砂设备。

（3）标定灌砂设备下部圆锥体内砂的质量：

① 在灌砂筒筒口高度上，向灌砂筒内装砂至距筒顶的距离（15±5）mm 左右为止。称取筒内砂的质量 m_1，精确至 1 g。以后每次标定及试验都应维持装砂高度与质量不变。

挖坑灌砂法
量砂密度的标定

② 将开关打开，让砂自由流出，并使流出砂的体积与标定罐的容积相当（或等于工地所挖试坑的体积），然后关上开关。

③ 不晃动储砂筒，轻轻地将罐砂筒移至玻璃板上，将开关打开，让砂流出，直到筒内砂不再下流时，将开关关上，取走灌砂筒。

④ 称量留在玻璃板上的砂或称量筒内的砂，准确至 1 g。玻璃板上的砂就是圆锥体内的砂的质量 m_2。

⑤ 重复上述测量 3 次，取其平均值。

（4）标定量砂的松方密度 ρ_s：

① 用 15～25 ℃ 水确定标定罐的容积 V，准确至 1 mL。

② 在储砂筒中装入质量为 m_1 的砂，并将灌砂筒放在标定罐上，将开关打开，让砂流出。在整个流砂过程中，不要碰动灌砂筒，直到储砂筒内的砂不再下流时，将开关关闭。取下灌砂筒，称取筒内剩余砂的质量 m_3，准确到 1 g。

③ 按下式计算填满标定罐所需砂的质量。

$$m_a = m_1 - m_2 - m_3 \tag{2.2.1}$$

式中 m_a——标定灌中砂的质量，g；

m_1——装入灌砂筒内砂的总质量，g；

m_2——灌砂筒下部圆锥体内砂的质量，g；

m_3——灌砂入标定罐后，筒内剩余砂的质量，g。

④ 重复上述测量 3 次，取其平均值。

⑤ 计算量砂的松方密度 ρ_s（g/cm³）：

$$\rho_s = \frac{m_a}{V} \tag{2.2.2}$$

式中 ρ_s——量砂的松方密度；

V——标定罐的体积，cm³。

4. 测试步骤

（1）在试验地点，选一块平坦表面，并将其清扫干净，其面积不得小于基板面积。

挖坑灌砂法
试验步骤

（2）将基板放在平坦表面上。当表面的粗糙度较大时，则将盛有量砂（m_1）的灌砂筒放在基板中孔上，将灌砂筒的开关打开，让砂流入基板的中孔内，直到储砂筒内的砂不再下流时关闭开关。取下灌砂筒，并称量筒内砂的质量 m_5，准确至 1 g。

（3）取走基板，收回留在试验地点未混入杂质的量砂，重新将表面清扫干净。

（4）将基板放回原处并固定，沿基板中孔凿洞（洞的直径与灌砂筒直径一致）。在凿洞过程中，不应使凿出的材料丢失，并随时将凿松的材料取出装入塑料袋中或大铝盒内密封，防止水分蒸发。试洞的深度应等于测试层厚度，但不得有下层材料混入。称取洞内材料质量 m_w，准确至 1 g。当需要测试厚度时，应先测量厚度后再称量材料总质量。

（5）从挖出的全部材料中取有代表性的试样，放在铝盒或洁净的搪瓷盘中，按照《公路土工试验规程》（JTG 3430—2020）的有关规定测试其含水率（ω）。单组取样数量如下：用小灌砂筒测试时，对于细粒土，不少于 100 g；对于各种中粒土，不少于 500 g。用中灌砂筒测试时，对于细粒土，不少于 200 g；对于各种中粒土，不少于 1 000 g；对于粗粒土或水泥、石灰、粉煤灰等无机结合料稳定材料，宜将取出的材料全部烘干，且不少于 2 000 g，称其质量 m_d。用大型灌砂筒测试时，宜将取出的材料全部烘干，称其质量 m_d。

（6）储砂筒内放满砂到要求质量 m_1，将基板安放在试坑原位上。灌砂筒安放在基板中间，下口对准基板中孔，打开灌砂筒开关，让砂流入试坑内。在此期间，不应碰灌砂筒，直到储砂筒内的砂不再下流时，关闭开关。取走灌砂筒，并称量筒内剩余砂的质量 m_4，准确至 1 g。

（7）如清扫干净的平坦表面的粗糙度不大，也可省去步骤（2）和步骤（3）的操作。在试洞挖好后，将灌砂筒直接对准放在试坑上，中间不需要放基板，打开筒的开关，让砂流入试坑内。在此期间，应注意勿碰动灌砂筒。直到储砂筒内的砂不再下流时，关闭开关。仔细取走灌砂筒，并称量剩余砂的质量 m_4' 准确至 1 g。

（8）仔细取出试筒内的量砂，以备下次试验时再用。

（9）取走基板，将留在试坑内未混入杂质的量砂收回；将坑内剩余量砂清理干净后，回填与被测结构同材质的填料，并用铁锤分 3~4 层夯实。

（10）回收的量砂烘干、过筛，并放置 24 h 以上，使其与空气的湿度达到平衡后可以继续使用。若量砂中混有杂质，则应废弃。

5. 计 算

（1）计算填满试坑所用的砂的质量。

灌砂时试坑上放有基板时：

$$m_b = m_1 - m_4 - (m_1 - m_5) \tag{2.2.3}$$

挖坑灌砂法
结果整理

灌砂时试坑上不放有基板时：

$$m_b = m_1 - m_4' - m_2 \tag{2.2.4}$$

式中 m_b——填满试坑的砂的质量，g；

m_1——灌砂前灌砂筒内砂的质量，g；

m_2——灌砂筒下部圆锥体内砂的质量，g；

m_4，m_4'——灌砂后，灌砂筒内剩余砂的质量，g；

$m_1 - m_5$——灌砂筒下部圆锥体内及基板和粗糙表面间砂的合计质量，g。

（2）计算试坑材料的湿密度 ρ_w（g/cm³）：

$$\rho_w = \frac{m_w}{m_b} \times \rho_s \tag{2.2.5}$$

式中 ρ_w——试验材料的湿密度，g/cm³；

m_w——试坑中取出的全部材料的质量，g；

ρ_s——量砂的松方密度，g/cm³。

（3）计算试坑材料的干密度 ρ_d（g/cm³）：

$$\rho_d = \frac{\rho_w}{1+0.01\omega} \quad (2.2.6)$$

式中　ρ_d——试验材料的干密度，g/cm³；

　　　ω——试坑材料的含水率，%。

（4）当为水泥、石灰、粉煤灰等无机结合料稳定土时，可按下式计算干密度 ρ_d（g/cm³）：

$$\rho_d = \frac{m_d}{m_b} \times \rho_s \quad (2.2.7)$$

式中　ρ_d——当为水泥、石灰、粉煤灰等无机结合料稳定土时的密度，g/cm³；

　　　m_d——试坑中取出的稳定土的烘干质量，g。

（5）计算施工压实度 K：

$$K = \frac{\rho_d}{\rho_{d\max}} \times 100\% \quad (2.2.8)$$

式中　K——测试地点的施工压实度；

　　　ρ_d——试样的干密度，g/cm³；

　　　$\rho_{d\max}$——由击实试验得到的试样最大干密度，g/cm³。

二、环刀法测试压实度试验

环刀法用于在道路工程现场测定土基及路面材料的密度及压实度。适用于现场测试细粒土及龄期不超过 2 d 的无机结合料稳定细粒土结构的密度，并计算施工压实度，以评价结构层的压实质量。

1. 仪具与材料

（1）人工取土器：如图 2.2.2 所示，包括环刀、环盖、定向筒和击实锤系统（导杆、落锤、手柄）。环刀内径 6~8 cm，高 2~3 cm，壁厚 1.5~2 mm。

（2）电动取土器：如图 2.2.3 所示，由底座、行走轮、立柱、齿轮箱、升降机构、取芯头等组成。

① 底座：由底座平台、定位销、行走轮组成。平台是整个仪器的支撑基础；定位销供操作时仪器定位用；行走轮供换点取芯时仪器近距离移动使用，当定位时四只轮子可收起离开地表。

② 立柱：由立柱和立柱套组成，装在底座平台上，作为升降机构、取芯机构、动力和传动机构的支架。

③ 升降机构：由升降手轮、锁紧手柄组成，供调整取芯机构高低用。松开锁紧手柄，转动升降手轮，取芯机构即可升降，到所需位置时拧紧手柄定位。

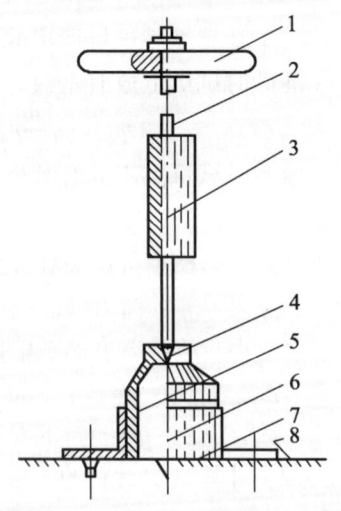

1—手柄；2—导杆；3—落锤；4—环盖；
5—环刀；6—定向筒；7—定向筒齿钉；
8—试验地面。

图 2.2.2　人工取土器

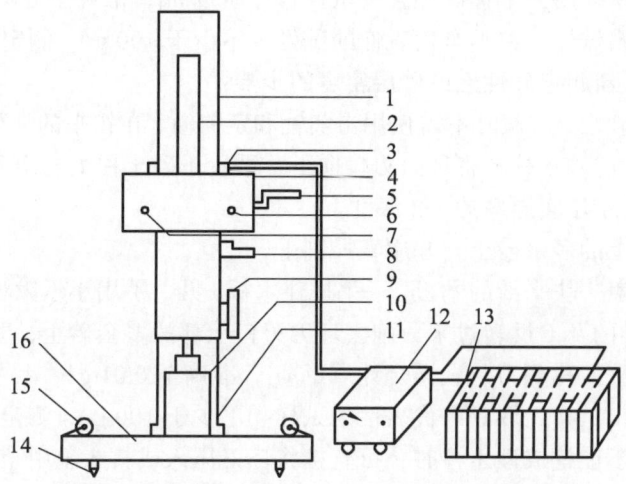

1—立柱；2—升降轴；3—电源输入；4—直流电机；5—升降手柄；6、7—电源指示；
8—锁紧手柄；9—升降手轮；10—取芯头；11—立柱套；12—调速器；
13—蓄电池；14—定位销；15—行走轮；16—底座平台。

图 2.2.3　电动取土器

④ 取芯机构：由取芯头、升降轴组成，取芯头为金属圆筒，下口对称焊接两个合金钢切削刀头，上端面焊有平盖，其上焊螺母，靠螺旋接于升降轴上。取芯头有 3 种规格，即 50 mm × 50 mm、70 mm × 70 mm、100 mm × 100 mm，取芯头为可换式。另配有相应的取芯套筒、扳手、铝盒等。

⑤ 动力和传动机构：主要由直流电机、调速器、齿轮箱组成，另配有蓄电池和充电器。

（3）天平：分度值不大于 0.01 g。

（4）其他：镐、小铁锹、修土刀、毛刷、直尺、钢丝锯、凡士林、木板及测试含水率设备等。

2. 方法和步骤

（1）对结构层填料进行击实试验，得到最大干密度及最佳含水率。

（2）在现场选取位置相邻的两处作为平行试验的测点。

（3）用人工取土器测定黏性土及无机结合料稳定细粒土密度的步骤：

环刀法测试压实度方法

① 擦净环刀，称取环刀质量 m_2，准确至 0.01 g。

② 在试验地点，将面积约 30 cm × 30 cm 的地面清扫干净，并将压实层铲去表面浮动及不平整的部分。

③ 将定向筒齿钉固定于铲平的地面上。顺次将环刀、环盖放入定向筒内与地面垂直。

④ 将导杆保持垂直状态，用取土器落锤将环刀打入压实层中。在施工过程控制或质量评定时，环刀中部处于压实层厚的 1/2 深度；用于其他需要的测试时，可按其要求深度取样。

⑤ 去掉击实锤和定向筒，用镐将环刀及试样挖出。

⑥ 轻轻取下环盖，用修土刀自边至中削去环刀两端余土，用直尺检测，直至修平为止。

⑦ 擦净环刀外壁，用天平称取环刀及试样合计质量 m_1，准确至 0.01 g。

⑧ 自环刀中取出试样，取具有代表性的试样（不少于 100 g），测定其含水率 ω。

（4）用人工取土器测定砂性土或砂层密度的步骤：

① 如为湿润的砂土，试验时不需使用击实锤和定向筒，在铲平的地面上，细心挖出一个直径较环刀外径略大的砂土柱，将环刀刃口向下，平置于砂土柱上，用两手平稳地将环刀垂直压下，环刀中部处于压实层厚的 1/2 深度。

② 削掉环刀口上的多余砂土，并用直尺刮平。

③ 在环刀上口盖一块平滑的木板，一手按住木板，另一手用小铁锹将试样从环刀底部切断，然后将装满试样的环刀反转过来，削去环刀刃口上部的多余砂土，并用直尺刮平。

④ 擦净环刀外壁，称环刀与试样合计质量 m_1，准确至 0.01 g。

⑤ 自环刀中取出试样，取具有代表性的试样（不少于 100 g），测定其含水率 ω。

⑥ 干燥的砂土不能挖成砂土柱时，可直接将环刀压入或打入土中至规定要求的深度。

（5）用电动取土器测定无机结合料细粒土和硬塑土密度的步骤：

① 装上所需规格的取芯头。在施工现场取芯前，选择一块平整的路段，将 4 只行走轮扳起，4 根定位销采用人工加压的方法，压入路基土层中。松开锁紧手柄，旋动升降手轮，使取芯头刚好与土层接触，锁紧手柄。

② 将蓄电池与调速器接通，调速器的输出端接入取芯机电源插口。指示灯亮，显示电路已通；启动开关，电动机工作，带动取芯机构转动。根据土层含水率调节转速，操作升降手柄至规定的深度，上提取芯机构，停机，移开机器。将取芯套筒套在切削好的土芯立柱上，摇动即可取出样品。

③ 取出样品，立即按取芯套筒长度用修土刀或钢丝锯修平两端，制成所需规格土芯，如拟进行其他试验项目，装入密封盒中，送试验室备用。

④ 称量土芯带套筒质量 m_1，从土芯中心部分取试样测定含水率 ω。

3. 计 算

环刀测试压实度数据处理

（1）按下两式计算试样的湿密度及干密度：

$$\rho_w = \frac{4 \times (m_1 - m_2)}{\pi \cdot d^2 \cdot h} \tag{2.2.9}$$

$$\rho_d = \frac{\rho_w}{1 + 0.01\omega} \tag{2.2.10}$$

式中 ρ_w——试样的湿密度，g/cm³；

ρ_d——试样的干密度，g/cm³；

m_1——环刀或取芯套筒与试样合计质量，g；

m_2——环刀或取芯套筒质量，g；

d——环刀或取芯套筒直径，cm；

h——环刀或取芯套筒高度，cm；

ω——试样的含水率，%。

（2）按下式计算施工压实度：

$$K = \frac{\rho_d}{\rho_{dmax}} \times 100 \qquad (2.2.11)$$

式中　K——测试地点的施工压实度，%；

　　　ρ_{dmax} ——由击实试验得到的试样的最大干密度，g/cm^3。

（3）计算两次平行试验结果的差值，若不大于 0.03 g/cm^3，取其算术平均值作为测试结果；若大于 0.03 g/cm^3，则重新测试。

三、核子密湿度仪（简称核子仪）测试压实度试验方法

核子仪法是国外用于现场控制压实度常见方法，20 世纪 90 年代初引入我国，曾在路基、路面材料的密度和含水率的测试方面有所应用，但由于核子仪使用和保存要求很高，近年来国内大部分检测单位已经停止使用，但仍然是一种准确度较高的压实度测试。

核子仪有方便、快捷的特点，但易受测试层温度及多种环境因素的影响，测值波动性较大，因此测试过程中通常需要经过标定，同时在压实度过程测试时要保证与试验段测试时温度一致，对于纹理较大的路面，测试前还需用细砂填平以保证测值准确。

1. 适用范围

（1）本方法适用于用核子密湿度仪测试路基、路面材料的密度和含水率，并计算施工压实度，以评价结构层的压实质量。

（2）本方法可采用散射和直接透射两种方式进行。其中，散射方式宜用于测试沥青混合料面层的压实密度或硬化混凝土等难以打孔材料的密度。直接透射方式宜用于测试厚度不大于 30 cm 的土基、基层材料或非硬化水泥混凝土等可以打孔材料的密度及含水率。

2. 仪具与材料技术要求

（1）核子仪：应符合行业标准《核子密湿度仪》（JT/T 658—2006）的要求，满足国家规定的关于健康保护和安全使用要求。核子仪应每 12 个月进行一次校验。密度的测试范围为 1.12 ~ 2.73 g/cm^3，测试允许误差不超过 ± 0.03 g/cm^3。含水率测量范围为 0 ~ 0.64 g/cm^3，测试允许误差为 ± 0.015 g/cm^3。核子仪主要包括下列部件：

① 放射源：γ射线源（双层密封的同位素放射源，如铯-137、钴-60 或镭-226 等）或中子源，如镅（241）-铍等。

② 探测器：γ射线探测器（如 G-M 计数管）或热中子探测器（如氦-3 管）。

③ 读数显示设备：如液晶显示器、脉冲计数器、数率表或直接读数表等。

④ 标准计数块：密度和含氢量均匀不变的材料块，用于标验仪器运行状况和提供射线计数的参考标准。

⑤ 钻杆：用于打测试孔以便插入探测杆。

⑥ 安全防护设备：符合国家规定要求的设备。

⑦ 刮平板、钻杆、接线等。

（2）细砂：0.15 ~ 0.3 mm。

（3）其他：毛刷等。

3. 准备工作

（1）核子仪经维修或使用过程中不能满足规定的限值时，应重新校验后使用。校验后仪器在所有标定块上每一测试深度上的标定响应应达到 ±16 kg/m³。

（2）每天使用前或者对测试结果有怀疑时，按下列步骤测试标准值：

① 将核子仪置于表面经压实且平整的地点，距其他放射源至少 8 m 以上。

② 接通电源，按照要求预热。

② 将核子仪置于标准块上，按要求评定标准计数。如标准计数超过规定限值时，进行二次标准计数，若仍超出规定限值时，需视作故障进行返修处理。

4. 测试步骤

（1）按照《公路路基路面现场测试规程》（JTG 3450—2019）规定的选点方法确定测试位置，距路面边缘或其他物体的最小距离不得小于 30 cm。

（2）检查核子仪周围 8 m 之内是否存在其他放射源（含另外的核子仪），如果有应移开或重新选点。

（3）当使用散射法测试沥青路面密度时，应先用细砂填平测点表面孔隙（见图 2.2.4），再按如图 2.2.5 所示的方法将仪器置于测点上。

（4）当使用直接透射法测试时，用导板、钻杆等在测点表面打孔，孔深应大于测试深度，且插进探杆后仪器不倾斜（见图 2.2.6）。按图 2.2.7 所示的方法将探杆插入测试孔内，前后或左右移动仪器，使之稳固。

（5）开机并选定测试时间后进行测量，测试人员退出应距核子仪 2 m 以上。到达测试时间后，测试人员读取并记录示值，迅速关机，将手柄置于安全位置，结束本次测试。

注：不同型号的核子仪在具体操作步骤上略有不同，可按照其设备相应要求进行操作。

（6）测试结束后，核子仪应装入专用的仪器箱内，放置在符合核辐射安全规定的地方。

（7）根据相关性试验结果确定材料的湿密度和含水率，并计算干密度及压实度；对于沥青混合料面层，用所确定的材料湿密度直接计算压实度。

用散射法时，一组测值不应少于 13 点，取平均值作为该段落的压实结果。

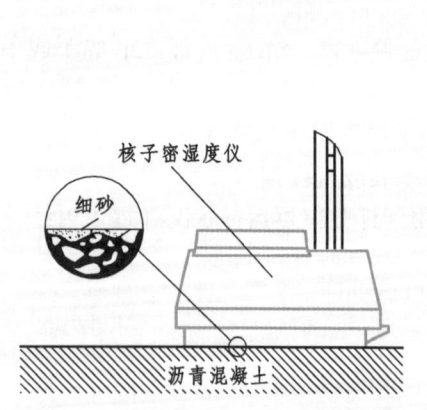

图 2.2.4 用细砂填平测试位置的方法

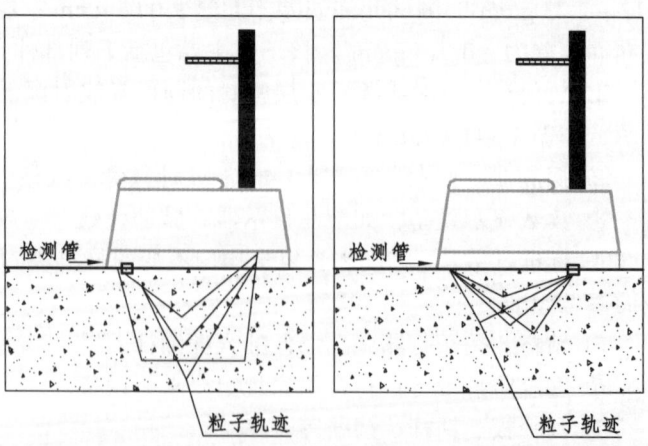

图 2.2.5 用散射法测定的方法

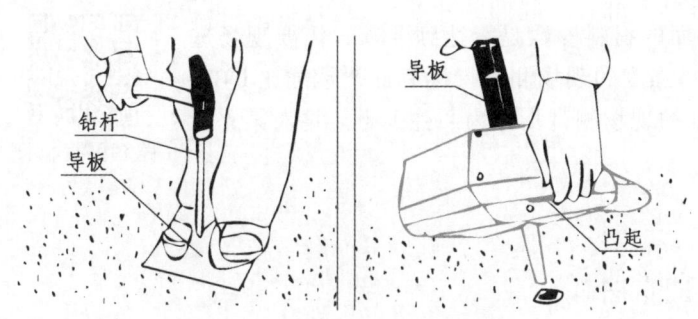 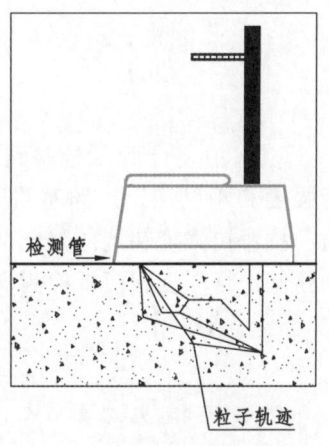

图 2.2.6　在路表面上打孔的方法　　　　图 2.2.7　用直接透射法测定的方法

5. 计　算

按下式计算施工干密度及压实度：

$$\rho_d = \frac{\rho_w}{1+\omega} \tag{2.2.13}$$

$$K = \frac{\rho_d}{\rho_c} \times 100 \tag{2.2.14}$$

式中　ρ_d——试样的干密度，g/cm³；

　　　ρ_c——沥青混合料的标准密度（或路基、基层填料的最大干密度），g/cm³。

6. 相关性试验

核子仪在使用前应在试验段上确定与标准方法的相关性。在沥青混合料大规模施工前，应确定核子仪法与钻芯取样法的相关性。在基层或路基大规模施工前，应确定核子仪法与挖坑灌砂法的相关性。步骤如下：

（1）选定 200 m 以上段落作为试验段。

（2）按照本方法测试步骤中的（2）～（5）步骤进行测试。

（3）对于沥青路面，按照钻芯测试路面压实度方法的规定在测点位置测试压实度；对于基层或路基，在测点处避开测孔，按照挖坑灌砂测试压实度方法的规定测试压实度。

（4）对相同的路面厚度、配合比设计、碾压遍数、松铺厚度、机械组合及压实度标准的路面结构层，使用前应在试验段至少测试 15 处，求取两种不同方法在每处的偏差值 $\Delta\rho_i$，计算平均值作为修正值 Δ，将修正值 Δ 输入到核子仪中，计算并保存。

（5）对相同的路面厚度、配合比设计、松铺厚度及机械组合，多种不同的压实度标准的路面结构层，使用前可选取多个试验段进行相关性试验，每个试验段至少测试 10 处，按照《路基路面现场测试规程》（JTG3450—2019）相关性试验方法的规定，求取两种不同方法测试密度的相关性公式，用于测试结果的修正，其相关系数 R 应不小于 0.95。

任务三 路基强度和模量检测

【工作任务】为了检验路基路面的材料参数是否达到要求，需要现场进行强度和刚度测定。路基路面材料强度的现场测试指标有加州承载比 CBR 值、抗弯拉强度和抗压强度，刚度的现场测试指标为回弹模量。请对某路段的路基进行强度和模量检测评定。

路基强度检测

【预备知识】

一、土基现场 CBR 值测试方法

土工试验中通常所指的 CBR 值是土基或基层、底基层材料的加利福尼亚州承载比，是 California Beating Ratio 的简称，由美国加利福尼亚州公路局首先提出来，用于评定路基土和路面材料的强度指标。在国外大多采用 CBR 作为路面材料和路基土的设计参数。

我国柔性路面设计中，以路基土和路面材料的回弹模量值作为设计参数，但由于 CBR 试验过程简捷，还是为许多单位所青睐，不少科研单位对回弹模量和 CBR 的关系进行了大量的试验工作，通过数值分析和理论给出了各地区各类土基 CBR 与 E_0 之间的近似关系式（见表 2.3.1）。所谓 CBR 值，是指试件贯入量达 2.5 mm 时，单位压力对标准碎石压入相同贯入量的标准荷载强度的比值。

表 2.3.1 土基的 E_0 与 CBR 的关系

资料来源	关系式	备注
SHELL 公司	E_d = 10CBR	动模量
	E_0 = 5CBR	静模量
英国 TRRL	E_d = 17.6CBR$^{0.64}$	动模量
AI 协会	E_d = 10.5CBR	动模量
日本道路协会	E_0 = 2 ~ 4CBR	静模量

（一）CBR（室内）试验方法

本试验适用于在规定的试筒内制件后，对各种土进行承载比试验。试样的最大粒径宜控制在 20 mm 以内，最大粒径不得超过 40 mm 且粒径在 20 ~ 40 mm 的颗粒含量不宜超过 5%。

CBR 的定义及仪器设备

1. 仪器设备

（1）圆孔筛：孔径 40 mm、20 mm、5 mm 筛各一个。

（2）试筒：内径 152 mm、高 170 mm 的金属圆筒；套环，高 50 mm；筒内垫块，直径 151 mm、高 50 mm；夯实底板，同击实仪。试筒的形式和主要尺寸如图 2.3.1 所示。

（3）夯锤和导管：夯锤的底面直径 50 mm，总质量 4.5 kg。夯锤在导管内的总行程为 450 mm，夯锤的形式和尺寸与重型击实试验法所用的相同。

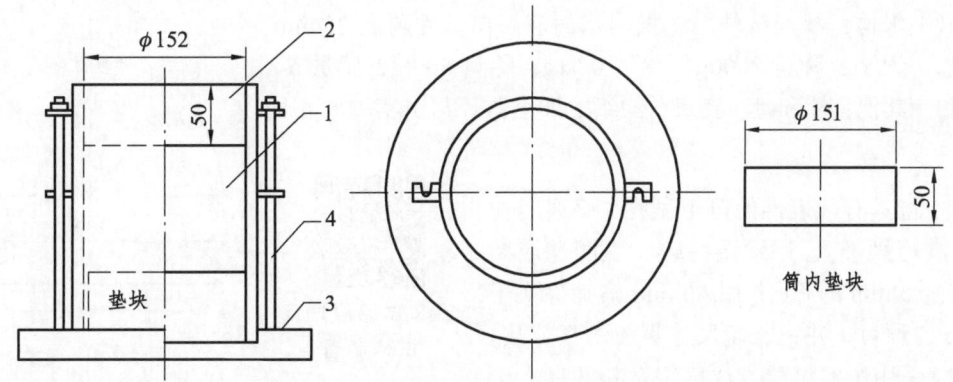

1—试筒；2—套环；3—夯击底板；4—拉杆。

图 2.3.1　承载比试筒（单位：mm）

（4）贯入杆：端面直径 50 mm、长约 100 mm 的金属柱。

（5）路面材料强度仪或其他荷载装置，如图 2.3.2 所示。能调节贯入速度至每分钟贯入 1 mm；测力环应包括 7.5 kN、15 kN、30 kN、60 kN、100 kN 和 150 kN 等型号。

（6）百分表：3 个。

（7）试件顶面上的多孔板（测试件吸水时的膨胀量），如图 2.3.3 所示。

（8）多孔底板（试件放上后浸泡水中）。

（9）测膨胀量时支承百分表的架子，如图 2.3.4 所示。

（10）荷载板：直径 150 mm，中心孔眼直径 52 mm，每块质量 1.25 kg，共 4 块，并沿直径分为两个半圆块，如图 2.3.5 所示。

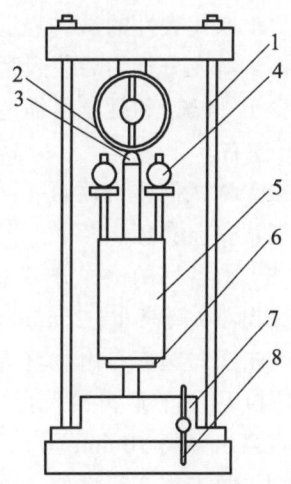

1—框架；2—量力环；3—贯入杆；4—百分表；5—试件；6—升降台；7—蜗轮蜗杆箱；8—摇把。

图 2.3.2　手摇测力计式荷载装置

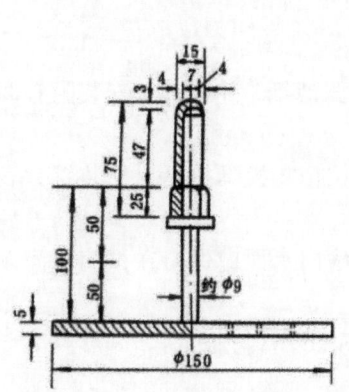

图 2.3.3　带调节杆的多孔板
（单位：mm）

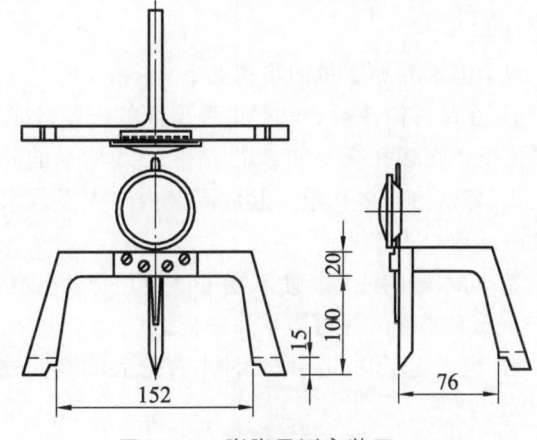

图 2.3.4　膨胀量测定装置
（单位：mm）

（11）水槽：浸泡试件用，槽内水面应高出试件顶面 25 mm。
（12）天平：称量 2000g，感量 0.01g；称量 50 kg，感量 5 g。
（13）其他：拌和盘、直尺、滤纸、推土器等与击实试验相同。

2. 试　样

（1）将具有代表性的风干试样（必要时在 50 ℃ 烘箱烘干），用木碾捣碎，土团均应捣碎到通过 5 mm 的筛孔。用 40 mm 筛筛除大于 40 mm 的颗粒，并记录超尺寸颗粒的百分数。

CBR 试验原理及试样制备

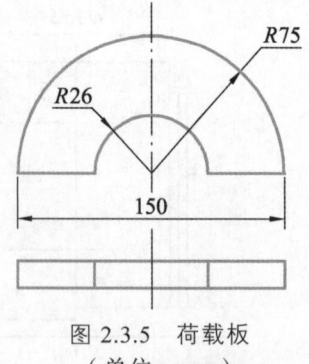

图 2.3.5　荷载板（单位：mm）

（2）采用击实试验方法确定试料的最大干密度和最佳含水率。

3. 试验步骤

（1）取代表性的试料测定其风干含水率。按最佳含水率制备 3 个试件，掺水将试料充分拌匀后装入密闭容器或塑料口袋内浸润。浸润时间：黏性土不得少于 24 h，粉性土可缩短至 12 h，砂土可缩短至 6 h，天然砂砾可缩短至 2 h 左右。

CBR 测定路基强度试验步骤

（2）称试筒本身质量（m_1），将试筒固定在底板上，将垫块放入筒内，并在垫块上放一张滤纸，安上套环。

（3）取备好的试样分 3 次倒入筒内（每层约需试样 1 500 ~ 1 700 g，其量应使击实后的试样高出 1/3 筒高 1 ~ 2 mm）。整平表面，并稍加压紧，然后按规定的击数进行第一层试样的击实，击实时锤应自由垂直落下，锤迹必须均匀分布于试样面上。每一层击实完后，将试样层面"拉毛"，然后再装入套筒。重复上述方法进行其余每层试样的击实，大试筒击实后，试样不宜高出筒高 10 mm。

（4）每击实 3 筒试件，取代表性试样进行含水率试验。

（5）卸下套环，用直刮刀沿试筒顶修平击实的试件，表面不平整处用细料修补。取出垫块，称量筒和试件的质量（m_2）。

（6）CBR 试样制件采用静压成型制件时，根据确定的压实度计算所需的试样量，一次静压成型。

（7）泡水测膨胀量的步骤如下：

① 在试件制成后，取下试件顶面的破残滤纸，放好一张滤纸，并在其上安装附有调节杆的多孔板，在多孔板上加 4 块如图 2.3.5 所示的荷载板。

② 将试筒与多孔板一起放入槽内（先不放水），并用拉杆将模具拉紧，安装百分表，并读取初读数。

③ 向水槽内注水，使水漫过试筒顶部。在泡水期间，槽内水面应保持在试筒顶面以上大约 25 mm。通常试件要泡水 4 昼夜。

④ 泡水终了时，读取试件上百分表的终读数，并用下式计算膨胀量：

$$\delta_e = \frac{H_1 - H_0}{H_0} \times 100 \tag{2.3.1}$$

式中　δ_e——试件泡水后的膨胀率,计算至 0.1%;
　　　H_0——试件初始高度,mm;
　　　H_1——试件泡水终了的高度,mm。

⑤ 从水槽中取出试件,倒出试件顶面的水,静置 15 min,让其排水,然后卸去附加荷载和多孔板、底板和滤纸,并称其质量(m_3),以计算试件的湿度和密度的变化。

（8）贯入试验:

① 应选用合适吨位的测力环,贯入结束时测力环读数宜占其量程的 1/3 以上。

② 将泡水试验终了的试件放到路面材料强度试验仪的升降台上,调整偏球座,对准、整平并使贯入杆与试件顶面全面接触,在贯入杆周围放置 4 块荷载板。

③ 先在贯入杆上施加少许荷载,以便试样与图样紧密接触,然后将测力和测变形的百分表的指针均调整至整数,并记读初始读数。

④ 加荷使贯入杆以 1～1.25 mm/min 的速度压入试件,同时测记 3 个百分表的读数。记录测力计内百分表某些整读数(如 20、40、60)时的贯入量,并注意使贯入量为 250×10^{-2} mm 时,能有 5 个以上的读数。因此,测力计内的第一个读数应是贯入量 30×10^{-2} mm 左右。

4. 结果整理

（1）绘制单位压力-贯入量曲线。

CBR 试验结果整理

以单位压力(p)为横坐标,贯入量(l)为纵坐标,绘制 p-l 关系曲线,如图 2.3.6 所示。图上曲线 1 是合适的,曲线 2 开始段是凹曲线,需要进行修正。修正时在变曲率点引一切线,与纵坐标交于 O' 点,O' 点即为修正后的原点。

（2）计算承载比。

一般采用贯入量为 2.5 mm 时的压力与标准压力之比作为材料的承载比(CBR),即

$$\text{CBR} = \frac{p}{7\,000} \times 100 \quad (2.3.2)$$

式中　p——贯入量为 2.5 mm 时的单位压力,kPa;
　　　CBR——承载比,计算至 0.1,%。

同时计算贯入量为 5 mm 时的承载比,即

$$\text{CBR} = \frac{p}{10\,500} \times 100 \quad (2.3.3)$$

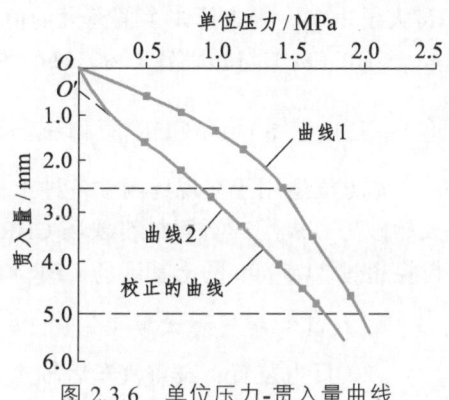
图 2.3.6　单位压力-贯入量曲线

式中　p——贯入量为 5 mm 时的单位压力,kPa;
　　　CBR——承载比,计算至 0.1,%。

取两者的较大值作为该材料的承载比(CBR)。

（3）计算试件的湿密度。

试件的湿密度用下式计算:

$$\rho = \frac{m_2 - m_1}{2\,177} \times 100 \quad (2.3.4)$$

式中　ρ——试件的湿密度，g/cm³；
　　　m_2——试筒和试件的合计质量，g；
　　　m_1——试筒的质量，g；
　　　2 177——试筒的体积，cm³。

（4）计算试件的干密度。

试件的干密度用下式计算：

$$\rho_\mathrm{d} = \frac{\rho}{1+0.01\omega} \tag{2.3.5}$$

式中　ρ_d——试样的干密度，g/cm³；
　　　ρ——试样的湿密度，g/cm³；
　　　ω——试件的含水率，%。

（5）计算泡水后试件的吸水量：

$$W_\mathrm{a} = m_3 - m_2 \tag{2.3.6}$$

式中　W_a——泡水后试件的吸水量，g；
　　　m_3——泡水后试筒和试件的合计质量，g；
　　　m_2——试筒和试件的合计质量，g。

5. 精度要求

计算3个平行试验的变异系数 C_V。如 C_V 小于12%，且3个平行试验结果的平均值；如 C_V 大于12%，则去掉一个偏离大的值，取其余2个结果的平均值。

CBR（%）与膨胀量（%）取小数点后一位。

（二）土基现场 CBR 值测试方法

本方法适用于在现场测试各种土基材料的现场 CBR 值，也适合于基层、底基层砂性土、天然砂砾、级配碎石等材料现场 CBR 值的试验，用于评价材料的承载能力。不适用于填料粒径超过 31.5 mm 的土基现场 CBR 值测试。

1. 仪具与材料技术要求

（1）反力装置：载重汽车后轴重不小于 60 kN，在汽车大梁的后轴之后设有一加劲横梁作反力架用。

（2）荷载装置：由千斤顶、测力计（测力环或压力表）及球座组成，如图 2.3.7 所示。千斤顶可使贯入杆的贯入速度调节成 1 mm/min。测力计的量程不小于土基强度，测试精度不小于测力计量程的 1%。

（3）贯入杆：直径 ϕ50 mm，长约 200 mm 的金属圆柱体。

（4）承载板：直径 ϕ150 mm，中心孔眼直径 ϕ52 mm，共 4 块，并沿直径分为两个半圆块。

（5）贯入量测定装置：由图 2.3.7 中所示的刚性平台及百分表组成。百分表量程 20 mm，精度 0.01 mm，数量 2 个，对称固定于贯入杆上，端部与刚性平台接触，平台跨度不小于

500 mm。此设备也可用两台贝克曼梁弯沉仪代替。

（6）细砂：洁净干燥的细砂，粒径 0.3~0.6 mm。

（7）其他：铁铲、盘、直尺、毛刷、天平等。

2. 方法与步骤

（1）准备工作：

① 将试验地点约直径 ϕ300 mm 范围的表面找平，用毛刷刷净浮土，如表面为粗粒土时，应撒布少许洁净的干砂填平，但不能覆盖全部土基避免形成夹层。

② 按图 2.3.7 设置贯入杆及千斤顶，千斤顶顶在加劲横梁上且调节至高度适中。贯入杆应与土基表面紧密接触。

③ 将支架平台、百分表（或两台贝克曼梁弯沉仪）按图 2.3.7 安装好。

（2）测试步骤：

① 在贯入杆位置安放 4 块 1.25 kg 的分开成半圆的承载板，共 5 kg。

② 试验贯入前，先在贯入杆上施加 45 N 荷载后，将测力计及贯入量百分表调零，记录初始读数。

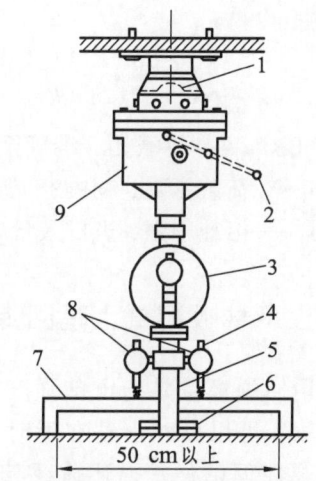

1—球座；2—手柄；3—测力计；4—百分表夹具；
5—贯入杆；6—承载板；7—平台；
8—百分表；9—千斤顶。

图 2.3.7 CBR 现场测试装置

③ 用千斤顶连续加载，使贯入杆以 1 mm/min 的速度压入土基，分别记录贯入量为 0.5 mm、1.0 mm、1.5 mm、2.0 mm、2.5 mm、3.0 mm、4.0 mm、5.0 mm、7.5 mm、10.0 mm 及 12.5 mm 时的测力计和百分表读数。根据情况，也可在贯入量达 7.5 mm 时结束试验。

④ 卸除荷载，移去测定装置。

⑤ 在试验点下取样，测定材料含水率。取样数量如下：

a. 最大粒径不大于 4.75 mm，试样数量约 120 g；

b. 最大粒径不大于 19.0 mm，试样数量约 250 g；

c. 最大粒径不大于 31.5 mm，试样数量约 500 g。

⑥ 在紧靠试验点旁边的适当位置，用灌砂法或环刀法等测定土基的密度。

3. 计 算

（1）绘制荷载压强-贯入量曲线。

用贯入试验得到的等级荷重数除以贯入断面积（1 963.5 mm²），得到各级压强（MPa），绘制荷载压强-贯入量曲线，如图 2.3.8 所示。图上曲线 1 不需要修正，曲线 2 在起点处有明显凹凸，需要进行修正。修正时在拐点引一切线，与纵坐标交于 O' 点，O' 即为修正后的原点。

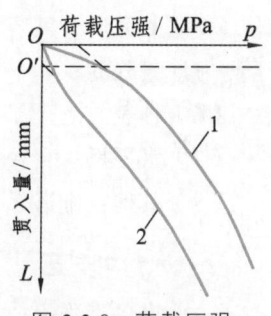

图 2.3.8 荷载压强-贯入量关系曲线

（2）计算现场 CBR 值。

从荷载压强-贯入量曲线上读取贯入量为 2.5 mm 及 5.0 mm 时的荷载压强 p_1，按下式计算现场 CBR 值。CBR 一般以贯入量 2.5 mm 时的测定值为准，当贯入量 5.0 mm 时的 CBR 大于 2.5 mm 时的 CBR 时，应重新试验，如重新试验仍然如此时，则以贯入量 5.0 mm 时的 CBR 为准。

$$\mathrm{CBR}_{现场} = \frac{p_1}{p_0} \times 100 \tag{2.3.7}$$

式中 $\mathrm{CBR}_{现场}$——承载比，准确至 0.1%；

p_1——荷载压强，MPa；

p_0——标准压强，当贯入量为 2.5 mm 时为 7 MPa，当贯入量为 5.0 mm 时为 10.5 MPa。

二、承载板测试土基回弹模量试验方法

承载板测试土基回弹模量方法

所谓回弹模量是指土基强度的一种表示方法，以回弹模量表征土基承载能力，可以反映土基在瞬时荷载作用下的可恢复变形性质，因而可以应用弹性理论公式描述荷载与变形的关系。本方法采用刚性承载板，在现场土基表面，通过逐级加载、卸载的方式，测出每级荷载下相应的土基回弹变形值，通过计算求得土基回弹模量，结果可以在弹性为基本体系的各种路面结构设计方法中应用。

1. **仪具与材料技术要求**

（1）反力装置：载重汽车后轴重不小于 60 kN，在汽车大梁的后轴之后设有一加劲横梁作反力架用。

（2）荷载装置（见图 2.3.9），由千斤顶、测力计（测力环或压力表）及球座组成。

（3）刚性承载板一块，板厚 20 mm，直径为 ϕ300 mm，直径两端设有立柱和可以调整高度的支座，供安放弯沉仪测头用。承载板安放在土基表面上。

（4）贝克曼梁、百分表及其支架 2 套。

（5）液压千斤顶一台，80~100 kN，装有经过标定的压力表或测力环，其容量不小于土基强度，测定精度不小于测力计量程的 1%。

（6）秒表。

（7）水平尺。

（8）其他：细砂、毛刷、垂球、镐、铁锹、铲等。

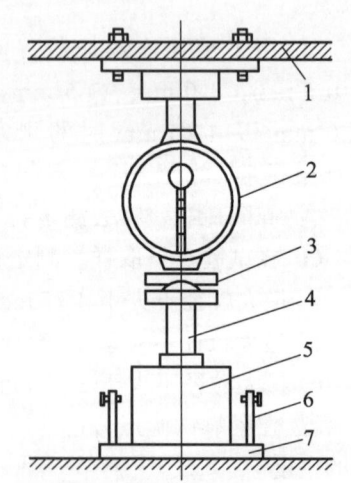

1—加劲横梁；2—测力计；3—钢板及球座；
4—钢圆筒；5—加载千斤顶；
6—立柱及支座；7—承载板

图 2.3.9 承载板试验现场测试装置

2. **方法与步骤**

（1）准备工作：

① 根据需要选择有代表性的测点。测点应位于水平的路基上，土质均匀，不含杂物。

② 平整土基表面，撒干燥洁净的细砂填平土基凹处，砂子不可覆盖全部土基表面，避免形成夹层。

③ 安置承载板，并用水平尺进行校正，使承载板处于水平状态。

④ 将试验车置于测点上，在加劲横梁中部悬挂垂球测试，使之恰好对准承载板中心，然后收起垂球。

⑤ 在承载板上安放千斤顶，上面衬垫钢圆筒、钢板，并将球座置于顶部与加劲横梁接触。如用测力环时，应将测力环置于千斤顶与横梁中间，千斤顶及衬垫物必须保持垂直，以免加压时千斤顶倾斜发生事故并影响测试数据的准确性。

⑥ 将两台贝克曼梁的测头分别置于承载板立柱的支座上。

（2）测试步骤：

① 用千斤顶开始加载，注视测力环或压力表，至预压 0.05 MPa，稳压 1 min，使承载板与土基紧密接触，同时检查百分表的工作情况是否正常，然后放松千斤顶油门卸载，稳压 1 min 后，将百分表调零或调置其他合适的初始位置上，记录初始读数。

② 测试土基的压力-变形曲线。用千斤顶加载，采用逐级加载卸载法，用压力表或测力环控制加载量，荷载小于 0.1 MPa 时，每级增加 0.02 MPa，以后每级增加 0.04 MPa 左右。为了使加载和计算方便，加载数值可适当调整为整数。每次加载至预定荷载 P 后，稳定 1 min，立即读记两个百分表数值，然后轻轻放开千斤顶油门卸载至零，待卸载稳定 1 min 后，再次读数，每次卸载后百分表不再对零。当两台弯沉仪百分表读数之差不超过平均值的 30% 时，取平均值；如超过 30%，则应重测。当回弹变形值超过 1 mm 时，即可停止加载。

③ 各级荷载的回弹变形和总变形，按以下方法计算：

回弹变形=(加载后读数平均值－卸载后读数平均值)×弯沉仪杠杆比　　　（2.3.8）

总变形=(加载后读数平均值－加载初始前读数平均值)×弯沉仪杠杆比　　（2.3.9）

④ 最后一次加载卸载循环结束后，取走千斤顶，重新读取百分表初读数，然后将汽车开出 10 m 以外，读取终读数，两只百分表的初、终读数差之平均值即为总影响量 a。

总影响量 a=(百分表初读数平均值－百分表终读数平均值)×贝克曼梁杠杆比　（2.3.10）

⑤ 在试验点下取样，测试材料含水率。取样数量如下：

a. 最大粒径不大于 4.75 mm，试样数量约 120 g；

b. 最大粒径不大于 19.0 mm，试样数量约 250 g；

c. 最大粒径不大于 31.5 mm，试样数量约 500 g。

⑥ 在紧靠试验点旁边的适当位置，用灌砂法或环刀法等测定土基的密度。

3. 计　算

（1）各级压力下的影响量 a_i 按下式计算：

$$a_i = \frac{(T_1+T_2)\pi D^2 p_i}{4T_1 Q} \cdot a \qquad (2.3.11)$$

式中 a_i——第 i 级压力下的分级影响量，0.01 mm；

　　　T_1——载重汽车前后轴距，m；

　　　T_2——加劲小梁距后轴距离，m；

　　　D——承载板直径，m；

　　　Q——载重车后轴重，kN；

　　　p_i——第 i 级承载板压力，MPa；

　　　a——总影响量，0.01 mm。

（2）回弹变形计算值 L_i 为各级压力的回弹变形值加上该级的影响量。排除显著偏离的异常点，绘出顺滑的 p-L 曲线。如曲线起始部分出现反弯，应按图 2.3.10 所示修正原点 O，O' 则是修正后的原点。

（3）按下式计算相应于各级荷载下的土基回弹模量度 E_i 值：

$$E_i = \frac{\pi D}{4} \cdot \frac{p_i}{L_i}(1-\mu_0^2) \quad (2.3.12)$$

式中 E_i——相应于各级荷载下的土基回弹模量，MPa。

　　　μ_0——土的泊松比，根据路面设计规范规定取用。当无规定时，非黏性土可取 0.30，高黏性土取 0.50，一般可取 0.35 或 0.40；

　　　L_i——相对于荷载 p_i 时的回弹变形，cm。

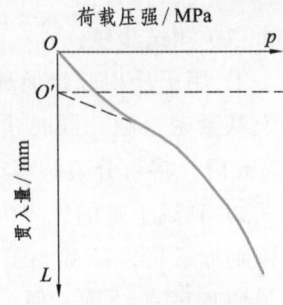

图 2.3.10　修正原点示意图

（4）取结束试验前的各回弹变形值按线性回归方法由下式计算土基回弹模量 E_0 值：

$$E_0 = \frac{\pi D}{4} \cdot \frac{\sum p_i}{\sum L_i}(1-\mu_0^2) \quad (2.3.13)$$

式中 E_0——土基回弹模量，MPa；

　　　L_i——结束试验前的各级实测回弹变形值；

　　　p_i——对应于 L_i 的各级压力值。

三、贝克曼梁测试路基路面回弹模量试验方法

贝克曼梁法测试路基路面回弹模量方法

贝克曼梁测试路基路面回弹模量试验方法是以弯沉反算回弹模量参数的简单应用为基础，避免了逐级加载卸载的复杂操作，利用弯沉检测数据，根据弹性层状体系理论，视土基为弹性半无限体，通过拟合实测弯沉与理论计算弯沉，从而实现反推土基回弹模量的目的。

本方法适用于土基、厚度不小于 1 m 的粒料整层表面，用贝克曼梁测试各测点的回弹弯沉值，通过计算求得该材料的回弹模量值，也适用于在既有道路表面测试路基路面的综合回弹模量。

1. 仪具与材料技术要求

（1）加载车：单后轴、单侧双轮组的载重车，双轮轮隙应能满足自由插入贝克曼梁测头的要求，轴载、轮胎气压等技术参数应符合表 2.3.2 的要求。

表 2.3.2　加载车的参数要求

技术参数	要　求
后轴标准轴载 P/kN	100 ± 1
一侧双轮轴载/kN	50 ± 0.5
轮胎充气压力/MPa	0.7 ± 0.05
单轮传压面当量圆面积/mm²	$(3.56 \pm 0.20) \times 10^4$

（2）贝克曼梁：该梁由合金铝制成，上有水准泡，其前臂与后臂长度比为 2∶1。贝克曼梁按长度分为 5.4 m（3.6 m + 1.8 m）梁和 3.6 m（2.4 m + 1.2 m）梁两种，长度为 5.4 m 的贝克曼梁适用于各种类型的路面结构回弹弯沉的测试；长度为 3.6 m 的贝克曼梁适用于柔性基层沥青路面回弹弯沉的测试。

（3）路表温度计：分度不大于 1 ℃。

（4）百分表及表架。

（5）其他：卷尺等。

2．方法与步骤

（1）准备工作：选择洁净的路基路面表面作为测点，在测点处做好标记并编号。

（2）测试步骤：按照《公路路基路面现场测试规程》（JTG 3450—2019）贝克曼梁测试路基路面回弹弯沉方法测试各测点处的路面回弹弯沉值 L_i。

3．计　算

（1）计算全部测试值的算术平均值 $\bar{L}$、单次测定的标准差 S 和自然误差 r_0：

$$\bar{L} = \frac{\sum L_i}{N} \tag{2.3.14}$$

$$S = \sqrt{\frac{\sum (L_i - \bar{L})^2}{N-1}} \tag{2.3.15}$$

$$r_0 = 0.675 \times S \tag{2.3.16}$$

式中　$\bar{L}$——回弹弯沉的平均值，0.01 mm；

　　　S——回弹弯沉测试值的标准差，0.01 mm；

　　　r_0——回弹弯沉测试值的自然误差，0.01 mm；

　　　L_i——各测点的回弹弯沉值，0.01 mm；

　　　N——测点总数。

（2）计算各测点的测试值与算术平均值的偏差值 $d_i = L_i - \bar{L}$，并计算较大的偏差与自然误差之比 d_i/r_0。当某个测点的观测值的 d_i/r_0 值大于表 2.3.3 中的 d/r 极限值时，则应舍弃该测点；然后重复式（2.3.14）的步骤计算所余各测点的算术平均值 $\bar{L}$ 及标准差 S。

表 2.3.3　相应于测点总数 N 的 d/r 极限值

N	5	10	15	20	50
d/r	2.5	2.9	3.2	3.3	3.8

（3）按下式计算代表弯沉值 L_1：

$$L_1 = \bar{L} + S \qquad (2.3.17)$$

式中　L_1——计算代表弯沉，0.01 mm；
　　　$\bar{L}$——舍弃不合要求的测点后所余各测点弯沉的算术平均值，0.01 mm；
　　　S——舍弃不合要求的测点后所余各测点弯沉的标准差，0.01 mm。

（4）按下式计算土基、整层材料的回弹模量 E_1 或旧路的综合回弹模量：

$$E_1 = \frac{200p\delta}{L_1}(1-\mu^2)\alpha \qquad (2.3.18)$$

式中　p——测试车轮的平均垂直荷载，MPa；
　　　δ——测试用标准车双圆荷载单轮传压面当量圆的半径，mm；
　　　μ——测试层材料的泊松比，根据相关路面设计规范的规定取用；
　　　α——弯沉系数，为 0.712。

四、动力锥贯入仪测试路基路面回弹模量试验方法

动力锥贯入仪（Dynamic Cone Penetrometer，DCP）在英国、美国、南非等国家被广泛用于测定路面结构性能，法国还使用一种类似的可变能量动力贯入仪（PANDA）进行压实控制。

本方法适用于动力锥贯入仪（DCP）现场快速测试无结合料材料路基、路面 CBR 值，用以评估其强度。

1. 仪具与材料技术要求

（1）DCP 结构与形状如图 2.3.11 所示，包括手柄、落锤、导向杆、联轴器（锤座）、扶手、夹紧环、探杆、1 m 刻度尺、锥头。

标准落锤质量为 10 kg，落锤材料应采用 45 号碳素钢或优于 45 号碳素钢的钢材，表面淬火后硬度 HRC 取 45~50，探杆和接头材料应采用耐疲劳强度的钢材。

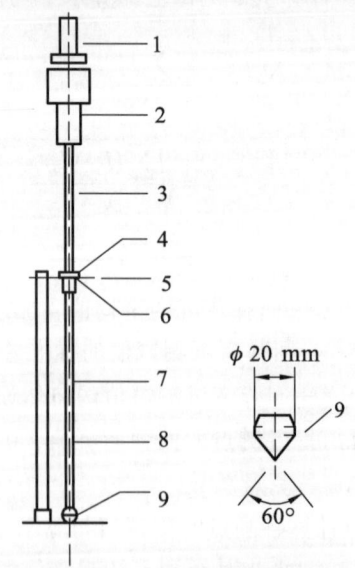

1—手柄；2—落锤；3—导向杆；4—联轴器；5—扶手；6—夹紧环；7—探杆；8—1 m 刻度尺；9—锥头。

图 2.3.11　动力锥贯入仪的结构与形状示意图

锥头锥尖角度为 60°，最大直径 20 mm，允许磨损尺寸为 2 mm。锥头尖端最大允许磨损尺寸为 4 mm，否则必须更换。

（2）其他：扳手、铁铲等。

2. 方法与步骤

（1）准备工作。

① 放入落锤，将仪器的导向杆与探杆在联轴器处紧固连接，保证不会松动。

② 将 DCP 竖直立于硬地（如混凝土）上，然后记录零读数。

③ 根据需要选择有代表性的测点，测点应位于平整的路基、路面基层、面层上。如果要探测的层位上面有难以穿透的坚硬结构层时，应钻孔或刨挖至其顶面。

（2）测试步骤。

① 将 DCP 放至测点位置。一人手扶仪器手柄，使探杆保持竖直。一人提起落锤至导向杆顶端，然后松开，使之呈自由落体下落。如果试验中探杆稍有倾斜，不可扶正；如果倾斜较大，造成落锤不是自由落体，则该点试验应废弃。

② 读取贯入深度。每贯入约 10 mm 读一次数，记录锤击数和贯入量。对于粒料基层，可能每 5 次或 10 次锤击读数一次；对于比较软弱的结构层，可能每 1～2 次锤击读数一次。

③ 连续锤击，测量，直到需要的结构层深度。当材料层坚硬，贯入量低到连续锤击 10 次而无变化时，可以停止试验或钻孔透过后继续试验。

④ 将落锤移走，从探坑中取出 DCP 仪器。

3. 计　算

（1）DCP 的测试结果可用以锤击次数为横坐标、贯入深度为纵坐标的贯入曲线表示。

（2）按下式（2.3.19）计算平均每次的贯入量即贯入度 D_d，根据相关性公式（2.3.20）计算 CBR 值。

$$D_d = \frac{D}{n} \tag{2.3.19}$$

式中　D_d——贯入度，mm；

　　　D——贯入量，mm；

　　　n——锤击次数。

$$\lg(CBR) = a + b \cdot \lg D_d \tag{2.3.20}$$

式中　CBR——结构层材料的现场 CBR 值；

　　　a，b——回归系数。

（3）也可以按公式（2.3.21）计算出动贯入阻力 Q_d，按得出的相关关系公式（2.3.22）计算 CBR 值。

$$Q_d = \frac{M}{M+m} \cdot \frac{MgH}{AD_d} \tag{2.3.21}$$

式中 Q_d——动贯入阻力，kPa；

m——贯入器被打入部分(包括锥头、探杆、锤座和导向杆等)的质量，kg；

M——落锤质量，kg；

g——重力加速度，$g = 9.8 \text{ m/s}^2$；

H——落距，m；

A——探头截面积，cm^2。

$$\lg(CBR) = a + b \cdot \lg Q_d \tag{2.3.22}$$

4. 相关性试验

利用当地材料进行相关性试验，参照《公路路基路面现场测试规程》（JTG 3450—2019）相关性试验方法的规定建立现场 CBR 值与用 DCP 测试的贯入度 D_d 或动贯入阻力 Q_d 之间的相关性关系式（2.3.20）或式（2.3.22）。测点数宜不少于 15 个，相关系数应不小于 0.95。

任务四　路基弯沉检测

路基弯沉检测

【工作任务】我国采用回弹弯沉来表征路基路面的承载能力，回弹弯沉值是我国沥青路面结构设计控制指标，也是路基路面施工控制及施工验收的检验项目，又是运营中的路面结构强度评定的依据，还是旧路补强设计的重要参数。因此，回弹弯沉值对于我国公路路基路面工程具有重要的作用和意义。请对某路段的路基进行弯沉检测评定。

【预备知识】

一、概　述

路面结构承载力的合理定义为：路面结构在达到不能接受的结构性破坏或功能性破坏之前，所能承受的一定类型车辆的通过次数。一般认为，沥青路面开裂造成的结构性破坏主要与面层材料中的最大拉应力和最大拉应变有关，路面出现车辙或平整度降低造成的功能性破坏主要与基层或路基散粒体材料中的最大压应力或最大拉应变有关。

我国柔性路面设计是以回弹模量作为设计参数，以弯沉作为力学控制指标。其力学意义为模型在竖向力作用下的表面竖向位移分量，即路基路面在汽车车轮荷载作用下，表面产生的垂直变形值。它是反映路面整体抗压强度的一个综合指标。虽然大量实践和研究资料表明，路基路面弯沉与其承载能力并不存在简单的线性关系，但弯沉还是从某种程度上反映了路基路面的承载能力。直接应用表面弯沉作为承载力评估的指标具有明显的优点，因为野外测量容易，也不需要额外的计算分析。目前，我国柔性路面设计中规定双轮胎轮隙中心处路面表面最大回弹弯沉代表值,应不大于竣工验收弯沉值。

1. 弯沉的基本概念

弯沉是指在规定的荷载作用下,路基或路面表面产生的总垂直变形值(总弯沉)或垂直回弹变形值(回弹弯沉),以 0.01 mm 计。路面在车轮作用下产生沉降,其总变形值即总弯沉值。当车轮荷载卸除后,路面便向上回弹,其回弹变形值即是回弹弯沉值。总弯沉与回弹弯沉之差便是残余弯沉。一般总弯沉比回弹弯沉大,表明路面除了产生弹性变形外还产生塑性变形。若总弯沉等于回弹弯沉,表明路面是完全弹性体。若总弯沉小于回弹弯沉,表明路面产生隆起的塑性变形。

2. 弯沉测量的目的

一是利用弯沉仪量测路面表面在标准轴载作用下的轮隙回弹弯沉值,用作评定路面强度的指标,二是通过对路面结构分层测定所得的回弹弯沉值,根据弹性体系垂直位移理论解,反算路面各结构层的材料回弹模量值。

3. 弯沉测量方法

用弯沉指标来表示强度的做法早在 20 世纪 30 年代便开始了。美国在 50 年代研制了贝克曼弯沉梁。我国也仿照贝克曼弯沉梁研制了现在的弯沉仪。为了提高量测精度和解决弯沉量测时支座位移的问题,前苏联、瑞士、法国研制了光学弯沉仪,它的特点是把测点与读数装置分开,消除了支座位移的影响。近年来像日本、丹麦等国研制了动力式落锤弯沉仪,用以量测冲击荷载作用下路面表面的弯沉,它可模拟快速行车对路面的弯沉效应。贝克曼梁法测弯沉属传统方法,速度慢,静态测试,比较成熟,目前属于标准方法。

二、贝克曼梁测试路基路面回弹弯沉试验方法

贝克曼梁由美国 A.C.Benkilman 于 1953 年发明,并用于 AASHO 试验路,后作为补强设计及施工时弯沉检验的手段,在全世界得到广泛应用,在我国已作为路面设计的标准方法和基本参数。对于路面弯沉,可以测定总弯沉或回弹弯沉,在我国均普遍应用过。但由于总弯沉必须用后退法测定,对半刚性基层来说,弯沉影响范围为 3~5 m,汽车必须距离测定点很远,对驾驶员的驾驶技术要求很高,精确测定十分困难。为此,本试验方法仅列入广泛应用的回弹弯沉测定方法。

目前工程上广泛使用贝克曼梁测定弯沉,并作为路面弯沉检测和竣工、交工验收的标准方法,其测量的精确性和代表性非常重要。测定弯沉用的标准车是很重要的,我国一直规定用解放牌 CA-10B 型及黄河牌 JN-150 型作为两个荷载等级的标准车。但这两个车型已很少使用,显然已不能作为标准车型。因此,本方法取消对典型车型的规定,改为仅规定轴重、轮压、气压等主要参数,凡符合这些参数的车型皆可使用。根据国外研究资料,影响路表弯沉测定的主要因素为荷载大小、轮胎尺寸、轮胎间距和轮胎压力,因此,建议在选择标准车的时候,轮胎规格选用 10~20(英寸)12PR 层级以上或者 11~20(英寸)12PR 层级以上的轮胎型号。这些货车类型的参数基本上能达到标准车的要求,不会出现标准车很难获得的情况。

贝克曼梁法适用于测试路基及沥青路面的回弹弯沉以评定其承载能力，不适用于路基冻结后的回弹弯直检测，可供路面结构设计使用。沥青路面的弯沉检测以沥青面层平均温度 20 °C 时为准，当路面平均温度在（20±2）°C 以内可不修正，在其他温度测试时，对沥青层厚度大于 5 cm 的沥青路面，弯沉值应予以温度修正。

1. 仪具与材料技术要求

略［相关内容见任务三］

2. 方法与步骤

（1）准备工作：

弯沉测定——
试验仪器

弯沉测定——
准备工作

① 检查并保持测试用加载车的车况及制动性能良好，轮胎气压符合表 2.3.2 的要求。

② 给加载车配重，并用地中衡称量后轴总质量及单侧双轮荷载等，均应符合表 2.3.2 的要求，加载车行驶及测试过程中，轴重不应变化。

③ 若启用新加载车或加载车轮胎发生较大磨损时应测试轮胎传压面面积。轮胎传压面面积测试方法如下：确保加载车双侧轮载及其轮胎气压满足表 2.3.2 的要求，在平整光滑的硬质路面上用千斤顶将汽车后轴顶起，在轮胎下方铺一张新的复写纸和一张方格纸，轻轻落下千斤顶，即在方格纸上印上轮胎印痕。用求积仪或数方格的方法测算单个轮胎印迹范围内的面积，均应符合表 2.3.2 中单轮传压面当量圆面积的要求。

④ 当在沥青路面上测试时，通过气象台了解前 5 d 的平均气温（日最高气温与最低气温的平均值）。

⑤ 记录沥青路面结构层材料类型、设计厚度等情况。

（2）测试步骤：

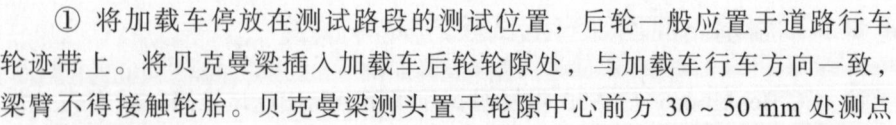

① 将加载车停放在测试路段的测试位置，后轮一般应置于道路行车轮迹带上。将贝克曼梁插入加载车后轮轮隙处，与加载车行车方向一致，梁臂不得接触轮胎。贝克曼梁测头置于轮隙中心前方 30~50 mm 处测点上。用路表温度计测量并记录测点附近的路表温度。可采用两台贝克曼梁对双侧轮迹同时进行回弹弯沉测试。

② 将百分表安装在表架上，并将百分表的测头安放在贝克曼梁的测定杆顶面。轻轻叩击贝克曼梁，确保百分表正常归位。

③ 指挥加载车缓缓前进，速度一般为 5 km/h 左右，百分表示值随路面变形持续增加。当示值最大时，迅速读取初读数 L_1。加载车仍继续前进，示值开始反向变化，待加载车驶出弯沉影响范围（约 3 m 以上），百分表示值稳定后，读取终读数 L_2。

④ 指挥加载车沿轮迹带前行，驶向下一测试位置，重复①~③的步骤，完成测试路段的回弹弯沉测试。

（3）支点变形修正：

① 当采用 5.4 m 贝克曼梁测试弯沉时，一般可不进行支点变形修正。当有可能引起贝克曼梁支座处变形，在测试时应检验支点有无变形。如果有变形时，此时应用另一台测试用的贝克曼梁安装在测定用贝克曼梁的后方，其测点架于测定用贝克曼梁的支点旁。当加载车开出时，同时测定两台贝克曼梁的弯沉读数，如检验贝克曼梁百分表有读数，即应该记录并进

行支点变形修正。当在同一结构层上测定时，可在不同位置测定 5 次，求取平均值，以后每次测定时以此作为修正值。支点变形修正的原理如图 2.4.1 所示。

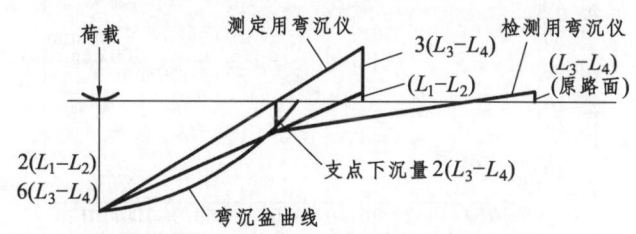

图 2.4.1　弯沉仪支点变形修正原理

② 当采用长 5.4 m 的弯沉仪测定时，可不进行支点变形修正。

3. 结果计算及温度修正

（1）路面测点的回弹弯沉值按下式计算：

$$l_t = (L_1 - L_2) \times 2 \qquad (2.4.1)$$

式中　l_t——在沥青路面层平均温度 t 时的回弹弯沉值，0.01 mm；
　　　L_1——车轮中心临近弯沉仪测头时百分表的最大读数，0.01 mm；
　　　L_2——汽车驶出弯沉影响半径后百分表的终读数，0.01 mm。

（2）当需进行弯沉仪支点变形修正时，路面测点的回弹弯沉值按下式计算：

$$l_t = (L_1 - L_2) \times 2 + (L_3 - L_4) \times 6 \qquad (2.4.2)$$

式中　L_3——车轮中心临近弯沉仪测头时检验用弯沉仪的最大读数，0.01 mm；
　　　L_4——汽车驶出弯沉影响半径后检验用弯沉仪的终读数，0.01 mm。

注：此式适用于测定用弯沉仪支座处有变形，但百分表架处路面已无变形的情况。

（3）沥青面层厚度大于 50 mm 的沥青路面，回弹弯沉值应进行温度修正。按下列步骤进行：

① 计算测定时的沥青面层平均温度。

$$t = (t_{25} + t_m + t_e)/3 \qquad (2.4.3)$$

式中　t——测定时沥青面层平均温度，℃；
　　　t_{25}——根据 t_0 由图 2.4.2 决定的路表下 25 mm 处的温度，℃；
　　　t_m——根据 t_0 由图 2.4.2 决定的沥青层中间深度的温度，℃；
　　　t_e——根据 t_0 由图 2.4.2 决定的沥青层底面处的温度，℃。

其中 t_0 为测定时路表温度与测定前 5 d 平均气温的平均值之和（℃），日平均气温为日最高气温与最低气温的平均值。

② 当沥青面层平均温度在（20±2）℃时，温度修正系数 $K=1$。当沥青面层平均温度为其他温度时，根据沥青层平均温度 t 及沥青层厚度，分别由图 2.4.3 及图 2.4.4 求取不同基层的沥青路面弯沉值的温度修正系数 K。

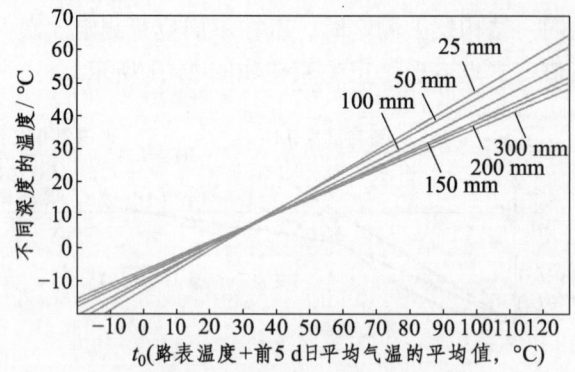

图 2.4.2　沥青层平均温度的决定

注：线上的数字表示从路表向下的不同深度

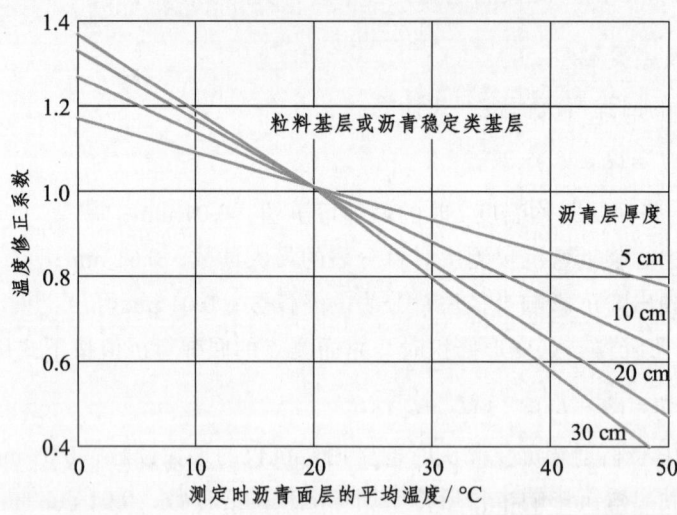

图 2.4.3　路面弯沉温度修正系数曲线（适用于粒料基层及沥青稳定基层）

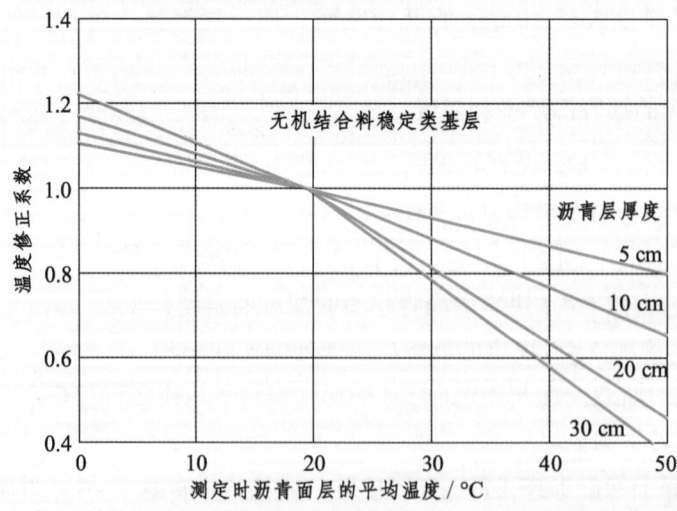

图 2.4.4　路面弯沉温度修正系数曲线（适用于无机结合料稳定的半刚性基层）

③ 按下式计算修正后的沥青路面回弹弯沉值：

$$l_{20} = l_t \times K \quad (2.4.4)$$

式中 l_{20}——换算为 20 ℃ 的沥青路面回弹弯沉值，0.01 mm；

K——温度修正系数。

三、自动弯沉仪测试路面弯沉试验方法

利用贝克曼梁测定路面回弹弯沉值操作简便，应用广泛，我国路面设计及检测的标准方法和基本参数都是建立在这种试验方法基础上的，但是，这种试验方法整个测试过程全部由人工操作，因此测试结果受人为因素影响很大，并且测试速度很慢。为了降低人的劳动强度，提高测试效率，改善采集数据的准确度，英法等国于 20 世纪 70 年代末期利用快速发展的电子和计算机技术研制开发出了 Lacroix 自动弯沉仪。自动弯沉仪的工作原理与贝克曼梁的原理是相同的，都是采用简单的杠杆原理，自动弯沉仪测定车在检测路段以一定的速度行驶，将安装在测试车前后轴之间底盘下的弯沉测定梁放到车辆底盘的前端并支于地面保持不动，当后轴双轮轮隙通过测头时，弯沉通过位移传感器等装置被自动记录下来，这时，测定梁被拖动，以两倍的汽车速度拖到下一测点，周而复始地向前连续测定，通过计算机输出弯沉检测统计计算结果。

自动弯沉仪减轻了测试人员的劳动强度，是测定路面弯沉的高效自动化设备，可以对路面进行高密集点的强度测量，由于本方法测试的是路面结构体的静态总弯沉，而非回弹弯沉，与贝克曼梁弯沉有所区别。由于采取连续测量的方式，探测梁需要在被测路面上拖动，因此要求路面无严重坑槽、车辙等病害，适用于路面施工质量控制、道路验收检查及旧路面强度评价，以及路面养护管理。

本试验方法适用于 Lacroix 型自动弯沉仪测试沥青路面的总弯沉，以评价其承载能力，不适用于有严重坑槽、车辙等病害、不具备正常通车条件路面的弯沉测试。

1. 仪具与材料技术要求

Lacroix 型自动弯沉仪：由承载车，测量机架及控制系统，位移、温度和距离传感器，数据采集与处理系统等基本部分组成，如图 2.4.5 所示。

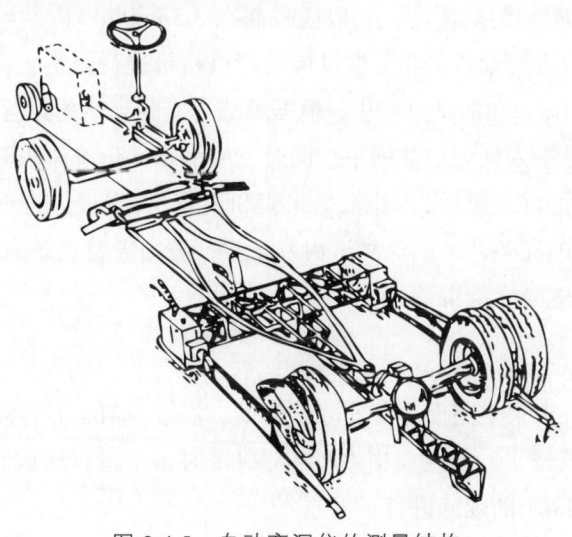

图 2.4.5 自动弯沉仪的测量结构

（1）承载车：单后轴、单侧双轮组的载重车，其轴载、轮胎气压等参数应符合表2.3.2的要求。

（2）位移及距离传感器：

① 位移传感器分辨率：≤0.01 mm。

② 位移传感器量程：≥3 mm。

③ 距离传感器的示值误差：≤1%。

2. 方法与步骤

（1）准备工作：

① 检查并保持承载车的车况及制动性能良好，轮胎气压应该符合表2.3.2的要求。

② 如果承载车因改装等原因改变了后轴载，应按照贝克曼梁测定回弹弯沉试验方法的规定检查设备承载车轮载，确保满足表2.3.2的要求。

③ 检查测量机架的易损部件情况，及时更换损坏部件。

④ 打开设备电源进行检查，控制面板功能键、指示灯、显示器等应正常。

⑤ 每次测试之前应进行位移传感器的标定，记录标定数据并存档。

⑥ 开动承载车试测2~3个步距，确保测量系统正常运行。

⑦ 当在沥青路面上测试时，通过气象台了解前5 d的平均气温（日最高气温与最低气温的平均值）。

⑧ 记录沥青路面结构层材料类型、设计厚度、横坡等情况。

（2）测试步骤：

① 通电预热测试系统。

② 开启工程警灯和导向标等警告标志，在测试路段前20 m处将测量机架放落在路面上。

③ 按照测试路段的现场技术要求设置所需的测试状态参数。

④ 缓慢加速承载车到测试速度，一般应控制在3.5 km/h以内。当实际采用的现场测试速度超出此范围时，应进行设备的相关性试验对测试结果进行修正。承载车沿正常行车轨迹驶入测试路段，开始测试。在测试过程中，根据承载车实际到达的位置，将测试路段起终点、桥涵等特征位置的桩号输入到记录数据中。同时，应测量并记录路表温度。

⑤ 当承载车驶出测试路段后，停止数据采集和记录，并缓慢停止承载车，提起测量机架。

⑥ 检查数据文件的完整性，确保测试内容正常，否则需要重新测试。

⑦ 关闭测试系统电源，结束测试。

3. 计　算

（1）采用自动弯沉仪采集路面弯沉盆峰值数据。左臂测值、右臂测值按单独弯沉处理。

（2）弯沉值的横坡修正：当路面横坡不超过4%时，不进行横坡修正；当横坡超过4%时，横坡修正参照表2.4.1的规定进行。

表 2.4.1　弯沉值横坡修正

横坡范围	高位修正系数	低位修正系数
> 4%	$\dfrac{1}{1-i}$	$\dfrac{1}{1+i}$

注：i 是路面横坡（%）。

（3）当测试速度大于 3.5 km/h 时，应进行相关性试验，并对弯沉值予以换算。
（4）计算一个测试路段的弯沉平均值、标准差及代表值。

4. 自动弯沉仪与贝克曼梁弯沉测值相关性比试验
（1）试验条件：
① 按弯沉值不同水平范围选择不少于 4 段路面结构相似的路段。路段长度可为 300 ~ 500 m，标记好起终点位置。
② 测试路段的路面应清洁干燥，附近不应有重型交通和震动。
③ 试验宜选择晴天无风的天气条件，测试温度宜在 10 ~ 35 °C 范围内，且应选择温度变化不大的时段进行。
（2）试验步骤：
① 自动弯沉仪以正常车速对测试路段进行弯沉测试，每隔 3 个测试步距或约 20 m 标记测点位置。
② 自动弯沉仪测试完毕后，等待 30 min。然后在每一个标记位置用贝克曼梁按照贝克曼梁测试路基路面回弹弯沉试验方法测试各点回弹弯沉值。
（3）试验数据处理：
按照贝克曼梁弯沉测点对应的桩号，从自动弯沉仪记录数据中提取各测点的弯沉值，并与贝克曼梁测值一一对应，得到贝克曼梁测值和自动弯沉仪测值之间的相关性关系式，相关系数 R 应不小于 0.95。

四、落锤式弯沉仪测试弯沉试验方法

路面承载力是路面的主要指标之一。近年来，采用落锤式弯沉仪（FWD）测定路面的动态弯沉，并反算路面的回弹模量，已成为世界各国道路界的热门话题。美国战略公路研究计划（SHRP）也把 FWD 作为 2 000 条试验路的强度评定手段，并以 FWD 测定反算的回弹模量作为基准，研究开发材料回弹模量的室内试验方法，我国已引进并投入使用大量 FWD，并开发出国产的 FWD 设备。

路面弯沉的测定方法很多，利用贝克曼梁法和自动弯沉仪测出的弯沉是静态弯沉。因为汽车行进速度很慢，所测得的弯沉也接近静态弯沉。为了模拟汽车快速行驶的实际情况，不少国家开发了动态弯沉的测试设备，例如 FWD 和振动弯沉仪（Dynaflect）。落锤式弯沉仪（Falling Weight Deflectometer，FWD）是目前国际上最先进的路面强度无损检测设备之一，它利用重锤自由落下的瞬间产生的冲击荷载测定弯沉，计算机自动采集数据，速度快，精度高。荷载最大值可由下式计算：

$$F_{max} = \sqrt{2mghR} \tag{2.4.5}$$

式中　m——重锤质量；

　　　R——缓冲弹簧常数；

　　　h——落高；

　　　g——重力加速度。

据测算，落锤作用于路面的时间仅有 5~30 ms。所以本设备对位移传感器的测定精度要求很高。FWD 测定时，第一锤测定结果往往不稳定，故必须打第二锤及第三锤，舍去第一锤结果。

关于落锤式弯沉仪的落锤质量，与设计荷载有关，应根据使用的目的选择。现在有 50 kN，100 kN，150 kN 等不同的荷载。一般用于公路的为 50 kN，承载板直径 300 mm；用于飞机场的需要 100 kN 或 150 kN，承载板直径 450 mm。由于检测层强度不同，实际的荷载将有所不同，大体在 ±(1~2) kN 范围内变化。

承载板有两种，一种是整块圆橡胶板，一种是对称分开成十字的钢板与橡胶板组成的复合板。由于后者与地面更能紧密接触，测定数据更好，故本方法规定采用后者。

本方法适用于采用落锤式弯沉仪测试路表在冲击荷载作用下产生的瞬时变形，即动态弯沉，以便评价路基路面承载能力。

1. 仪具与材料技术要求

落锤式弯沉仪：该弯沉仪由荷载发生装置、弯沉检测装置、运算控制系统与车辆牵引装置等组成，其测量系统结构如图 2.4.6 所示。

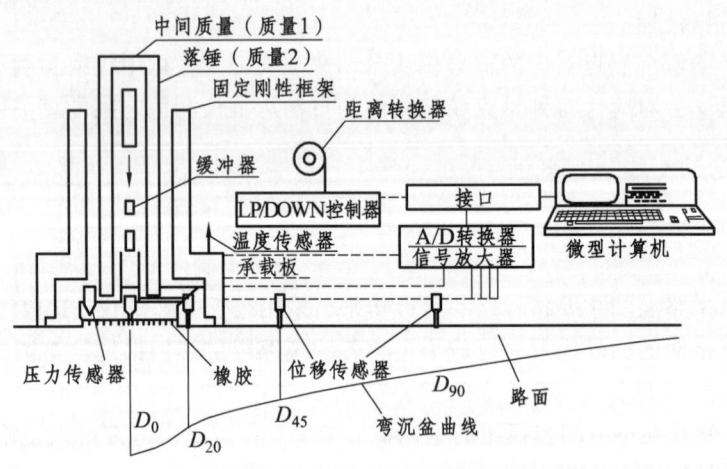

图 2.4.6　落锤式弯沉仪测量系统示意图

（1）荷载发生装置：重锤的质量及落高根据使用目的与道路的等级选择，荷载由传感器测定。如无特殊需要，重锤的质量为 (200±10) kg，可采用产生 (50±2.5) kN 的冲击荷载。承载板宜为呈十字对称分开成 4 部分，且底部固定有橡胶片的承载板，承载板的直径一般为 300 mm，也可为 450 mm。

（2）弯沉检测装置：由一个或多个位移传感器组成，位移分辨力不大于 0.001 mm，如图 2.4.7 所示。承载板中心应设有一个位移传感器，其他位移传感器与中心处传感器呈线性布置，一般分布在距离承载板中心 2 500 mm 的范围内。用于反算路面结构层模量时，位移传感器总数应不少于 7 个，且应包括 0 mm、300 mm、600 mm、900 mm 处 4 个位置。

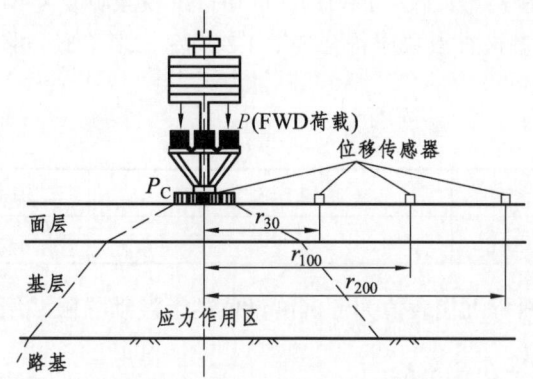

图 2.4.7　落锤式弯沉仪传感器布置及应力作用状态示例

（3）控制系统：能在冲击荷载作用的瞬间内，测量并记录冲击荷载及各个传感器所在位置的动态变形。

（4）牵引车：牵引 FWD 并安装运算及控制装置等的车辆。

2. 方法与步骤

（1）准备工作：

① 调整重锤的质量及落高，使重锤的质量及产生的冲击荷载符合要求。

② 检查 FWD 的车况及使用性能，确保功能正常。

③ 将 FWD 牵引至测试地点，牵引 FWD 行驶的速度不宜超过 50 km/h。

④ 开启 FWD，对传感器进行标定。

（2）测试步骤：

① 将 FWD 牵引至测试路段起始位置，输入测试位置信息，设定好状态参数。

② 将承载板中心位置对准测点，测点一般应布置在车道轮迹带处。落下承载板，放下弯沉检测装置的各传感器。

③ 启动荷载发生装置，落锤瞬即自由落下，冲击力作用于承载板上，又立即自动提升至原来位置固定。同时，记录荷载数据，各个位移传感器测量并记录路表变形数据，变形峰值即为弯沉值。每个测点重复测试应不少于 3 次。

④ 提起传感器及承载板，牵引车向前移动至下一个测点，重复②~③步骤完成测试路段的测试

3. 计算

（1）舍去承载板中心位移传感器的首次测值，计算其后几次测值的平均值作为该点的弯沉值。

（2）按照《公路沥青路面设计规范》（JTG D50—2017）的规定，对弯沉值进行温度修正。

（3）计算一个测试路段的弯沉平均值、标准差及代表值。

五、路基、粒料类基层和底基层、沥青路面弯沉值评定

（1）弯沉值采用落锤式弯沉仪（FWD）、自动弯沉仪或贝克曼梁测量。每一双车道评定路段（不超过 1 km）测量检查点数应符合表 2.4.2 规定，多车道公路应按车道数与双车道之比，相应增加测点。

表 2.4.2　弯沉测点数

检测设备	落锤式弯沉仪	自动弯沉仪或贝克曼梁
测点数/点	40	80

（2）路基、沥青路面弯沉代表值为弯沉测量值的上波动界限，用下式计算：

$$l_r = (\bar{l} + \beta \cdot S) K_1 K_3 \tag{2.4.6}$$

式中　l_r——弯沉代表值，0.01 mm；

　　　$\bar{l}$——实测弯沉的平均值，0.01 mm；

　　　S——标准差，0.01 mm；

　　　β——目标可靠度值，如表 2.4.3 所示。

　　　K_1——湿度影响系数。路基顶面弯沉测定时，根据当地经验确定；路表弯沉测定时，根据实测弯沉值通过反算得到路基模量值，修正后得到结构模量值，然后得出测试状态下的弯沉湿度修正系数，或根据当地经验确定；

　　　K_3——温度影响系数。路基顶面弯沉测定时取 1，路表弯沉测定时根据下式计算：

$$K_3 = e^{\left[9 \times 10^{-6} (\ln E_0 - 1) H_\alpha + 4 \times 10^{-3}\right](20-T)} \tag{2.4.7}$$

式中　T——弯沉测定时沥青结合料类材料层中点实测或预估温度，°C；

　　　H_α——沥青结合料类材料层厚度，mm；

　　　E_0——平衡湿度状态下路基顶面回弹模量，MPa。

表 2.4.3　目标可靠值

公路等级	高速公路	一级公路	二级公路	三级公路	四级公路
目标可靠度/%	95	90	85	80	70
目标可靠指标 β	1.65	1.28	1.04	0.84	0.52

（3）粒料类基层和底基层弯沉代表值按下式计算：

$$l_r = \bar{l} + Z_a S \tag{2.4.8}$$

式中　l_r——弯沉代表值，0.01 mm；

　　　$\bar{l}$——实测弯沉的平均值，0.01 mm；

　　　S——标准差，0.01mm；

　　　Z_a——与保证率有关的系数。高速公路、一级公路取 2.0，二级公路取 1.645，二级以下公路取 1.5。

（4）二级及二级以下公路，当路基和粒料类基层、底基层的弯沉代表值不符合要求时，可将超出 $\bar{l} + (2\sim 3)S$ 的弯沉特异值舍弃，对舍弃的弯沉值大于 $\bar{l} + (2\sim 3)S$ 的点，应找出其周围界限，进行局部处理，并对弯沉进行复测后重新计算平均值和标准差。高速公路、一级公路不得舍弃特异值。

（5）弯沉代表值大于设计弯沉值时，相应分项工程应为不合格。

项目小结

1. 击实试验是在模拟现场施工条件下，测定路基土及路面基层密度和相应含水率的关系，从而确定压实的最大干密度和相应最佳含水率，用以评价土的压实程度和指导施工。

2. 挖坑灌砂法不适用于填石路堤等有大孔洞或大空隙的结构压实度测试，环刀法适用于现场测试细粒土及龄期不超过 2 d 的无机结合料稳定细粒土结构的密度。

3. 取 $CBR_{2.5}$ 和 $CBR_{5.0}$ 较大者作为路基强度的结果。

4. 沥青路面的弯沉检测以沥青面层平均温度 20 °C 时为准，当路面平均温度在（20±2）°C 以内可不修正，在其他温度测试时，对沥青层厚度大于 5 cm 的沥青路面，弯沉值应予以温度修正。

复习思考题

1. 不同材料的路基应采用哪种方法检测其压实度？
2. 简述灌砂法测定现场压实度的要点。
3. 已知盒的质量为 124 g，湿土与盒的质量为 165 g，烘干后土与盒的质量为 162 g，试计算该土的含水率。
4. 已知某高速公路工地的一土样的 CBR 试验结果如下，试分析在路基压实度 $K = 94\%$ 时，该土样可否用于上路床。注：高速公路路基上路床 CBR 要求不低于 8%。

击实次数	30	50	98
干密度 /（g/cm³）	1.78	1.91	2.06
CBR	2.2	4.1	9.4

5. 什么是路面弯沉值？常用哪几种方法测定？各测定方法分别有何特点？
6. 简述贝克曼梁测定路面回弹弯沉的要点。

项目三

路面材料检测

【材料试验员岗位工作标准】能够对路面底基层和基层材料进行水泥（石灰）剂量、无侧限抗压强度等检测并对结果进行评定。

【试验检测工程师职业资格考试要求】主要检验应考人员对有效氧化钙/氧化镁含量、水泥或石灰剂量等原材料性能指标的试验内容、方法与评价；无机结合料稳定材料的最大干密度、最佳含水率、无侧限抗压强度、弯拉强度等指标的试验内容、方法和评价；水泥混凝土路面强度的试验内容、方法与评价。

【教学目标】了解无机结合料稳定材料的含水量试验，熟悉活性氧化钙镁含量测定和灰剂量测定，掌握无机结合料稳定材料无侧限抗压强度试验，能够对××公路的路面材料进行检测及评定。

【思维导图】

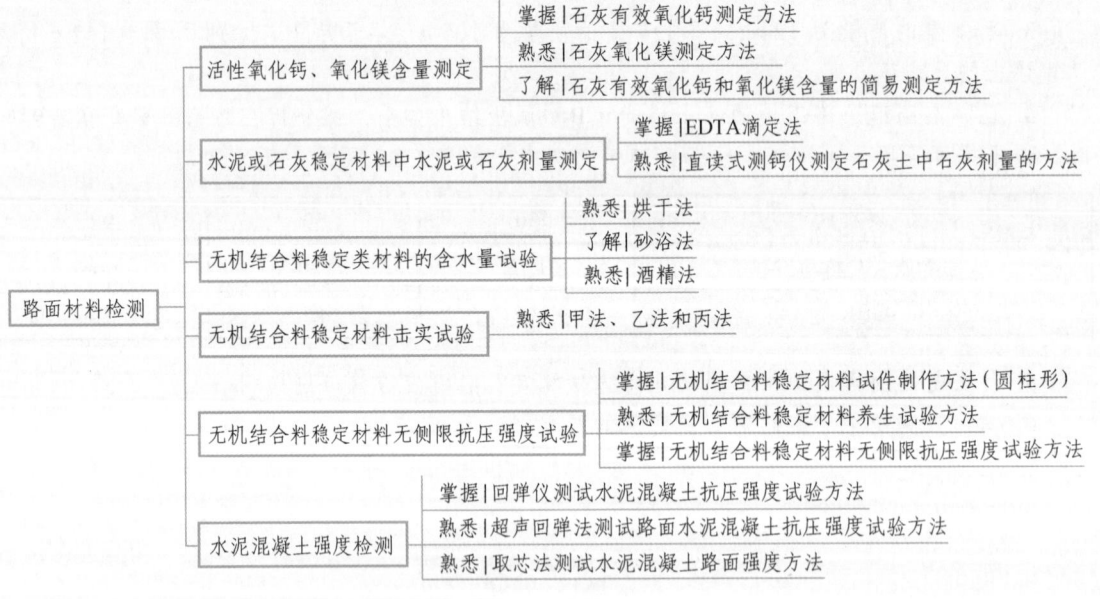

【思政映射】树立大国工匠精神，专注本行出精品。

【建议学时】36 学时

路面基层、底基层是主要承重层，是路面结构的主要部分，因此，它们必须具有足够的强度、刚度、稳定性。为满足这些要求，切实保证路面基层、底基层的施工质量，对路面基层、底基层材料技术性能的检测显得尤为重要。

道路路面基层、底基层按材料力学特征可划分为半刚性类、柔性类和刚性类，按材料组成可划分为有机结合料稳定类、无机结合料稳定类和粒料类。高等级公路路面基层广泛采用无机结合料稳定类，有时也使用有机结合料稳定类。

无机结合料稳定类（俗称半刚性基层）还可分为水泥稳定类、石灰稳定类、综合稳定类和工业废渣稳定类（主要是石灰粉煤灰稳定类），包括水泥稳定土、石灰稳定土、水泥石灰综合稳定土、石灰粉煤灰稳定土、水泥粉煤灰稳定土及水泥石灰粉煤灰稳定土等。其中土作为基层材料的骨架，水泥和石灰则属于基层材料的胶凝物质，水泥属于水硬性胶凝材料，而石灰属于气硬性胶凝材料，无机结合料稳定土由于胶凝机理的不同和材料配比的多变性等原因，其工程性质千差万别，相应的试验检测方法也较复杂。

一、用于路面基层、底层材料土的一般定义

按照土中单个颗粒（指碎石、砾石和砂颗粒）的粒径大小和组成，将土分为下列 3 种，即细粒土、中粒土和粗粒土。

（1）细粒土：颗粒最大粒径不大于 4.75 mm，公称最大粒径不大于 2.36 mm 的土，包括各种黏质土、粉质土、砂和石屑等。

（2）中粒土：颗粒最大粒径不大于 26.5 mm，公称最大粒径大于 2.36 mm 且不大于 19 mm 的土或集料，包括砂砾土、碎石土、级配砂砾、级配碎石等。

（3）粗粒土：颗粒最大粒径不大于 53 mm，公称最大粒径大于 19 mm 且不大于 37.5 mm 的土或集料，包括砂砾土、碎石土、级配砂砾、级配碎石等。

二、无机结合料稳定材料的概念

在粉碎的或原来松散的材料中（包括各种粗、中、细粒土），掺入足量的水泥和水，经拌和得到的混合料，在压实及养生后，当其抗压强度符合规定的要求时，称为水泥稳定材料。如果用石灰代替水泥掺入土中，则称石灰稳定材料。

两种或两种以上无机结合材料稳定的强度符合要求的混合料，称为综合稳定材料。例如石灰粉煤灰级配碎石和石灰粉煤灰级配砂砾，简称二灰碎石和二灰砂砾。

一定数量石灰和粉煤灰或石灰和煤渣与其他集料相配合，加入适量的水（通常为最佳含水量），经拌和、压实及养生后得到的混合料，当其抗压强度符合规定的要求时，称石灰工业废渣稳定土（简称石灰工业废渣）。

三、基层和底层材料试验检测项目

试验检测项目汇总于表 3.1 和表 3.2。

表 3.1 底基层和基层混合料的试验项目

试验项目	目的	检测仪器
水泥（石灰）剂量检测	测定并控制基层、底基层混合料的结合剂剂量	酸碱滴定仪
重型击实试验	求最佳含水量和最大干密度，以规定工地碾压时的合适含水量和应该达到的最小干密度，确定制备强度试验和耐久性试验的试件所应该用的含水量和干密度；确定制备承载比试件的材料含水量	重型击实试验仪（手动或电动）
承载比	求工地预期干密度下的承载比，确定材料是否适宜做基层或底基层	路面材料测试仪或其他合适的仪器
抗压强度	进行材料组成设计，选定最适宜于用水泥或石灰稳定的土（包括粒料）；规定施工中所用的结合料剂量，为工地提供评定质量的标准	路面材料测试仪或其他合适的压力仪

表 3.2 底基层和基层原材料的试验项目

试验项目	材料名称	目的	频度	试验方法
含水量	土、砂砾、碎石等集料	确定原始含水量	每天使用前测 2 个样品	烘干法、酒精燃烧法、含水量快速测定仪
颗粒分析	砂砾、碎石等集料	确定级配是否符合要求，确定材料配合比	每种土使用前测 2 个样品；使用过程中每 2 000 cm³ 测 2 个样品	筛分法（含土材料用湿筛分法）
液限、塑限	土、级配砾石或级配碎石中 0.5 mm 以下的细土	求塑性指数，审定是否符合规定	每种土使用前测 2 个样品	液限、塑限联合测定法，滚搓法塑限试验测塑限
相对毛体积密度、吸水率	砂砾、碎石等	评定粒料质量，计算固体体积率	使用前测 2 个样品；砂砾使用过程中每 2 000 cm³ 测 2 个样品；碎石种类变化要做两个样品	网篮法或容量 1 000 cm³ 以上的比重瓶法
压碎值	砂砾、碎石等	评定石料的抗压碎能力是否符合要求	使用前测 2 个样品；砂砾使用过程中每 2 000 cm³ 测 2 个样品；碎石种类变化要做 2 个样品	集料压碎值试验
有机质和硫酸盐含量	土	确定土是否适宜于用石灰或水泥稳定	对土有怀疑时做试验	有机质含量试验，易溶盐试验
有效氧化钙、氧化镁	石灰	确定石灰质量	做材料组成设计时或生产使用时，分别测 2 个样品，以后每月测 2 个样品	石灰的化学分析
水泥强度等级和终凝时间	水泥	确定水泥的质量是否适用	做材料组成设计时测 1 个样品；料源或强度等级变化时重测	水泥胶砂强度检验法、水泥凝结时间检验方法
烧失量	粉煤灰	确定粉煤灰是否适用	做材料组成设计前测 2 个样品	烧失量试验

任务一 活性氧化钙、氧化镁含量测定

活性氧化钙、
氧化镁含量测定

【工作任务】高速公路和一级公路用石灰应不低于Ⅱ级技术要求，二级及二级以下公路用石灰应不低于Ⅲ级技术要求，请对某路段所用石灰原材料进行检测，并判断石灰种类。

【预备知识】

一、测试原理

本试验是根据石灰活性氧化钙与蔗糖化合成在水中溶解度较大的蔗糖钙，而石灰中其他非活性的钙盐则不与蔗糖作用，氧化镁与蔗糖反应缓慢的原理，应用此不同的反应条件，采用中和滴定法，用已知浓度的盐酸对石灰进行滴定（以酚酞为指示剂），达到滴定终点时，按盐酸的消耗量计算出活性 CaO 的含量。

石灰氧化钙镁含
量测定——测试
原理及仪器设备

利用 EDTA 在 pH = 10 左右的溶液中能与钙镁完全络合的原理，测出钙、镁总含量，再利用 EDTA 在 pH≥12 的溶液中只与钙离子络合的原理，测出钙含量，两者之差即为镁的含量。

二、石灰有效氧化钙测定方法

1. 适用范围

本试验方法适用于测定各种石灰的有效氧化钙含量。

石灰有效氧化钙
含量测定——
试验目的

2. 仪器设备

（1）主孔筛：0.15 mm，1 个。

（2）烘箱：50～250 ℃，1 台。

（3）干燥器：ϕ25 cm，1 个。

（4）称量瓶：ϕ30 mm×50 mm，10 个。

（5）瓷研钵：ϕ12～ϕ13 cm，1 个。

（6）分析天平：量程不小于 50 g，感量 0.000 1 g，1 台。

（7）电子天平：量程不小于 500 g，感量 0.01 g，1 台。

（8）电炉：1 500 W，1 个。

（9）石棉网：20 cm×20 cm，1 块。

（10）玻璃珠：ϕ3 mm，1 袋（0.25 kg）。

（11）具塞三角瓶：250 mL，20 个。

（12）漏斗：短颈，3 个。

（13）塑料洗瓶：1 个。

（14）塑料桶：20 L，1 个。

（15）下口蒸馏水瓶：5 000 mL，1 个。

（16）三角瓶：300 mL，10 个。

（17）容量瓶：250 mL、1 000 mL，各 1 个。

（18）量筒：200 mL、100 mL、50 mL、5 mL，各 1 个。

（19）试剂瓶：250 mL、1 000 mL，各 5 个。

（20）塑料试剂瓶：1 L，1 个。

（21）烧杯：50 mL，5 个；250 mL（或 300 mL），10 个。

（22）棕色广口瓶：60 mL，4 个；250 mL，5 个。

（23）滴瓶：60 mL，3 个。

（24）酸滴定管：50 mL，2 支。

（25）滴定台及滴定管夹：各 1 套。

（26）大肚移液管：25 mL、50 mL，各 1 支。

（27）表面皿：7 cm，10 块。

（28）玻璃棒：8 mm×250 mm 及 4 mm×180 mm 各 10 支。

（29）试剂勺：5 个。

（30）吸水管：8 mm×150 mm，5 支。

（31）洗耳球：大、小各 1 个。

3. 试　剂

（1）蔗糖（分析纯）。

（2）酚酞指示剂：称取 0.5 g 酚酞溶于 50 mL 95% 乙醇中。

（3）0.1% 甲基橙水溶液：称取 0.05 g 甲基橙溶于 50 mL 蒸馏水（40～50 ℃）中。

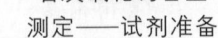

石灰氧化钙含量测定——试剂准备

（4）0.5 mol/L 盐酸标准溶液：将 42 mL 浓盐酸（相对密度 1.19 g/mL）稀释至 1 L，按下述方法标定其当量浓度后备用。

称取约 0.8～1.0 g（准确至 0.000 1 g）已在 180 ℃烘干 2 h 的碳酸钠（优级纯或基准级）记录为 m，置于 250 mL 三角瓶中，加 100 mL 水使其完全溶解；然后加入 2～3 滴 0.1% 甲基橙指示剂，记录滴定管中待标定盐酸溶液的体积 V_1，用待标定的盐酸标准溶液滴定至碳酸钠溶液由黄色变为橙红色；将溶液加热至微沸，并保持微沸 3 min，最后放在冷水中冷却至室温，如此时橙红色变为黄色，再用盐酸标准溶液滴定，至溶液出现稳定橙红色时为止，记录滴定管中盐酸标准溶液的体积 V_2。V_1、V_2 的差值即为盐酸标准溶液的消耗量 V。

盐酸标准溶液的摩尔浓度按下式计算：

$$M = m/(V \times 0.053) \quad (3.1.1)$$

式中　M——盐酸标准溶液摩尔浓度，mol/L；

　　　m——称取碳酸钠的质量，g；

　　　V——滴定时消耗盐酸标准溶液的体积，mL；

　　　0.053——碳酸钠毫克当量。

4. 准备试样

（1）生石灰试样：将生石灰样品打碎，使颗粒不大于 1.18 mm。拌和均匀后用四分法缩减至 200 g 左右，放入瓷研钵中研细。再经四分法缩减几次至剩下 20 g 左右。研磨所得石灰样品，使通过 0.15 mm（方孔筛）的筛，从此细样中均匀挑取 10 克左右，置于称量瓶中在 105 ℃ 烘箱内烘至恒量，贮于干燥器中，供试验用。

石灰氧化钙和氧化镁含量测定——试样准备

（2）消石灰试样：将消石灰样品用四分法缩减至 10 余克。如有大颗粒存在须在瓷研钵中磨细至无不均匀颗粒存在为止。置于称量瓶中在 105 ℃ 烘箱内烘至恒量，储于干燥器中，供试验用。

5. 试验步骤

（1）称取约 0.5 g（用减量法称量，准确至 0.000 1 g）试样，记录为 m_1，放入干燥的 250 mL 具塞三角瓶中，取 5 g 蔗糖覆盖在试样表面，投入干玻璃珠 15 粒，迅速加入新煮沸并已冷却的蒸馏水 50 mL，立即加塞振荡 15 min（如有试样结块或粘于瓶壁现象，则应重新取样）。

石灰氧化钙含量测定——试验步骤及结果整理

（2）打开瓶塞，用水冲洗瓶塞及瓶壁，加入 2～3 滴酚酞指示剂，记录滴定管中盐酸标准溶液体积 V_3，用已标定的约 0.5 mol/L 盐酸标准溶液滴定（滴定速度以每秒 2～3 滴为宜），至溶液的粉红色显著消失并在 30 s 内不再复现即为终点，记录滴定管中盐酸标准溶液的体积 V_4。V_3、V_4 的差值即为盐酸标准溶液的消耗量 V_5。

6. 计 算

有效氧化钙的百分含量（X_1）按下式计算：

$$X_1 = \frac{V_5 \times M \times 0.028}{m_1} \times 100 \tag{3.1.2}$$

式中　V_5——滴定时消耗盐酸标准溶液的体积，mL；

　　　0.028——氧化钙毫克当量；

　　　m_1——试样质量，g；

　　　M——盐酸标准溶液摩尔浓度。

7. 结果整理

对同一石灰样品至少应做两个试样并进行两次测定，取两次结果的平均值代表最终结果。石灰中氧化钙和有效钙含量在 30% 以下的允许重复性误差为 0.40，30%～50% 的为 0.50，大于 50% 的为 0.60。

三、石灰氧化镁测定方法

1. 适用范围

本试验方法适用于测定各种石灰的总氧化镁含量。

石灰氧化镁测定方法

2. 仪器设备

同石灰有效氧化钙的测定。

3. 试 剂

（1）1∶10 盐酸：将 1 体积盐酸（相对密度 1.19）以 10 体积蒸馏水稀释。

石灰氧化镁含量测定
——原理及试剂准备

（2）氢氧化铵-氯化铵缓冲溶液：将 67.5 g 氯化铵溶于 300 mL 无二氧化碳蒸馏水中，加浓氢氧化铵（相对密度为 0.90）570 mL，然后用水稀释至 1 000 mL。

（3）酸性铬蓝 K-萘酚绿 B（1∶2.5）混合指示剂：称取 0.3 g 酸性铬蓝 K 和 0.75 g 萘酚绿 B 与 50 g 已在 105 ℃ 烘干的硝酸钾混合研细，保存于棕色广口瓶中。

（4）EDTA 二钠标准溶液：将 10 g EDTA 二钠溶于温热蒸馏水中，待全部溶解并冷至室温后，用水稀释至 1 000 mL。

（5）氧化钙标准溶液：精确称取 1.784 8 g 在 105 ℃ 烘干（2 h）的碳酸钙（优级纯），置于 250 mL 烧杯中，盖上表面皿，从杯嘴缓慢滴加 1∶10 盐酸 100 mL，加热溶解，待溶液冷却后，移入 1 000 mL 的容量瓶中，用新煮沸冷却后的蒸馏水稀释至刻度摇匀。此溶液每毫升的 Ca^{2+} 含量相当于 1 mg 氧化钙的 Ca^{2+} 含量。

（6）20% 的氢氧化钠溶液：将 20 g 氢氧化钠溶于 80 mL 蒸馏水中。

（7）钙指示剂：将 0.2 g 钙试剂羟酸钠和 20 g 已在 105 ℃ 烘干的硫酸钾混合研细，保存于棕色广口瓶中。

（8）10% 酒石酸钾钠溶液：将 10 g 酒石酸钾钠溶于 90 mL 蒸馏水中。

（9）三乙醇胺（1∶2）溶液：将 1 体积三乙醇胺以 2 体积蒸馏水稀释摇匀。

4. EDTA 标准溶液与氧化钙和氧化镁关系的标定

（1）精确吸取 V_1 = 50 mL 氧化钙标准溶液放于 300 mL 三角瓶中，用水稀释至 100 mL 左右，然后加入钙指示剂约 0.2 g，以 20% 氢氧化钠溶液调整溶液碱度到出现酒红色，再过量加 3~4 mL，然后以 EDTA 二钠标准液滴定，至溶液由酒红色变成纯蓝色时为止，记录 EDTA 二钠标准溶液体积 V_2。

（2）EDTA 二钠标准溶液对氧化钙的滴定度按下式计算：

$$T_{CaO} = CV_1/V_2 \tag{3.1.3}$$

式中 T_{CaO}——EDTA 二钠标准溶液对氧化钙的滴定度，即 1 mL 的 EDTA 标准溶液相当于氧化钙的毫克数；

C——1 mL 氧化钙标准溶液含有氧化钙的毫克数，等于 1；

V_1——吸取氧化钙标准溶液体积，mL；

V_2——消耗 EDTA 标准溶液体积，mL。

EDTA 二钠标准溶液对氧化镁的滴定度（T_{MgO}），即 1 mL EDTA 二钠标准液相当于氧化镁的毫克数按下式计算：

$$T_{MgO} = T_{CaO} \times \frac{40.31}{56.08} = 0.72 T_{CaO} \tag{3.1.4}$$

5. 试验步骤

（1）称取约 0.5 g（精确至 0.000 1 g）石灰试样，并记录试样质量 m，放入 250 mL 烧杯中，用水湿润，加入 1∶10 盐酸 30 mL，用表面皿盖住烧杯，加热至沸腾，并保持微沸 8~10 min。

（2）用水把表面皿洗净，冷却后把烧杯内的沉淀及溶液移入 250 mL 容量瓶中，加水至刻度摇匀。

石灰氧化镁含量测定——
试验结果及结果整理

（3）待溶液沉淀后，用移液管吸取 25 mL 溶液，放入 250 mL 三角瓶中，加 50 mL 水稀释后，加酒石酸钾钠溶液 1 mL、三乙醇胺溶液 5 mL，再加入铵-铵缓冲溶液 10 mL（此时待测溶液的 pH = 10）、酸性铬兰 K - 萘酚绿 B 指示剂约 0.1 g。记录滴定管中初始 EDTA 二钠标准溶液体积 V_5，用 EDTA 二钠标准溶液滴定，至溶液由酒红色变为纯蓝色时即为终点，记录滴定管中 EDTA 二钠标准溶液体积 V_6。V_5、V_6 的差值即为滴定钙、镁合量的 EDTA 二钠标准溶液的消耗量 V_3。

（4）再从同一容量瓶中，用移液管吸取 25 mL 溶液，置于 300 mL 三角瓶中，加水 150 mL 稀释后，加三乙醇胺溶液 5 mL 及 20% 氢氧化钠溶液 5 mL（此时待测溶液的 pH≥12），放入约 0.2 g 钙指示剂。记录滴定管中初始 EDTA 二钠标准溶液体积 V_7，用 EDTA 二钠标准溶液滴定，至溶液由酒红色变为蓝色即为终点，记录滴定管中 EDTA 二钠标准溶液体积 V_8。V_7、V_8 的差值即为滴定钙离子的 EDTA 二钠标准溶液的消耗量 V_4。

6. 计 算

氧化镁的百分含量按下式计算：

$$X_1 = \frac{T_{MgO}(V_3 - V_4) \times 10}{m \times 1\,000} \times 100 \tag{3.1.5}$$

式中　X_1——氧化镁的含量，%；

　　　T_{MgO}——EDTA 二钠标准溶液对氧化镁的滴定度；

　　　V_3——滴定钙、镁合量消耗 EDTA 二钠标准溶液体积，mL；

　　　V_4——滴定钙消耗 EDTA 二钠标准溶液体积，mL；

　　　10——总溶液对分取溶液的体积倍数；

　　　m——试样质量，g。

7. 结果整理

对同一石灰样品至少应做两个试样和进行两次测定，读数精确至 0.1 mL。取两次测定结果的平均值代表最终结果。

四、有效氧化钙和氧化镁含量的简易测定方法

1. 适用范围

本试验方法适用于氧化镁含量在 5% 以下的低镁石灰的测定。

石灰有效氧化钙和
氧化镁简易测定方法

2. 仪器设备

同有效氧化钙的测定。

3. 试　剂

（1）1 mol/L 盐酸标准液：取 83 mL（相对密度 1.19）浓盐酸以蒸馏水稀释至 1 000 mL，按下述方法标定其摩尔浓度后备用。

称取约已在 180 ℃烘干 2 h 的碳酸钠（优级纯或基准级）1.5～2.0 g（精确至 0.000 1 g），记录为 m_0，置于 250 mL 三角瓶中，加 100 mL 水使其完全溶解；然后加入 2～3 滴 0.1% 甲基橙指示剂，记录滴定管中待标定盐酸溶液的体积 V_1，用待标定的盐酸标准溶液滴定，至碳酸钠溶液由黄色变为橙红色；将溶液加热至微沸，并保持微沸 3 min，最后放在冷水中冷却至室温，如此时橙红色变为黄色，再用盐酸标准溶液滴定，至溶液出现稳定橙红色时为止，记录滴定管中盐酸标准溶液的体积 V_2。V_1、V_2 的差值即为盐酸标准溶液的消耗量 V。

盐酸标准溶液的摩尔浓度按下式计算。

$$N = m_0 / (V \times 0.053) \tag{3.1.6}$$

（2）1% 酚酞指示剂。

4. 试验步骤

（1）迅速称取石灰试样 0.8～1.0 g（准确至 0.000 1 g）放入 300 mL 三角瓶中，记录试样质量 m。加入 150 mL 新煮沸并已冷却的蒸馏水和 10 颗玻璃珠。瓶口上插一短颈漏斗，使用带电阻的电炉加热 5 min（调到最高档），但勿使液体沸腾，放入冷水中迅速冷却。

（2）向三角瓶中滴入酚酞指示剂 2 滴，记录滴定管中盐酸溶液体积 V_3，在不断摇动下以盐酸标准液滴定，控制速度为每秒 2～3 滴，至粉红色完全消失，稍停，又出现红色，继续滴入盐酸，如此重复几次，直至 5 min 内不出现红色为止，记录滴定管中盐酸标准溶液体积 V_4。V_3、V_4 的差值即为盐酸标准溶液的消耗量 V_5。如滴定过程持续半小时以上，则结果只能作参考。

5. 计　算

有效氧化钙和氧化镁含量按下式计算。

$$X = \frac{V_5 \times N \times 0.028}{m} \times 100 \tag{3.1.7}$$

式中　V——滴定消耗盐酸标准液的体积，mL；

V_5——滴定消耗盐酸标准溶液的体积，mL；

N——盐酸标准溶液的摩尔浓度，mol/L；

m——样品质量，g；

0.028——氧化钙的毫克当量，因氧化镁含量甚少，并且两者的毫克当量相差不大，故有效氧化钙和氧化镁的毫克当量都以 CaO 的毫克当量计算。

6. 结果整理

（1）读数精确至 0.1 mL。

（2）对同一石灰样品至少应做两个试样和进行两次测定，并取两次测定结果的平均值代表最终结果。

任务二　水泥或石灰稳定材料中水泥或石灰剂量测定

【工作任务】对于石灰稳定类，当石灰剂量较低时，石灰主要起稳定作用，土的塑性、膨胀、吸水量、聚水量减少，土的密度、强度得到稳定。随着剂量的增加，石灰土的强度和稳定性均提高。但当剂量超过一定范围，过多的石灰在土的空隙中以自由灰存在，将导致石灰土的强度下降。而对于水泥稳定类，随着水泥剂量的增加，水泥土的物理-力学性质也将显著地改善，但不存在最佳水泥剂量。过多的水泥用量，虽可获得强度增加，但经济上是不合理的。因此对于无机结合料稳定类基层与底基层，必须测定水泥或石灰的剂量。请确定某路段基层（底基层）材料中的灰剂量。

水泥或石灰稳定材料中水泥或石灰剂量的测定

【预备知识】

所谓水泥或石灰剂量是指水泥或石灰占干土重的百分率。

目前，测定水泥或石灰剂量的方法主要有EDTA滴定法、直读式测钙仪测定石灰土中石灰剂量等方法，现分述如下：

一、EDTA滴定法

1. 目的和使用范围

（1）本试验方法适用于在工地快速测定水泥和石灰稳定材料中水泥和石灰的剂量，并可用于检查现场拌和和摊铺的均匀性。

EDTA滴定法概述

（2）本方法适用于在水泥终凝之前的水泥含量测定，现场土样的石灰剂量应在路拌后尽快测试，否则需要用相应龄期的EDTA二钠标准溶液消耗量的标准曲线确定。

（3）本方法也可以用来测定水泥和石灰综合稳定材料中结合料的剂量。

2. 仪器设备

（1）滴定管（酸式）：50 mL，1支。

（2）滴定台：1个。

（3）滴定管夹：1个。

（4）大肚移液管：10 mL，50 mL 10支。

（5）锥形瓶（即三角瓶）：200 mL，20个。

（6）烧杯：2 000 mL（或1 000 mL），1只；300 mL，10只。

（7）容量瓶：1 000 mL，1个。

（8）搪瓷杯：容量大于1 200 mL，10只。

（9）不锈钢棒（或粗玻璃棒）：10根。

（10）量筒：100 mL和5 mL，各1只；50 mL，2只。

（11）棕色广口瓶：60 mL，1只（装钙红）。

（12）电子天平：量程不小于1 500 g、感量0.01 g。

EDTA滴定法适用范围及仪器设备

（13）秒表：1只。

（14）表面皿：$\phi9$ cm，10个。

（15）研钵：$\phi12\sim\phi13$ cm，1个。

（16）洗耳球：1个。

（17）精密试纸：pH12~14。

（18）聚乙烯桶：20 L（装蒸馏水和氯化铵及EDTA二钠标准溶液），3个；5 L（装氢氧化钠），1个；5 L（大口桶），10个。

（19）毛刷、去污粉、吸水管、塑料勺、特种铅笔、厘米纸。

（20）洗瓶（塑料）：500 mL，1只。

3. 试　剂

（1）0.1 mol/m³ 乙二铵四乙酸二钠（EDTA二纳）标准溶液（简称EDTA二纳标准溶液）标准液：准确称取EDTA二钠（分析纯）37.23 g，用40~50 °C的无二氧化碳蒸馏水溶解，待全部溶解并冷至室温后，定容至1 000 mL。

（2）10%氯化铵（NH_4Cl）溶液：将500 g氯化铵（分析纯或化学纯）放在10 L聚乙烯桶内，加蒸馏水4 500 mL，充分振荡，使氯化铵完全溶解。也可分批在1 000 mL的烧杯内配制，然后倒入塑料桶内摇匀。

（3）1.8%氢氧化钠（内含三乙醇胺）溶液：用电子天平称18 g氢氧化钠（分析纯），放入洁净干燥的1 000 mL烧杯中，加入1 000 mL蒸馏水使其全部溶解，待溶液冷至室温后，加入2 mL三乙醇胺（分析纯），搅拌均匀后储于塑料桶中。

（4）钙红指示剂：将0.2 g钙试剂羟酸钠（分子式$C_{21}H_{13}O_7N_2SNa$，相对分子质量460.39）与20 g预先在105 °C烘箱中烘1 h的硫酸钾混合，一起放入研钵中，研成极细粉末，储于棕色广口瓶中，以防吸潮。

4. 准备标准曲线

（1）取样：取工地用石灰和土，风干后测其含水量，水泥可假定其含水量为0%。

EDTA标准曲线试样准备

（2）混合料组成的计算：

① 公式：干料质量 = 湿料质量/(1 + 含水量)

② 计算步骤：

a. 干混合料质量 = 湿混合料质量/(1 + 最佳含水量)

b. 干土质量 = 干混合料质量/[1 + 石灰(水泥)剂量]

c. 干石灰（水泥）质量 = 干混合料质量 − 干土质量

d. 湿土质量 = 干土质量×(1 + 土的风干含水量)

e. 湿石灰质量 = 干石灰×(1 + 石灰的风干含水量)

f. 石灰土中应加入的水 = 湿混合料质量 − 湿土质量 − 湿石灰质量

（3）准备5种试样，每种两个样品（以水泥稳定材料为例），如为水泥稳定中、粗粒土。每个样品取1 000 g左右（如为细粒土，则可称取300 g左右）准备试验。为了减少中、粗粒土的离散，宜按设计级配单份掺配的方式备料。

5 种混合料的水泥剂量应为：水泥剂量为 0，最佳水泥剂量左右、最佳水泥剂量 ± 2% 和 + 4%[①]，每种剂量取两个（为湿质量）试样，共 10 个试样，并分别放在 10 个大口聚乙烯桶（如为稳定细粒土，可用搪瓷杯或 1 000 mL 具塞三角瓶；如为粗粒土，可用 5 L 的大口聚乙烯桶）内。土的含水量应等于工地预期达到的最佳含水量，土中所加的水应与工地所用水相同。

注①：在此，准备标准曲线的水泥剂量可为 0%、2%、4%、6%、8%。如水泥剂量较高或较低，应保证工地实际所用水泥或石灰的剂量位于标准曲线所用剂量的中间。

（4）取一个盛有试样的盛样器，在盛样器内加入 2 倍试样质量（湿料质量）体积的 10% 氯化铵溶液（如湿料质量为 300 g，则氯化铵溶液为 600 mL；如湿料质量为 1 000 g，则氯化铵溶液为 2 000 mL）。料质量为 300 g，用不锈钢搅拌棒充分搅拌 3 min（每分钟搅 110 ~ 120 次）。料质量为 1 000 g，搅拌 5 min。如用 1 000 mL 具塞三角瓶，则手握三角瓶（瓶口向上）用力振荡 3 min［每分钟（120 ± 5）次］，以代替搅拌棒搅拌。放置沉淀 10 min[②]，然后将上部清液转移到 300 mL 烧杯内，搅匀，加盖表面皿待测。

注②：如 10 min 后得到的是混浊悬浮液，则应增加放置沉淀时间，直到出现无明显悬浮颗粒的悬浮液为止，并记录所需时间。然后所有该种水泥（或石灰）稳定材料的试验，均应以同一时间为准。

（5）用移液管吸取上层（液面上 1 ~ 2 cm）悬浮液 10.0 mL 放入 200 mL 的三角瓶内，用量筒量取 1.8% 氢氧化钠（内含三乙醇胺）50 mL 倒入三角瓶中，此时溶液 pH 值为 12.5 ~ 13.0（可用 pH12 ~ 14 精密试纸检验），然后加入钙红指示剂（质量约为 0.2 g），摇匀，溶剂呈玫瑰红色。记住滴定管中 EDTA 二钠溶液的体积 V_1，然后用 EDTA 二钠标准液滴定，边滴定边摇匀，并仔细观察溶液的颜色；在溶液颜色变为紫色时，放慢滴定速度，应摇匀；直到纯蓝色为终点，记录滴定管中 EDTA 二钠溶液的体积 V_2（以 mL 计，读至 0.1 mL）。计算 $V_1 - V_2$，即为 EDTA 二钠标准溶液的消耗量。

（6）对其他几个盛样器中的试样，用同样的方法进行试验，并记录各自 EDTA 二钠的消耗量。

（7）以同一水泥或石灰剂量稳定材料 EDTA 二钠标准溶液消耗量（mL）的平均值为纵坐标，以水泥或石灰剂量（%）为横坐标制图。两者的关系应是一根顺滑的曲线，如图 3.2.1。如素土、水泥或石灰改变，必须重做标准曲线。

EDTA 标准曲线准备及试验步骤

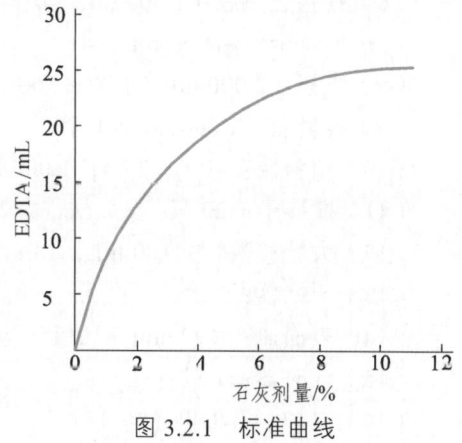

图 3.2.1　标准曲线

5. 试验步骤

（1）选取有代表性的无机结合料稳定材料，对稳定中、粗粒土取试样约 3 000 g，对稳定细粒土，取试样约 1 000 g。

（2）对水泥或石灰稳定细粒土，称 300 g 放在搪瓷杯中，用搅拌棒将结块搅散，加 10% 氯化铵溶液 600 mL，对稳定中、粗粒土取试样约 1 000 g，加 10% 氯化铵溶液 2 000 mL，然后如前述步骤那样进行试验。

（3）利用所绘制的标准曲线，根据 EDTA 二钠标准溶液消耗量，确定混合料中的水泥或石灰剂量。

6. 结果整理

本试验应进行两次平行测定，取算术平均值，精确至 0.1 mL。允许重复性误差不得大于平均值的 5%，否则，重新进行试验。

7. 注意事项

（1）每个样品搅拌的时间、速度和方式应力求相同，以增加试验的精度。

（2）做标准曲线时，如工地实际水泥剂量较大，素集料和低剂量水泥的试样可以不做，而直接用较高的剂量做试验，但应有两种剂量大于实用剂量，以及两种剂量小于实用剂量。

（3）配制的氯化铵溶液最好当天用完，不要放置过久，以免影响试验的精度。

二、直读式测钙仪测定石灰土中石灰剂量的方法

1. 目的和适用范围

本试验方法适用于测定新拌石灰土中石灰的剂量。

2. 仪器设备

（1）钙离子选择性电极（PVC 薄膜）：1 支。

（2）饱和甘汞电极：232（或 330）型，1 支。

（3）直读式测钙仪：1 台。

（4）电子天平：量程不小于 1 500 g、感量 0.01 g；分析天平：量程不小于 50 g、感量 0.000 1 g，各 1 台。

（5）量筒：1 000 mL、200 mL、50 mL，各 1 只。

（6）具塞三角瓶：1 000 mL，10 个（或搪瓷杯 10 个）；500 mL，4 个。

（7）大口聚乙烯桶：5 L，4 个。

（8）烧杯：2 000 mL，1 个；300 mL，10 个；50 mL，15 个。

（9）容量瓶：1 000 mL，1 个。

（10）塑料瓶：10 L，2 个；1 000 mL，3 个；250 mL，2 个。

（11）搅拌子：20 只。

（12）大肚移液管：100 mL，1 支。

（13）干燥器：1 个。

（14）表面皿：ϕ90 mm，10 个；ϕ50 mm，15 个。

（15）计时器：1 只。

（16）电炉、石棉网：各 1 个。

（17）洗瓶：500 mL，1 个。

（18）其他：吸水管，洗耳球，粗、细玻璃棒，试剂勺。

3. 制备溶液

（1）10% 氯化铵溶液：将 100 g 氯化铵放入大烧杯中，加蒸馏水 900 mL，搅拌均匀后，存放于塑料桶内保存。

（2）10^{-1} mol/m^3 氯化钙标准溶液：

将分析纯碳酸钙（$CaCO_3$）在 180 ℃ 烘箱中烘 2 h 后，取出放入干燥器内冷却 45 min。用分析天平准确称取已冷却的碳酸钙 10.009 g 放入 300 mL 烧杯中。用少许蒸馏水润湿后，从杯口用吸水管沿杯壁逐滴滴入 1∶5 稀盐酸（18 mL 盐酸加 90 mL 蒸馏水）并轻摇杯子，使碳酸钙全部溶解。然后用洗瓶吹洗杯壁，移至电炉上加热至微沸并保持微沸 5 min，以驱除二氧化碳。冷却后转移至 1 000 mL 容量瓶中，用蒸馏水多次沿杯壁冲洗烧杯，将冲洗的水一并倒入容量瓶中。当蒸馏水加到约 950 mL 左右时，再用 20% 氢氧化钠调至中性，使 pH 值为 7。最后用蒸馏水稀释至刻度，反复摇匀，静置后倒入 1 000 mL 塑料瓶中备用。

（3）10^{-2} mol/m³ 氯化钙标准溶液：用大肚移液管吸取 10^{-1} mol/m³ 氯化钙标准溶液 100 mL 放入 1 000 mL 容量瓶中，加蒸馏水稀释到刻度后，充分摇匀，转入 1 000 mL 塑料瓶中备用。

（4）10^{-3} mol/m³ 氯化钙标准溶液：用大肚移液管吸取 10^{-2} mol/m³ 氯化钙标准溶液 100 mL 放入 1 000 mL 容量瓶中，加蒸馏水稀释到刻度，充分摇匀，转入 1 000 mL 塑料瓶中备用。

（5）氯化钾饱和溶液：用感量为 0.01 g 的电子天平称分析纯氯化钾（KCl）70 g，放入 300 mL 烧杯中，用量筒取 200 mL 蒸馏水倒入烧杯内，用玻璃棒充分搅动，溶液中应留有结晶（溶液呈过饱和状态），移入塑料瓶中备用。

（6）20% 氢氧化钠溶液：用感量 0.01 g 的电子天平迅速称取 40 g 分析纯氢氧化钠（NaOH）放入 300 mL 烧杯中，加入 160 mL 新煮沸并已冷却的蒸馏水。用玻璃棒充分搅匀后，转入塑料瓶中备用（若用玻璃瓶装，瓶塞应改用橡皮塞，避免因久放瓶塞打不开）。

4. 准备仪器和电极

（1）钙电极：在测定的前一天，应将内参比电极从套管中取出，向管中滴入 10^{-1} mol/m³ 氯化钙标准溶液 15 滴左右。再将内参比电极装回管内。在每天进行测定之前，将钙电极有薄膜的一端放在 10^{-2} mol/m³ 氯化钙标准溶液中浸泡 2 h，使电极活化。使用前取出电极，用水冲洗并以软纸吸干电极上的水分。

（2）甘汞电极：检查内液面是否与上部加液口平齐，若内液面低时，拔去加液口橡皮帽并用滴管添加氯化钾饱和溶液。测定时拔去上端加液口橡皮帽和下端橡皮帽。用水冲洗并以软纸吸干水分。

（3）仪器：在测定前接通测钙仪电源，使仪器预热 20 min。

5. 准备石灰土标准剂量浸提液

（1）测定土和石灰的风干含水量。
（2）确定石灰土的最佳含水量。
（3）计算 6%、14% 石灰土中石灰、土和水的质量。
（4）石灰土标准剂量浸提液的制备：

用准备好的土和石灰配制 6%、14%[①] 的石灰土标准剂量浸提液供标定仪器用。用电子天平按本条（3）中计算得的量分别称取准备好的土样和石灰，制备以上两种剂量的石灰稳定材料，石灰稳定细粒土各制备 300 g 湿混合料，分别放入 1 000 mL 具塞三角瓶（或搪瓷杯）中，混匀。再用量筒加入 10% 氯化铵溶液 600 mL。盖紧塞子用手振荡（或用搅拌棒搅拌）3 min，保持每分钟（120±5）次，对石灰稳定中、粗粒土各制备 1 000 g 湿混合料，分别放入 5 L 聚乙烯桶中，混匀。再用量筒加入 10% 氯化铵溶液 2 000 mL，用搅拌棒搅拌 5 min。

以上溶液静置 10 min 后，将上部清液用移液管转移到干燥、洁净的 500 mL 具塞三角瓶中，摇匀，瓶外加贴标签，供以后标定仪器时用。

当石灰品种、土质和水质相同时，制备的 6%、14% 石灰土标准剂量浸提液可供连续标定 10 d 之用。

注①：可以根据设计剂量选择石灰土标准溶液量的上限，如果剂量高时，标定所用剂量的上限可以是 16% 或 18%。此时，标定仪器过程中调节旋钮Ⅱ应使其显示 16.0 或 18.0 等。

6. 标定仪器

（1）将上述制备好的标准液分别倒出 25~30 mL 于干燥、洁净的 50 mL 烧杯中，各加入一只搅拌子。先将 6% 标准液放在直读式测钙仪上，待仪器开始搅拌后放入钙电极和甘汞电极，停止搅拌后，调整校正Ⅰ旋钮，使之显示 6.0；采样读数结束。将电极提起，取下 6% 标准液，用水冲洗电极并用软纸吸干电极上的水。

（2）再将装有 14% 标准液的烧杯放在直读式测钙仪上，开始搅拌后，放入钙电极和甘汞电极。停止搅拌后，调整校正Ⅱ旋钮，使之显示 14.0。

（3）如此重复 2~3 次。每次用 6% 和 14% 标准液校正均能显示 6.0 和 14.0 时，仪器标定即完毕。

7. 试验步骤

（1）从施工现场同一位置取具有代表性的石灰稳定中、粗粒土约为 3 000 g，石灰稳定细粒土约为 1 000 g，经进一步拌匀之后备用。

（2）用感量 0.01 g 的电子天平称取两份石灰稳定细粒土试样各 300 g，并分别放入两个 1 000 mL 具塞三角瓶中，每个三角瓶中加 10% 氯化铵溶液 600 mL。盖紧塞子用手振荡（或用不锈钢棒搅拌）2 min，保持每分钟（120±5）次。用感量 0.01 g 的电子天平称取两份石灰稳定中、粗粒土试样各 1 000 g，并分别放入 5 L 聚乙烯桶中，加 10% 氯化铵溶液 2 000 mL，用搅拌棒搅拌 5 min。

（3）以上溶液静置静止 10 min 后，将 25~30 mL 待测液倒入干燥、洁净的 50 mL 烧杯中。加入一只搅拌子并放在直读式测钙仪上，仪器开始搅拌后，放入钙电极和甘汞电极，待停止搅拌后，仪器显示的数值即为该样品的石灰剂量。

8. 结果整理

（1）试验结果精确至 0.1%。

（2）本试验应进行两次平行测定，取两次测试结果的平均值。

9. 注意事项

（1）在计算 6% 和 14% 混合料的组成时，应使混合科的最佳含水量与施工碾压时的最佳含水量相近。

（2）若土、石灰或水质有变化时，必须重新配置 6% 和 14%（或 16%、18%）石灰土标准剂量浸提液，并用它标定仪器。

（3）制备每个样品的浸提液时，搅拌的时间、速度和方式应力求相同。配制的氯化铵溶液当天用完，不宜放置过久。

（4）所用器具必须用水冲洗干净。

（5）每测完一个样品应用蒸馏水或自来水冲洗电极，并用软纸吸干后再测下一个样品。

（6）若进行全天测试，午间休息时可将钙电极薄膜端浸泡在 10^{-3} mol/m³ 氯化钙标准溶液中，下午测定前不必进行活化。下午测定结束后应用水冲洗电极，并用软纸将水吸干，套上橡皮帽，然后挂起干放保存，次日用前再进行活化。

（7）在连续使用时，钙电极的内参比液应每周更换一次，以保证试验的稳定性。

任务三　无机结合料稳定类材料的含水量试验

【工作任务】含水量对无机结合料稳定材料的强度有很大影响，当含水量过小时，其发生化学与物理化学作用不充分，不能保证土团得到最大限度的粉碎和均匀拌和，也不能保证达到最大压实度要求，因此对于无机结合料稳定类结构层，均存在一个最佳含水量。因此，必须对含水量的试验方法有所了解。目前测定含水量的方法有：烘干法、砂浴法、酒精法等。请确定某路段基层（底基层）材料中的含水量。

无机结合料稳定类材料
含水率试验方法

【预备知识】

一、烘干法

（一）适用范围

适用于测定水泥、石灰、粉煤灰及无机结合料稳定材料的含水量。

无机结合料
含水率测定

（二）仪器设备

1. 对于水泥、粉煤灰、生石灰粉、消石灰和消石灰粉、稳定细粒土

（1）烘箱：量程不小于 110 ℃，控制温度为 ±2 ℃。

（2）电子天平：量程不小于 150 g，感量 0.01 g。

（3）铝盒：直径约 50 mm，高 25～30 mm。

（4）干燥器：直径 200～250 mm，并用硅胶做干燥剂。

2. 对于稳定中粒土

（1）烘箱：量程不小于 110 ℃，控制温度为 ±2 ℃。

（2）电子天平：量程不小于 1 000 g，感量 0.1 g。

（3）铝盒：能放样品 500 g 以上。

3. 对于稳定粗粒土

（1）烘箱：量程不小于 110 ℃，控制温度为 ±2 ℃。

（2）电子天平：量程不小于 3 000 g，感量 0.1 g。

（3）大铝盒：能放样品 2 000 g 以上。

（三）试验步骤

1. 对于水泥、粉煤灰、生石灰粉、消石灰和消石灰粉、稳定细粒土

（1）取清洁、干燥的铝盒，称取其质量并精确至 0.01 g（m_1），取 50 g 试样（对生石灰、消石灰和消石灰粉取 100 g），经手工木锤粉碎后松放在铝盒中，盖上盒盖，称取其质量并精确至 0.01 g（m_2）。

（2）对于水泥稳定材料，将烘箱温度调到 110 ℃；对于其他材料，将烘箱温度调到 105 ℃。待烘箱温度达到设定温度后，取下盒盖，并将盛有试样的铝盒放在盒盖上，然后一起放入烘箱中进行烘干，需要的烘干时间随试样种类和试样数量而变。当冷却试样连续两次称量的差值（每次间隔 4 h）不超过原试样质量的 0.1% 时，即认为样品已烘干。

（3）烘干后，从烘箱中取出盛有试样的铝盒，并将盒盖盖紧。

（4）将盛有烘干试样的铝盒放入干燥器内冷却。然后称取铝盒和烘干试样的质量，并精确至 0.01 g（m_3）。

2. 对于稳定中粒土

（1）取清洁、干燥的铝盒，称取其质量并精确至 0.1 g（m_1），取 500 g 试样（至少 300 g）经粉碎后松散地放在铝盒中，盖上盒盖，称取其质量并精确至 0.1 g（m_2）。

（2）对于水泥稳定材料，将烘箱温度调到 110 ℃；对于其他材料，将烘箱温度调到 105 ℃。待烘箱达到设定温度后，取下盒盖，并将盛有试样的铝盒放在盒盖上，然后一起放入烘箱中进行烘干，需要的烘干时间随试样种类和试样数量而变。当冷却试样连续两次称量的差值（每次间隔 4 h）不超过原试样质量的 0.1% 时，即认为样品已烘干。

（3）烘干后，从烘箱中取出盛有试样的铝盒，并将盒盖盖紧，放置冷却。

（4）称取铝盒和烘干试样的质量，并精确至 0.1 g（m_3）。

3. 对于稳定粗粒土

（1）取清洁、干燥的铝盒，称取其质量并精确至 0.1 g（m_1），取 2 000 g 试样经粉碎后松散地放在铝盒中，盖上盒盖，称取其质量并精确至 0.1 g（m_2）。

（2）对于水泥稳定材料，将烘箱温度调到 110 ℃；对于其他材料，将烘箱温度调到 105 ℃。待烘箱达到设定温度后，取下盒盖，并将盛有试样的铝盒放在盒盖上，然后一起放入烘箱中进行烘干，需要的烘干时间随试样种类和试样数量而变。当冷却试样连续两次称量的差值（每次间隔 4 h）不超过原试样质量的 0.1% 时，即认为样品已烘干。

（3）烘干后，从烘箱中取出盛有试样的铝盒，并将盒盖盖紧，放置冷却。

（4）称取铝盒和烘干试样的质量，并精确至 0.1 g（m_3）。

（四）计 算

用下式计算无机结合料稳定土的含水量 ω（%）：

$$\omega = \frac{m_2 - m_3}{m_3 - m_1} \times 100\% \qquad (3.3.1)$$

式中　m_1——铝盒的质量，g；
　　　m_2——铝盒和湿稳定材料的合计质量，g；
　　　m_3——铝盒和干稳定材料的合计质量，g。

（五）结果整理

本试验应进行两次平行试验，取算数平均值，保留至小数点后两位。允许重复性误差应符合表 3.3.1 的要求。

表 3.3.1　含水量测定的允许重复性误差值

含水量/%	允许误差/%	含水量/%	允许误差/%
≤7	≤0.5	>40	≤2
>7，≤40	≤1		

二、砂浴法

（一）适用范围

本方法适用于在工地快速测定无机结合料稳定材料的含水量。当土中含有大量石膏、碳酸钙或有机质时，不应使用本方法。

（二）仪器设备

1. 对于稳定细粒土

（1）铝盒：直径约 50 mm，高 25~30 mm。

（2）电子天平：量程不小于 150 g，感量 0.01 g。

（3）砂浴：直径约 200 mm、深至少 25 mm 的砂浴 1 个，其中放有清洁的砂。也可以使用更大的砂浴，一次烘干几个试样。

（4）加热砂浴的设备：1 套。

（5）调土刀：刀片长 100 mm、宽 20 mm。

2. 对于稳定中粒土

（1）天平：量程不小于 1 000 g，感量 0.1 g。

（2）方盘：边长约 200 mm、深约 50 mm 的白铁皮方盘。

（3）砂浴：能放入方盘的砂浴 1 个，砂深至少 25 mm。

（4）加热砂浴的设备：1 套。

（5）调土刀：刀片长 100 mm、宽 20 mm。

（6）长方盘：长 200 mm、宽 100 mm。

3. 对于稳定粗粒土

（1）天平：量程不小于 3 000 g，感量 0.1 g。

（2）方盘：边长约 250 mm、深 50～70 mm。

（3）砂浴：能放入方盘的砂浴 1 个，砂深至少 25 mm。

（4）加热砂浴的设备：1 套。

（5）调土刀：刀片长 100 mm、宽 20 mm。

（6）长方盘：长 200 mm、宽 100 mm。

（三）试验步骤

1. 对于稳定细粒土

（1）取清洁干燥的铝盒，称其质量 m_1，并精确至 0.01 g。至少取 30 g 试样，经粉碎后松放在铝盒中，盖上盒盖，称其质量 m_2，并精确到 0.01 g。

（2）取下盒盖，将盛有试样的铝盒放在正在加热的砂浴内，但需注意勿使砂浴温度太高。在加热过程中，应该经常用调土刀搅拌试样，以促使水份蒸发。

（3）当加热一段时间（通常 1 h 足够）使试样干燥后，从砂浴中取出铝盒，盖上盒盖，并放置冷却。

（4）将铝盒和烘干试样称其质量 m_3，并精确到 0.01 g。

2. 对于稳定中粒土和粗粒土

（1）取清洁干燥的方盘，称其质量 m_1，并精确到 0.1 g。稳定中粒土的试样至少要 300 g，稳定粗粒土的试样至少要 2 000 g。将试样弄碎并均匀地撒布在方盘内。称方盘和试样的合质量 m_2，精确至 0.1 g。

（2）将方盘放在正在加热的砂浴内，应注意砂浴温度不要过高。在加热过程中，应经常用调土刀搅拌试样，以促使水分蒸发。

（3）当加热一段时间（通常 1 h 足够）后，从砂浴中取出方盘，并让其冷却。

（4）当方盘冷却后，立即称方盘和烘干试样的合质量 m_3，精确到 0.1 g。

（四）计　算

按下式计算无机结合料稳定土的含水量 ω（%）：

$$\omega = \frac{m_2 - m}{m_3 - m_1} \times 100\% \qquad (3.3.2)$$

式中　m_1——铝盒或方盘的质量，g；

m_2——铝盒或方盘与湿稳定材料的合计质量，g；

m_3——铝盒或方盘与干稳定材料的合计质量，g。

（五）结果整理

本试验应进行两次平行试验，取算数平均值，保留至小数点后两位。允许重复性误差应符合表 3.3.1 的要求。

三、酒精法

（一）适用范围

本方法适用于在工地快速测定无机结合料稳定材料的含水量。当土中含有大量黏土、石膏、石灰质或有机质，不应使用本方法。

（二）仪器设备

（1）蒸发皿：硅石蒸发皿。对于细粒土，采用直径 100 mm，对于中粒土，采用直径 150 mm；对于粗粒土，可用方盘。

（2）刮土刀：长 100 mm、宽 20 mm。

（3）搅拌棒：长约 200~250 mm，直径约 3 mm；

（4）天平：量程不小于 150 g，感量 0.1 g；量程不小于 1 000 g，感量 0.1 g；量程不小于 3 000 g，感量 0.1 g。

（5）酒精：乙醇体积分数大于或等于 95%。

（三）试验步骤

（1）将蒸发皿洗净、烘干，称其质量 m_1，并精确到 0.01 g。

（2）对于细粒土，取试样 30 g 左右放在蒸发皿内；对于中粒土，取试样 300 g 左右放在蒸发皿内；对粗粒土，取 2 000 g 放在蒸发皿或放盘中。称试样和蒸发皿的合质量 m_2，对细粒土精确至 0.01 g，对于中粒土、粗粒土精确至 0.1 g。

（3）对于细粒土，取约 25 mL 酒精；对于中粒土，取约 200 mL 酒精；对于粗粒土，取约 1 500 mL 酒精，将酒精倒在试样上，使其浸没试样。用刮土刀拌和酒精和土样，并将大土块破碎。

（4）将蒸发皿放在不怕热的表面上，点火燃烧。

（5）在酒精燃烧过程中，用搅拌棒轻轻搅拌试样，但应注意勿使试样损失。对细粒土，至少燃烧 3 遍；对中、粗粒土，一般需烧 2~3 遍。

（6）酒精燃烧完后，使蒸发皿冷却。当蒸发皿冷却至室温时，称蒸发皿和试样的合质量 m_3，细粒土精确到 0.01 g，中、粗粒土精确至 0.1 g。

（四）计　算

用下式计算无机结合料稳定土的含水量 ω（%）：

$$\omega = \frac{m_2 - m_3}{m_3 - m_1} \times 100\% \tag{3.3.3}$$

式中　m_1——蒸发皿的质量，g；

m_2——蒸发皿和湿稳定材料的合计质量，g；

m_3——蒸发皿和干稳定材料的合计质量，g。

（五）结果整理

本试验应进行两次平行试验，取算数平均值，保留至小数点后两位。允许重复性误差应符合表 3.3.1 的要求。

任务四 无机结合料稳定材料击实试验

【工作任务】不同的无机结合料稳定材料，在不同的无机结合料剂量、不同的含水量、不同的击实功下可以达到不同的密实度，在道路工程的施工质量控制过程中，要求在一定压实功的作用下达到最大的密实度。请通过击实试验确定某路段基层（底基层）材料的最佳含水量和最大干密度。

【预备知识】

一、适用范围

（1）本试验方法适用于在规定的试筒内，对水泥稳定材料（在水泥水化前）、石灰稳定材料及石灰（或水泥）粉煤灰稳定材料进行击实试验，以绘制稳定材料的含水量-干密度关系曲线，从而确定其最佳含水量和最大干密度。

（2）试验集料的最大粒径宜控制在 37.5 mm 以内（方孔筛）。

（3）试验方法类别。

本试验方法分三类，各类击实方法的主要参数列于表 3.4.1。

表 3.4.1 试验方法类别

类别	锤的质量/kg	锤击面直径/cm	落高/cm	试筒尺寸			锤击层数	每层锤击次数	平均单位击实功/J	容许最大粒径/mm
				内径/cm	高/cm	容积/cm³				
甲	4.5	5.0	45	10.0	12.7	997	5	27	2.687	19.0
乙	4.5	5.0	45	15.2	12.0	2 177	5	59	2.687	19.0
丙	4.5	5.0	45	15.2	12.0	2 177	3	98	2.677	37.5

二、仪器设备

（1）击实筒：小型，内径 100 mm、高 127 mm 的金属圆筒，套环高 50 mm，底座；大型，内径 152 mm、高 170 mm 的金属圆筒，套环高 50 mm，直径 151 mm 和高 50 mm 的筒内垫块，底座。

无机结合料击实——仪器设备

（2）多功能自控电动击实仪：击锤的底面直径 50 mm，总质量 4.5 kg。击锤在导管内的总行程为 450 mm。可设置击实次数，并保证击锤自由垂直落下，落高应为 450 mm，锤击均匀分布于试样面。

（3）电子天平：量程 4 000 g，感量 0.01 g。

（4）电子天平：称量 15 kg，感量 0.1 g。

（5）方孔筛：孔径 53 mm、37.5 mm、26.5 mm、19 mm、4.75 mm、2.36 mm 的筛各 1 个。

（6）量筒：50 mL、100 mL 和 500 mL 的量筒各 1 个。

（7）直刮刀：长 200~250 mm、宽 30 mm 和厚 3 mm 且一侧开口的直刮刀，用以刮平和修饰粒料大试件的表面。

（8）刮土刀：长 150~200 mm、宽约 20 mm 的刮刀，用以刮平和修饰小试件的表面。

（9）工字型刮平尺：30 mm×50 mm×310 mm，上下两面和侧面均刨平。

（10）拌和工具：约 400 mm×600 mm×70 mm 的长方形金属盘，拌和用平头小铲等。

（11）脱模器。

（12）测定含水量用的铝盒、烘箱等其他用具。

（13）游标卡尺。

三、试料准备

无机结合料击实——
试验步骤（理论讲解）

（1）将具有代表性的风干试料（必要时，也可以在 50 ℃ 烘箱内烘干）用木锤捣碎或用木碾碾碎。土团均应捣碎到能通过 4.75 mm 的筛孔，但应注意不使粒料的单个颗粒破碎或不使其破碎程度超过施工中拌和机械的破碎率。

（2）如试料是细粒土，将已破碎的具有代表性的土过 4.75 mm 筛备用（用甲法或乙法做试验）。

（3）如试料中含有粒径大于 4.75 mm 的颗粒，则先将试料过 19 mm 的筛；如存留在筛孔 19 mm 筛的颗粒的含量不超过 10%，则过 26.5 mm 筛，留作备用（用甲法或乙法做试验）。

（4）如试料中粒径大于 19 mm 的颗粒超过 10%，则将试料过 37.5 mm 的筛；如果存留在 37.5 mm 筛上的颗粒含量不超过 10%，则过 53 mm 的筛备用（用丙法试验）。

（5）每次筛分后，均应记录超尺寸颗粒的百分率。

（6）在预定做击实试验的前一天，取有代表性的试料测定其风干含水量。对于细粒土，试样应不少于 100 g；对于中粒土，试样应不少于 1 000 g；对于粗粒土的各种集料，试样应不少于 2 000 g。

（7）在试验前用游标卡尺准确测量试模的内径、高和垫块的厚度，以计算试筒的容积。

四、试验步骤

无机结合料击实——
试验操作

1. 准备工作

在试验前应将实验所需要的各种仪器设备准备齐全，测量设备应满足精度要求；调试击实仪器，检查其运转是否正常。

2. 甲 法

（1）将已筛分的试样用四分法逐次分小，至最后取出约 10~15 kg 试料。再用四分法将已取出的试料分成 5~6 份，每份试料的干质量为 2.0 kg（对于细粒土）或 2.5 kg（对于各种中粒土）。

（2）预定 5~6 个不同含水量，依次相差 0.5%~1.5%①，且其中至少有两个大于和两个小于最佳含水量。

注①：对于中、粗粒土，在最佳含水量附近取 0.5%，其余取 1%。对于细粒土，取 1%，但对于黏土，特别是重黏土，可能需要取 2%。

（3）按预定含水量制备试样。将 1 份试料平铺于金属盘内，将事先计算得的该份试料中应加的水量均匀地喷洒在试料上，用小铲将试料充分拌和到均匀状态（如为石灰稳定材料、石灰粉煤灰综合稳定材料、水泥粉煤灰综合稳定材料和水泥、石灰综合稳定材料，可将石灰、粉煤灰和试料一起拌匀），然后装入密闭容器或塑料口袋内浸润备用。

浸润时间：黏质土 12~24 h，粉质土 6~8 h，砂类土、砂砾土、红土砂砾、级配砂砾等可以缩短到 4 h 左右，含土很少的未筛分碎石、砂砾和砂可缩短到 2 h。浸润时间一般不超过 24 h。

无机结合料击实——
试验配料计算

应加水量可按下式计算：

$$m_w = \left(\frac{m_n}{1+0.01\omega_n} + \frac{m_c}{1+0.01\omega_c}\right) \times 0.01\omega - \frac{m_n}{1+0.01\omega_n} \times 0.01\omega_n - \frac{m_c}{1+0.01\omega_c} \times 0.01\omega_c \quad (3.4.1)$$

式中 m_w——混合料中应加的水量，g；

m_n——混合料中素土（或集料）的质量，其原始含水量为 ω_n，即风干含水量（%），g；

m_c——混合料中水泥或石灰的质量，其原始含水量为 ω_c（%），g；

ω——要求达到的混合料的含水量，%。

（4）将所需要的稳定剂水泥加到浸润后的试样中，并用小铲、泥刀或其他工具充分拌和到均匀状态。水泥应在土样击实前逐个加入。加有水泥的试样拌和后，应在 1 h 内完成下述击实试验，拌和后超过 1 h 的试样，应予作废（石灰稳定材料和石灰粉煤灰材料除外）。

（5）试筒套环与击实底板应紧密联结。将击实筒放在坚实地面上，用四分法取制备好的试样 400~500 g（其量应使击实后的试样等于或略高于筒高的 1/5）倒入筒内，整平其表面并稍加压紧，然后将其安装到多功能电动击实仪上，设定所需锤击次数，进行第 1 层试样的击实。第一层击实完后，检查该层高度是否合适，以便调整以后几层的试样用量。用刮土刀或螺丝刀将已击实层的表面"拉毛"，然后重复上述做法，进行其余 4 层试样的击实。最后一层试样击实后，试样超出试筒顶的高度不得大于 6 mm，超出高度过大的试件应该作废。

（6）用刮土刀沿套环内壁削挖（使试样与套环脱离）后，扭动并取下套环。齐筒顶细心刮平试样，并拆除底板。如试样底面略突出筒外或有孔洞，则应细心刮平或修补。最后用工字型刮平尺齐筒顶和筒底将试样刮平。擦净试筒的外壁，称其质量 m_1。

（7）用脱模器推出筒内试样。在试样内部从上到下取两个有代表性的样品（可将脱出试件用锤打碎后，用四分法采取），测定其含水量，计算至 0.1%。两个试样的含水量的差值不得大于 1%。所取样品的数量见表 3.4.2（如只取一个样品测定含水量，则样品的质量应为表列数值的两倍）。擦净试筒，称其质量 m_2。

烘箱的温度应事先调整到 110 ℃ 左右，以使放入的试样能立即在 105～110 ℃ 的温度下烘干。

表 3.4.2　测稳定土含水量的样品数量

最大粒径/mm	样品质量/g
2.36	约 50
19	约 300
37.5	约 1 000

（8）进行其余含水量下稳定材料的击实和测定工作。凡已用过的试样，一律不再重复使用。

3. 乙　法

在缺乏内径 10 cm 的试筒时，以及在需要与承载比等试验结合起来进行时，采用乙法进行击实试验。本法更适宜于公称最大粒径达 19 mm 的集料。

（1）将已过筛的试料用四分法逐次分小，至最后取出约 30 kg 试料。再用四分法将取出的试料分成 5～6 份，每份试料的干质量约为 4.4 kg（细粒土）或 5.5 kg（中粒土）。

（2）其他试验步骤与甲法相同，但应该先将垫块放入筒内底板上，然后加料并击实。所不同的是，每层需取制备好的试样约 900 g（对于水泥或石灰稳定细粒土）或 1 100 g（对于稳定中粒土），每层的锤击次数为 59 次。

4. 丙　法

（1）将已过筛的试料用四分法逐次分小，至最后取出约 33 kg 试料。再用四分法将取出的试料分成 6 份（至少要 5 份），每份重约 5.5 kg（风干质量）。

无机结合料击实——试验注意事项

（2）预定 5～6 个不同含水量，依次相差 0.5%～1.5%。在估计的最佳含水量左右可只差 0.5%～1%。

（3）按预定含水量制备试件，与甲法相同。

（4）将混合料拌和均匀，与甲法相同。

（5）将试筒、套环与夯击底板紧密地联结在一起，并将垫块放在筒内底板上。击实筒应放在坚实地面上，取制备好的试样 1.8 kg 左右[其量应使击实后的试样略高于（高出 1～2 mm）筒高的 1/3]倒入筒内，整平其表面，并稍加压紧。然后将其安到多功能自控电动击实仪上，设定所需锤击次数，进行第 1 层试样的击实。第 1 层击实完后检查该层的高度是否合适，以便调整以后两层试样用量。用刮土刀或螺丝刀将已击实的表面"拉毛"，然后重复上述做法，进行其余两试样的击实。最后一层试样击实后，试样超出试筒顶的高度不得大于 6 mm。超出高度过大的试件应该作废。

（6）用刮土刀沿套环内壁削挖（使试样与套环脱离）后，扭动并取下套环。齐筒顶细心刮平试样，并拆除底板，取走垫块。擦净试筒的外壁，称其质量 m_1。

（7）用脱模器推出筒内试样。在试样内部从上到下取两个有代表性的样品（可将脱出试件用锤打碎后，用四分法采取），测定其含水量，计算至 0.1%。两个试样的含水量的差值不得大于 1%。所取样品的数量应不少于 700 g，如只取一个样品测定含水量，则样品的数量应不少于 1 400 g。烘箱的温度应事先调整到 110 ℃ 左右，以使放入的试样能立即在 105～110 ℃ 的温度下烘干。擦净试筒，称其质量 m_2。

（8）按上述第 3～7 项进行其余含水量下稳定土的击实和测定。凡已用过的试料，一律不再重复使用。

无机结合料击实——
试验数据处理

五、计算及制图

（1）按下式计算每次击实后稳定材料的湿密度：

$$\rho_w = \frac{m_1 - m}{V} \tag{3.4.2}$$

式中　　ρ_w——稳定土的湿密度，g/cm³；
　　　　m_1——试筒与湿试样的合质量，g；
　　　　m_2——试筒的质量，g；
　　　　V——试筒的容积，cm³。

（2）按式（3.4.3）计算每次击实后稳定材料的干密度：

$$\rho_d = \frac{\rho_w}{1 + 0.01\omega} \tag{3.4.3}$$

式中　　ρ_d——试样的干密度，g/cm³；
　　　　ω——试样的含水量，%。

（3）制图。

① 以干密度为纵坐标，以含水量为横坐标，绘制干含水量-干密度的关系曲线。曲线必须为凸形的，如试验点不足以连成完整的凸形曲线，则应该进行补充试验。

② 将试验各点采用二次曲线方法拟合曲线，曲线的峰值点对应的含水量及干密度即为稳定土的最大干密度和最佳含水量。

（4）超尺寸颗粒的校正。

当试详中大于规定最大粒径的超尺寸颗粒的含量为 5%～30% 时，按式（3.4.4）和式（3.4.5）对试验所得最大干密度和最佳含水量进行校正（超尺寸颗粒的含量小于 5% 时，可以不进行校正）。

最大干密度按下式校正：

$$\rho'_{d\max} = \rho_{d\max}(1 - 0.01P) + 0.9 \times 0.01PG'_a \tag{3.4.4}$$

式中　　$\rho'_{d\max}$——校正后的最大干密度，g/cm³；
　　　　$\rho_{d\max}$——试验所得的最大干密度，g/cm³；
　　　　P——试样中超尺寸颗粒的百分率，%；
　　　　G'_a——超尺寸颗粒的毛体积密度，计算精确至 0.01 g/cm³。

最佳含水量按下式校正：

$$\omega_0' = \omega_0(1-0.01P) + 0.01P\omega_a \quad (3.4.5)$$

式中　ω_0'——校正后的最佳含水量，%；

　　　ω_0——试验所得的最佳含水量，%；

　　　P——试样中超尺寸颗粒的百分率，%；

　　　ω_a——超尺寸颗粒的吸水量，%。

六、结果整理

（1）应做两次平行试验，取两次试验的平均值组作为最大干密度和最佳含水量。两次重复性试验最大干密度的差不应超过 0.05 g/cm³（稳定细粒土）和 0.08 g/cm³（稳定中粒土和粗粒土），最佳含水量的差不应超过 0.5%（最佳含水量小于 10%）和 1.0%（最佳含水量大于 10%）。超过上述规定值，应重做试验，直到满足精度要求。

（2）混合料密度计算应保留至小数点后 3 位有效数字，含水率应保留至小数点后 1 位有效数字。

任务五　无机结合料稳定材料试件制作方法（圆柱形）

【工作任务】无机结合料稳定材料的无侧限抗压强度、间接抗拉强度、室内抗压回弹模量、动态模量、劈裂模量等试验都需要圆柱形试件。请采用静力压实法在规定的试模内制作径高比为 1∶1 的试件备用。

无机结合料稳定材料试件制作方法（圆柱形）

【预备知识】

一、适用范围

本方法适用于无机结合料稳定材料的无侧限抗压强度、间接抗拉强度、室内抗压回弹模量、动态模量、劈裂模量等试验的圆柱形试件。

二、仪器设备

（1）方孔筛：孔径 53 mm、37.5 mm、31.5 mm、26.5 mm、4.75 mm 和 2.36 mm 的筛各 1 个。

（2）试模：适用于下列不同土的试模尺寸如图 3.5.1 所示。

① 细粒土：试模的直径×高 = 50 mm × 50 mm。

② 中粒土：试模的直径×高 = 100 mm × 100 mm。

③ 粗粒土：试模的直径×高 = 150 mm × 150 mm。

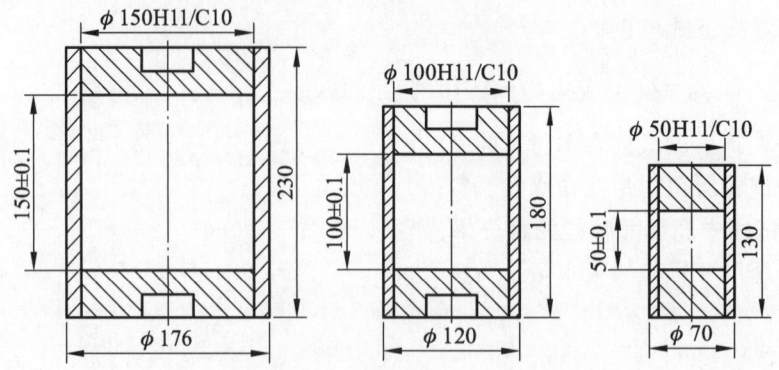

图 3.5.1　圆柱形试件和垫块设计尺寸（单位：mm）

注：H11/C10 表示垫块与试模的配合精度

（3）电动脱模器。

（4）反力框架：规格为 400 kN 以上。

（5）液压千斤顶：200 ~ 1 000 kN。

（6）钢板尺：量程 200 mm 或 300 mm，最小刻度 1 mm。

（7）游标卡尺：量程 200 mm 或 300 mm。

（8）电子天平：量程 15 kg，感量 0.1 g；量程 4 000 g，感量 0.01 g。

（9）压力试验机：可替代千斤顶和反力架，量程不小于 2 000 kN，行程、速度可调。

三、试验准备

（1）试件的径高比一般为 1∶1，根据需要也可成型 1∶1.5 或 1∶2 的试件。试件的成型根据需要的压实度水平，按照体积标准，采用静力压实法制备。

（2）将具有代表性的风干试料（必要时，可以在 50 ℃ 烘箱内烘干），用木锤捣碎或用木碾碾碎，但应避免破坏粒料的原粒径。按照公称最大粒径的大一级筛，将土过筛并进行分类。

（3）在预定做试验的前一天，取有代表性的试料测定其风干含水量。对于细粒土，试样应不少于 100 g；对于中粒土，试样应不少于 1 000 g；对于粗粒土，试样应不少于 2 000 g。

（4）根据击实试验方法确定无机结合料稳定材料的最佳含水量和最大干密度。

（5）根据击实结果，称取一定质量的风干土，其质量随试件大小而变。对 ϕ50 mm × 50 mm 的试件，1 个试件约需干土 180 ~ 210 g；对于 ϕ100 mm × 100 mm 的试件，1 个试件约需干土 1 700 ~ 1 900 g；对于 ϕ150 mm × 150 mm 的试件，1 个试件约需干土 5 700 ~ 6 000 g。

对于细粒土，一次可称取 6 个试件的土；对于中粒土，一次宜称取一个试件的土；对于粗粒土，一次只称取一个试件的土。

（6）将准备好的试料分别装入塑料袋中备用。

四、试验步骤

（1）调试成型所需要的各种设备，检查是否运行正常；将成型用的模具擦拭干净，并涂抹机油。成型中、粗粒土时，试模筒的数量应与每组试件的个数相配套。上下垫块应与试模筒相配套，上下垫块能够刚好放入试筒内上下自由移动（一般来说，上下垫块直径比试筒内径小约 0.2 mm）且上下垫块完全放入试筒后，试筒内未被上下垫块占用的空间体积能满足径高比为 1∶1 的设计要求。

（2）对于无机结合料稳定细粒土，至少应该制备 6 个试件；对于无机结合料稳定中粒土和粗粒土，至少应该分别制备 9 个和 13 个试件。

（3）根据击实结果和无机结合料的配合比计算每份料的加水量、无机结合料的质量。

（4）将称好的土放在长方盘（约 400 mm×600 mm×70 mm）内。向土中加水拌料、闷料。石灰稳定材料、水泥和石灰综合稳定材料、石灰粉煤灰综合稳定材料、水泥粉煤灰综合稳定材料，可将石灰或粉煤灰和土一起拌和，将拌和均匀后的试料放在密闭容器或塑料袋（封口）内浸润备用。

对于细粒土（特别是黏性土），浸润时的含水量应比最佳含水量小 3%；对于中粒土和粗粒土，可按最佳含水量加水；对于水泥稳定类材料，加水量应比最佳含水量小 1%~2%。

浸润时间要求为：黏质土 12~24 h，粉质土 6~8 h，砂类土、砂砾土、红土砂砾、级配砂砾等可以缩短到 4 h 左右，含土很少的未筛分碎石、砂砾及砂可以缩短到 2 h。浸润时间一般不超过 24 h。

（5）在试件成型前 1 h 内，加入预定数量的水泥并拌和均匀。在拌和过程中，应将预留的水（对于细粒土为 3%，对于水泥稳定类为 1%~2%）加入土中，使混合料达到最佳含水量。拌和均匀的加有水泥的混合料应在 1 h 内按下述方法制成试件，超过 1 h 的混合料应该作废。其他结合料稳定材料，混合料虽不受此限，但也应尽快制成试件。

（6）用反力架和液压千斤顶，或采用压力试验机制件。

将试模配套的下垫块放入试模的下部，但外露 2 cm 左右。将称量的规定数量 m_2 的稳定材料混合料分 2~3 次灌入试模中，每次灌入后用夯棒轻轻均匀插实。如制取 ϕ50 mm×50 mm 的小试件，则可以将混合料一次倒入试模中，然后将与试模配套的上垫块放入试模内，也应使其外露 2 cm 左右（即上、下垫块露出试模外的部分应该相等）。

（7）将整个试模（连同上、下垫块）放到反力架内的千斤顶上（千斤顶下应放 扁球座）或压力机上，以 1 mm/min 的加载速率加压，直到上下压柱都压入试模为止。维持压力 2 min。

（8）解除压力后，取下试模，并放到脱模器上将试件顶出。用水泥稳定有黏结性的材料（如黏质土）时，制件后可以立即脱模；用水泥稳定无黏结性细粒土时，最好过 2~4 h 再脱模；对于中、粗粒土的无机结合料稳定材料，也最好过 2~6 h 脱模。

（9）在脱模器上取试件时，应用双手抱住试件侧面的中下部，然后沿水平方向轻轻旋转，待感觉到试件移动后，再将试件轻轻抱起，放置到试验台上。切勿直接将试件向上拔起。

（10）称试件的质量 m_2，小试件精确至 0.01 g，中试件精确至 0.01 g，大试件精确至 0.1 g。然后用游标卡尺测量试件高度 h，精确至 0.1 mm。检查试件的高度和质量，不满足成型标准的试件作为废件。

（11）试件称量后应立即放在塑料袋中封闭，并用潮湿的毛巾覆盖，移放至养生室。

五、计 算

单个试件的标准质量：

$$m_0 = V \times \rho_{dmax} \times (1 + \omega_{opt} \times \gamma) \tag{3.5.1}$$

考虑到试件成型过程中的质量损耗，实际操作过程中每个试件的质量可增加 0~2%，即

$$m_0' = m_0 \times (1 + \delta) \tag{3.5.2}$$

每个试件的干料（包括干土和无机结合料）总质量

$$m_1 = \frac{m_0'}{1 + \omega_{opt}} \tag{3.5.3}$$

每个试件中的无机结合料质量：

外掺法　　$m_2 = m_1 \times \dfrac{\alpha}{1 + \alpha}$ （3.5.4）

内掺法　　$m_2 = m_1 \times \alpha$ （3.5.5）

每个试件中的干土质量：

$$m_3 = m_1 - m_2 \tag{3.5.6}$$

每个试件中的加水量：

$$m_w = (m_2 + m_3) \times \omega_{opt} \tag{3.5.7}$$

验算：　　$m_0' = m_2 + m_3 + m_w$ （3.5.8）

式中　V——试件体积，cm^3；

　　　ω_{opt}——混合料最佳含水量，%；

　　　ρ_{dmax}——混合料最大干密度，g/cm^3；

　　　γ——混合料压实度标准，%；

　　　m_0、m_0'——混合料质量，g；

　　　m_1——干混合料质量，g；

　　　m_2——无机结合料质量，g；

　　　m_3——干土质量，g；

　　　δ——计算混合料质量冗余量，%；

　　　α——无机结合料的掺量，%；

　　　m_w——加水质量，g。

六、结果整理

（1）小试件的高度误差范围应为 -0.1~0.1 cm，中试件的高度误差范围应为 -0.1~0.15 cm，大试件的高度误差范围应为 -0.1~0.2 cm。

（2）质量损失：小试件应不超过标准质量 5 g，中试件应不超过 25 g，大试件应不超过 50 g。

任务六 无机结合料稳定材料养生试验方法

无机结合料稳定材料养生试验方法

【工作任务】无机结合料稳定材料需有足够的养生时间才能达到预定的强度。请找出标准养生和高温养生条件的区别以及在养生期间合格试件的判定。

【预备知识】

一、适用范围

（1）本方法适用水泥稳定材料类和石灰、二灰稳定材料类的养生。

（2）标准养生方法是指无机结合料稳定类材料在规定的标准温度和湿度环境下强度增长的过程。快速养生是为了提高试验效率，采用提高养生温度缩短养生时间的养生方法。

（3）本方法规定了无机结合料稳定材料的标准养生和快速养生的试验方法和步骤。在采用快速养生时，应建立快速养生条件下与标准养生条件下，混合料的强度发展的关系曲线，并确定标准养生的长龄期强度对应的快速养生短龄期。

二、仪器设备

（1）标准养护室：标准养护室温度（20±2）℃，相对湿度在95%以上。

（2）高温养护室：能保持试件养生温度（60±1）℃，相对湿度95%以上，容积能满足试验要求。

三、试验步骤

（一）标准养生方法

（1）试件从试模内脱出并量高称质量后，中试件和大试件应装入塑料袋内。试件装入塑料袋后，将袋内的空气排除干净，扎紧袋口，将包好的试件放入养护室。

（2）标准养生的温度为（20±2）℃，标准养生的湿度不小于95%。试件宜放在铁架或木架上，间距至少10~20 mm。试件表面应保持一层水膜，并避免用水直接冲淋。

（3）对无侧限抗压强度试验，标准养生龄期是7 d，最后一天浸水。对弯拉强度、间接抗拉强度，水泥稳定材料类的标准养生龄期是90 d，石灰稳定材料类的标准养生龄期是180 d。

（4）在养生期的最后一天，将试件取出，观察试件的边角有无磨损和缺块，并量高称质量，然后将试件浸泡于（20±2）℃水中，应使水面在试件顶上约2.5 cm。

（二）快速养生方法

1. 快速养生龄期的确定

（1）将一组无机结合料稳定材料，在标准养生条件下[（20±2）℃，湿度≥95%]养生

180 d（石灰稳定类材料养生 180 d，水泥稳定类材料养生 90 d）测试抗压强度值。

（2）将同样的一组无机结合料稳定材料，在高温养生条件下（60±1）℃，湿度≥95%）下养生 7 d、14 d、21 d、28 d 等，进行不同龄期的抗压强度试验，建立高温养生条件下强度—龄期的相关关系。

（3）在强度—龄期关系曲线上，找出标准养生长龄期强度对应的高温养生的短龄期。并以此作为快速养生的龄期。

2. 快速养生试验步骤

（1）将高温养护室的温度调至规定的温度（60±1）℃，湿度也保持在 95% 以上，并能自动控温控湿。

（2）将制备的试件量高称质量后，小心装入塑料袋内。试件装入塑料袋后，将袋内的空气排除干净，并将袋口扎紧，将包好的试件放入养护箱中。

（3）养生期的最后一天，将试件从高温养护室内取出，晾至室温（约 2 h），再打开塑料袋取出试件，观察试件有无缺损，待量高称质量后，浸入（20±2）℃恒温水槽中，水面高出试件顶 2.5 cm。浸水 24 h 后，取出试件，用软布擦去可见自由水，量高称质量后，立即进行相关的试验。

四、结果整理

（1）如养生期间有明显的边角缺损，试件应该作废。

（2）对养生 7 d 的试件，在养生期间，试件质量损失应符合下列规定：小试件不超过 1 g；中试件不超过 4 g；大试件不超过 10 g。质量损失超过此规定的试件，应予作废。

（3）对养生 90 d 和 180 d 的试件，在养生期间，试件质量的损失应符合下列规定：小试件不超过 1 g；中试件不超过 10 g；大试件不超过 20 g。质量损失超过此规定的试件，应予作废。

任务七 无机结合料稳定材料无侧限抗压强度试验

【工作任务】半刚性基层的力学性能主要用无侧限抗压强度和劈裂强度（抗弯拉强度）来表征，用 7 d 龄期的无侧限抗压强度来进行配合比设计与施工质量的控制。请将已成型的试件做强度测定并判断是否符合公路等级标准。

无机结合料稳定材料无侧限抗压强度试验方法

【预备知识】

一、适用范围

本方法适用于测定无机结合料稳定材料（包括稳定细粒土、中粒土和粗粒土）试件的无侧限抗压强度。

无侧限试验原理

二、仪器设备

（1）标准养护室。

（2）水槽：深度应大于试件高度50 mm。

（3）压力机或万能试验机（也可用路面强度试验仪和测力计）：压力机应符合现行《液压式压力试验机》（GB/T 3722）及《试验机通用技术要求》（GB/T 2611）中的要求，其测量精度为±1%，同时应具有加载速率指示装置或加载速率控制装置。上下压板平整并有足够刚度，可以均匀地连续加载卸载，可以保持固定荷载。开机停机均灵活自如，能够满足试件吨位要求，且压力机加载速率可以有效控制在1 mm/min。

（4）电子天平：量程15 kg，感量0.1 g；量程4 000 g，感量0.01 g。

（5）量筒、拌和工具、大小铝盒、烘箱等。

（6）球形支座。

（7）机油：若干。

三、试件制备和养护

（1）细粒土，试模的直径×高 = ϕ50 mm×50 mm；中粒土，试模的直径×高 = ϕ100 mm×100 mm；粗粒土，试模的直径×高 = ϕ150 mm×150 mm。

（2）按照无机结合料稳定材料试件制作方法（圆柱形）成型径高比为1∶1的圆柱形试件。

（3）按照无机结合料稳定材料养生试验方法的标准养生方法进行7 d的标准养生。

（4）将试件两顶面用刮刀刮平，必要时可用快凝水泥砂浆抹平试件顶面。

（5）为保证试验结果的可靠性和准确性，每组试件的数目要求为：小试件不少于6个、中试件不少于9个、大试件不少于13个。

四、试验步骤

（1）根据试验材料的类型和一般的工程经验，选择合适量程的测力计和压力机，试件破坏荷载应大于测力量程的20%且小于测力量程的80%。球形支座和上下顶板涂上机油，使球形支座能够灵活转动。

（2）将已浸水一昼夜的试件从水中取出，用软布吸去试件表面的水分，并称试件的质量 m_4。

（3）用游标卡尺测量试件的高度 h，精确至0.1 mm。

（4）将试件放在路面材料强度试验仪或压力机上，并在升降台上先放一扁球座，进行抗压试验。试验过程中，应保持加载速率为1 mm/min。记录试件破坏时的最大压力 P（N）。

（5）从试件内部取有代表性的样品（经过打破），按照含水率烘干试验方法，测定其含水量 ω。

五、计 算

试件的无侧限抗压强度按式（3.7.1）计算

$$R_c = \frac{P}{A} \tag{3.7.1}$$

式中　R_c——试件的无侧限抗压强度，MPa；
　　　P——试件破坏时的最大压力，N；
　　　A——试件的截面面积，mm²；

$$A = \frac{\pi}{4}D^2$$

其中　D——试件的直径，mm。

六、结果整理

无侧限结果整理

（1）抗压强度保留1位小数。

（2）同一组试件试验中，采用3倍均方差方法剔除异常值，小试件可以允许有1个异常值，中试件1~2个异常值，大试件2~3个异常值。异常值数量超过上述规定的试验重做。

（3）同一组试验的变异系数 C_v（%）符合下列规定，方为有效试验：小试件 $C_v \leqslant 6\%$；中试件 $C_v \leqslant 10\%$；大试件 $C_v \leqslant 15\%$。如不能保证试验结果的变异系数小于规定的值，则应按允许误差10%和90%概率重新计算所需的试件数量，增加试件数量并另做新试验。新试验结果与老试验结果一并重新进行统计评定，直到变异系数满足上述规定。

七、注意事项

无侧限注意事项

（1）在进行强度试验时，试件需放置在竖向荷载的中心位置，如采用测力计，测力计中心、球形支座、上压板、试件及下压板（或半球形支座）应处在同一条直线上，避免偏载对试验结果的影响。

（2）试验前，试件表面应用刮刀刮平，避免试件表面不均匀的突起物在试验过程中造成应力集中，导致试验数据失真。必要时，可用快凝的水泥砂浆抹面处理。如需要抹面，应在试件饱水前完成，然后进行饱水。

（3）进行强度试验时，尽管试件表面进行了处理等，但由于试件与上、下压块之间，在荷载施加过程中会产生较大的摩擦力，对试验结果仍会产生比较显著的影响。为此，应采用必要措施消除这种影响，即首先将甘油与滑石粉的混合料（质量比2∶1）涂在试件的上、下顶面上，再用60 ℃左右的熔蜡将两端封闭，可封闭两次，蜡膜厚度1~2 mm，然后进行强度测试。

任务八　水泥混凝土强度检测

【工作任务】请用回弹仪测试水泥混凝土抗压强度、超声回弹法测试路面水泥混凝土抗压强度和取芯法测试水泥混凝土路面强度。

【预备知识】

一、回弹仪测试水泥混凝土抗压强度试验方法

回弹仪测试水泥混凝土强度方法

1. 适用范围

（1）本方法适用于快速测试水泥混凝土路面的抗压强度，不作为混凝土路面的强度评定、仲裁试验或工程验收使用。

（2）不适用于表面与内部质量有明显差异或内部存在缺陷的水泥混凝土强度测试。

（3）不适用于厚度小于 100 mm 水泥混凝土强度测试。

2. 仪具与材料技术要求

（1）混凝土回弹仪：指针直读式的混凝土回弹仪，也可采用数字显示式或自记录式的回弹仪。回弹仪应符合下列标准：

① 水平弹击时，在弹击锤脱钩的瞬间，回弹仪的标称动能应为 2.207 J。

② 弹击锤与弹击杆碰撞的瞬间，弹击弹簧处于自由状态，此时弹击锤起点应位于刻度尺的零点处。

③ 在洛氏硬度为 HRC（60±2）的钢砧上，回弹仪的率定值应为 80±2。

④ 数字显示式回弹仪应带有指针直读示值系统，数字显示的回弹值与指针直读示值相差不应超过 1。

（2）酚酞酒精溶液：浓度 1%～2%。

（3）游标卡尺：分度值 0.02 mm。

（4）碳化深度测定仪：分度值 0.25 mm。

（5）钢砧：洛氏硬度（60±2）HRC。

（6）其他：手提式砂轮、凿子、锤、吸耳球等。

3. 回弹仪检定与保养

回弹法在使用过程中需加强回弹仪和率定钢砧检定和保养工作。

（1）通常有下列情况之一时，由法定计量检定机构进行检定，检定周期为半年。

① 新回弹仪启用前。

② 弹击拉簧座、弹击杆、缓冲压簧、中心导杆、导向法兰、弹击锤、指针轴、指针片、指针块、挂钩及调零螺丝等主要零件之一经更换后。

③ 弹击拉簧前端不在拉簧座原孔位或调零螺丝松动。

④ 数字式回弹仪数字显示的回弹值与指针直读示值相差大于 1。

⑤ 经保养后，在钢砧上率定值不合格。

⑥ 受严重撞击或其他损害。

（2）回弹仪有下列情况之一时，需进行保养：

① 回弹仪弹击超过 2 000 次。

② 在钢砧上的率定值不合格。

③ 对测试值有怀疑。

（3）回弹仪的保养可按下列步骤进行：

① 先将弹击锤脱钩，取出机芯，然后卸下弹击杆，取出里边的缓冲弹簧，并取出弹击锤、弹击拉簧和拉簧座。

② 清洁机芯各零部件，并应重点清理中心导杆、弹击锤和弹击杆的内孔和冲击面。清理后，应在中心导杆上薄薄涂抹钟表油，其他零部件不得抹油。

③ 清理机壳内壁，卸下刻度尺，检查指针，其摩擦力应为（0.5~0.8）N。

④ 对于数字式回弹仪，还应按产品要求的维护程序进行维护。

⑤ 保养时，不得旋转尾盖上已定为紧固的调零螺丝，不得自制或更换零部件。

⑥ 保养后的回弹仪应进行率定。

回弹仪使用完毕，需使弹击杆伸出机壳，并清除弹击杆、杆前端球面以及刻度尺表面和外壳上的污垢、尘土。回弹仪不用时，需将弹击杆压入机壳内，经弹击后按下按钮，锁住机芯，然后装入仪器箱。仪器箱需平放在干燥阴凉处。当数字式回弹仪长期不用时，需取出电池。

4. 准备工作

（1）确保测试时环境温度为（-4~40）℃。

（2）回弹仪率定。

① 回弹仪使用前，应在钢砧上进行率定，在每天测试完毕后率定一次，测试过程中对回弹值有怀疑时也应进行率定。

② 回弹仪率定试验，宜在温度为 5~35 ℃ 的条件下进行。率定时钢砧表面应干燥、清洁，钢砧应稳固地平放在刚度大的地面上，回弹仪向下弹击时，弹击杆应分 4 次旋转，每次旋转约 90°，弹击 3~5 次，取其中最后连续 3 次且读数稳定的回弹值进行平均作为率定值。

（3）布置测区和测点。

（1）按照《公路路基路面现场测试规程》（JTG 3450—2019）T 0902 规定的方法确定测试的混凝土板。每个混凝土板的测区数不宜少于 10 个，相邻两测区的间距不宜大于 2 m；测区宜在混凝土板表面上均匀分布，并避开板边板角。

（2）测区表面应清洁、干燥、平整，不应有疏松层、饰面层、粉刷层、浮浆、油垢以及蜂窝、麻面等，必要时可用砂轮清除表面的杂物和不平整处，磨光的表面不应有残留粉尘或碎屑。

（3）一个测区的面积不宜大于 200 mm × 200 mm，每一测区测试 16 个测点，相邻两测点的间距不宜小于 30 mm，测点距路面边缘或接缝的距离不应小于 200 mm。

5. 测试步骤

（1）回弹值测试。在测试过程中，回弹仪的轴线应始终垂直于混凝土表面，具体操作应符合下列规定：

① 将回弹仪的弹击杆顶住混凝土表面，轻压仪器，使按钮松开，弹击杆徐徐伸出，并使挂钩挂上弹击锤。

② 手持回弹仪对混凝土表面缓慢均匀施压,待弹击锤脱钩,冲击弹击杆后,弹击锤即带动指针向后移动到达一定位置,指针刻度线在刻度尺上的示值即为该点的回弹值,测点不应在气孔或外露石子上,同一测点只弹击一次。

③ 使用上述方法在混凝土表面依次读数并记录回弹值,如条件不利于读数,可按下按钮,锁住机芯,将回弹仪移至他处读数,准确至 1 个单位。

④ 使用完毕后应将弹击杆压入仪器内,经弹击后按下按钮,锁住机芯,待下一次使用。

(2)碳化深度测试:

① 回弹值测量完毕后,应在有代表性的测区上测量碳化深度值,测点数不应少于构件测区数的 30%,应取其平均值作为该构件每个测区的碳化深度值。当碳化深度值极差大于 2.0 mm 时,在每一测区分别测量碳化深度值。

② 测量碳化深度值时,可用合适的工具在测区表面形成直径约为 15 mm 的孔洞(其深度略大于混凝土的碳化深度),然后用吸耳球吹去孔洞中的粉末和碎屑(不得用液体冲洗),并立即用浓度为 1%~2% 酚酞酒精溶液洒在孔洞内壁的边缘处,当已碳化与未碳化界限清楚时(未碳化部分变成紫红色),用碳化深度测定仪或深度游标卡尺测试已碳化与未碳化交界面至混凝土表面的垂直距离三次,取三次测试的平均值作为碳化深度测试结果,准确至 0.5 mm。

5. 计　算

(1)对一个测区的 16 个测点的回弹值,去掉 3 个最大值及 3 个最小值,将其余 10 个回弹值按下式计算测区平均回弹值。

$$\bar{N}_s = \frac{\sum N_i}{10} \tag{3.8.1}$$

式中　$\bar{N}_s$——测区平均回弹值,准确至 0.1;

　　　N_i——第 i 个测点的回弹值。

(2)根据回弹仪轴线与水平方向的角度将测得的数据按式(3.8.2)进行修正,计算非水平方向测定的回弹值修正值。当测定水泥混凝土路面为向下垂直方向时,测试角度为 -90°。回弹值修正值 ΔN 如表 3.8.3 所示。

$$\bar{N} = \bar{N}_s + \Delta N \tag{3.8.2}$$

式中　$\bar{N}$——经非水平方向测定修正的测区平均回弹值;

　　　ΔN——非水平方向测量的回弹值修正值,由表 3.8.1 或内插法求得,准确至 0.1。

表 3.8.1　非水平方向测定的回弹值修正值

测区平均回弹值 $\bar{N}_s$	与水平方向所成角度							
	+90°	+60°	+45°	+30°	-30°	-45°	-60°	-90°
	ΔN							
20	-6.0	-5.0	-4.0	-3.0	+2.5	+3.0	+3.5	+4.0
30	-5.0	-4.0	-3.5	-2.5	+2.0	+2.5	+3.0	+3.5
40	-4.0	-3.5	-3.0	-2.0	+1.5	+2.0	+2.5	+3.0
50	-3.5	-3.0	-2.5	-1.5	+1.0	+1.5	+2.0	+2.5

注:表中未列入的 $\bar{N}_s$,可用内插法求得。

（3）平均碳化深度按下式计算：

$$\bar{L} = \frac{1}{n}\sum_{i=1}^{n} L_i \qquad (3.8.3)$$

式中 $\bar{L}$——平均碳化深度，mm；

L_i——第 i 测点碳化深度，mm；

n——测点数。

如平均碳化深度值等于或大于 6.0mm 时，取 6.0mm。

（4）混凝土强度推算。

将回弹值换算为混凝土强度时，宜采用下列方法：

① 有试验条件时，宜通过试验建立专用测强曲线，但测强曲线仅适用于材料质量、成型、养护和龄期等条件基本相同的混凝土。混凝土标准试块为 150 mm × 150 mm × 150 mm，采用 1.5、1.75、2.0、2.25、2.50 与五个灰水比，以便得到不少于 30 对数据，试件与被测对象有相同的养护条件，到达龄期后，将试块用压力机加压至 30～50 kN 稳住，用回弹仪在两侧面分别测试 8 个测点，按式（3.8.3）计算平均回弹值，然后进行抗压强度试验，用最小二乘法建立二者相关性关系的推定式，推定式可为直线式或其他适当的形式，但相关系数 R 不得小于 0.95。然后根据测区平均回弹值利用测强曲线推定混凝土抗压强度。

② 没有条件通过试验建立专用测强曲线时，每个测区混凝土的抗压强度值 R_i 可按平均回弹值及平均碳化深度值 $\bar{L}$ 根据表 3.8.2 查出。

表 3.8.2　测区混凝土抗压强度值换算表

平均回弹值 $\bar{N}$	测区混凝土抗压强度值 R_i（MPa）												
	平均碳化深度值 $\bar{L}$（mm）												
	0	0.5	1.0	1.5	2.0	2.5	3.0	3.5	4.0	4.5	5.0	5.5	6.0
20	10.3	10.1											
21	11.4	11.2	10.8	10.5	10.0								
22	12.5	12.2	11.9	11.5	11.0	10.6	10.2						
23	13.7	13.4	13.0	12.6	12.1	11.6	11.2	10.8	10.5	10.1			
24	14.9	14.6	14.2	13.7	13.1	12.7	12.2	11.8	11.5	11.0	10.7	10.4	10.1
25	16.2	15.9	15.4	14.9	14.3	13.8	13.3	12.8	12.5	12.0	11.7	11.3	10.9
26	17.5	17.2	16.6	16.1	15.4	14.9	14.4	13.8	13.5	13.0	12.6	12.2	11.6
27	18.9	18.5	18.0	17.4	16.6	16.1	15.5	14.9	14.6	14.0	13.6	13.1	12.4
28	20.3	19.7	19.2	18.4	17.6	17.0	16.5	15.8	15.4	14.8	14.4	13.9	13.2
29	21.8	21.1	20.5	19.6	18.7	18.1	17.5	16.8	16.4	15.8	15.4	14.6	13.9
30	23.3	22.6	21.9	21.0	20.2	19.3	18.6	17.9	17.4	16.8	16.4	15.4	14.7
31	24.9	24.2	23.4	22.4	21.4	20.7	19.9	19.2	18.4	17.9	17.4	16.4	15.5
32	26.5	25.7	24.9	23.9	22.8	22.0	21.2	20.4	19.6	19.1	18.4	17.5	16.4
33	28.2	27.4	26.5	25.4	24.3	23.4	22.6	21.7	20.9	20.3	19.4	18.5	17.4

续表

平均回弹值 $\overline{N}$	测区混凝土抗压强度值 R_i（MPa）												
	平均碳化深度值 $\overline{L}$（mm）												
	0	0.5	1.0	1.5	2.0	2.5	3.0	3.5	4.0	4.5	5.0	5.5	6.0
34	30.0	29.1	28.0	26.8	25.6	24.6	23.7	23.0	22.1	21.3	20.4	19.5	18.3
35	31.8	30.8	29.6	28.0	26.7	25.8	24.8	24.0	23.2	22.3	21.4	20.4	19.2
36	33.6	32.6	31.2	29.6	28.2	27.2	26.2	25.2	24.5	23.5	22.4	21.4	20.2
37	35.5	34.4	33.0	31.2	29.8	28.8	27.7	26.6	25.9	24.8	23.4	22.4	21.3
38	37.5	36.4	34.9	33.0	31.5	30.3	29.2	28.1	27.4	26.2	24.8	23.6	22.5
39	39.5	38.2	36.7	34.7	33.0	31.8	30.6	29.6	28.8	27.4	26.0	24.8	23.7
40	41.6	39.9	38.3	36.2	34.5	33.3	31.7	30.8	30.0	28.4	27.0	25.8	25.0
41	43.7	42.0	40.2	38.0	36.0	34.8	33.2	32.3	31.5	29.7	28.4	27.1	26.2
42	45.9	44.1	42.2	39.9	37.6	36.3	34.9	34.0	33.0	31.2	29.8	28.5	27.5
43	48.1	46.2	44.2	41.8	39.4	38.0	36.6	35.6	34.6	32.7	31.3	29.9	28.9
44	50.4	48.4	46.4	43.8	41.3	39.8	38.3	37.3	36.3	34.3	32.8	31.2	30.2
45	52.7	50.6	48.5	45.8	43.2	41.6	40.1	39.0	37.9	35.8	34.3	32.7	31.6
46	55.0	52.8	50.6	47.9	45.2	43.5	41.9	40.8	39.7	37.5	35.8	34.2	33.1
47	57.5	55.2	52.9	50.0	47.2	45.2	43.7	42.6	41.4	39.1	37.4	35.6	34.5
48	60.0	57.6	55.2	52.2	49.2	47.4	45.6	44.4	43.2	40.8	39.0	37.2	36.0
49		60.0	57.5	54.4	51.3	49.4	47.5	46.2	45.0	42.5	40.6	38.8	37.5
50			59.9	56.7	53.4	51.4	49.5	48.2	46.9	44.3	42.3	40.4	39.1
51				59.0	55.6	53.5	51.5	50.1	48.8	46.1	44.1	42.0	40.7
52					57.8	55.7	53.6	52.1	50.7	47.9	45.8	43.7	42.3
53					60.0	57.8	55.6	54.2	52.7	49.8	47.6	45.4	43.9
54						60.0	57.8	56.3	54.7	51.7	49.4	47.1	45.6
55							59.9	58.4	56.8	53.6	51.3	48.9	47.3
60												58.3	56.4

注：采用本表换算的混凝土龄期宜大于 14 d，抗压强度为（10.0~60.0）MPa，表中未列入的可用内插法求得。

③ 计算测试对象全部测区的推定混凝土抗压强度的平均值、标准差、变异系数。

二、超声回弹法测试路面水泥混凝土抗压强度试验方法

混凝土超声波检测仪的技术性能应符合《混凝土超声波检测仪》（JG/T 5004）的规定，不论是模拟式还是数字式的，均应通过正式的技术鉴定，并具有产品合格证和仪器检定证。

因为超声波在钢中的传播速度远高于在混凝土中的传播速度,所以测试时尽量避免两个换能器的连线与混凝土中布设的钢筋方向一致,保持 40°~50° 的夹角比较理想,同时换能器与混凝土之间的耦合状况直接关系到测试结果的准确性,耦合剂应充满耦合面,换能器与混凝土越密贴紧密越好。

1. 适用范围

本方法适用于采用回弹仪、超声波检测仪在现场对水泥混凝土路面按综合法快速测试,并利用测强曲线方程推算混凝土的抗弯强度,不作为仲裁试验或工程验收使用。不适用于下列情况的水泥混凝土:

(1)隐蔽或外露局部缺陷区。

(2)裂缝或微裂区(包括路面伸缩缝和工作缝)。

(3)路面角隅钢筋和边缘钢筋处,特别是超声波与钢筋方向相同时。

(4)距路面边缘小于 100 mm 的部位。

2. 仪具与材料技术要求

(1)超声波检测仪:有良好的稳定性,仪器具有示波屏显示及手动游标测读功能。显示应清晰稳定,声时范围应为 0.5~9 999 μs,测试精度为 0.1 μs;声时显示调节在 20~30 μs 范围内时,2 h 内声时显示的漂移不得大于 ±0.2 μs。超声波在空气中传播的计算声速与实测声速值相比,误差为 ±0.5%。

(2)换能器:为厚度振动形式压电材料,其频率在 50~100 kHz 范围内,实测频率与标称频率相差不大于 ±10%。

(3)耦合剂:采用易于变形,有较大的声阻,有较好的黏性且不流淌的材料,通常采用黄蜡油、凡士林等。

(4)回弹仪:仪器应符合下列规定:

① 水平弹击时,在弹击锤脱钩的瞬间,回弹仪的标称动能应为 2.207 J。

② 弹击锤与弹击杆碰撞的瞬间,弹击拉簧处于自由状态,此时弹击锤起点应位于刻度尺的零点处。

③ 在洛氏硬度为 HRC(60±2)的钢砧上,回弹仪的率定值应为 80±2。

④ 数字显示式回弹仪应带有指针直读示值系统,数字显示的回弹值与指针直读示值相差不应超过 1。

(5)手持砂轮。

(6)其他:油污清洗剂、毛刷、抹布等。

3. 准备工作

(1)确认水泥混凝土的密度为 (1.9~2.5) g/cm^3,板厚大于 100 mm,龄期大于 14 d,强度已达到设计强度 80% 以上,环境温度为(-4~40)℃。

(2)进行回弹仪的率定。

(3)测区和测点布置:

① 确定测试的混凝土板。均匀布置 10 个测区,每个测区不宜小于为 150 mm×550 mm,测试面应清洁、干燥、平整,不得有蜂窝、麻面,对浮浆和油垢以及粗糙处应清洗或用砂轮

片磨平，并擦净残留粉尘。

② 每个测区的测点宜在测区范围内均匀分布（见图 3.8.1），但不得布置在气孔或外露石子上，相邻两测点的距离不宜小于 30 mm。

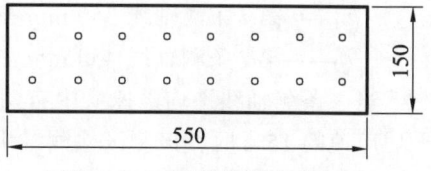

图 3.8.1　回弹值测点分布图（单位：mm）

4. 测试步骤

（1）用回弹仪对每个测区的 16 个测点进行回弹值的测定。

（2）超声声时值测量

① 在进行回弹值测试的同一测区内布置三条测轴线（图 3.8.2），作为换能器布置区。

② 在换能器放置处抹上耦合剂。测量超声声时值时，耦合剂应与建立测强曲线时所使用的耦合剂相同。

③ 将换能器分别放置在轴线 I 的测点 1 及测点 2 处，换能器与路面混凝土应充分接触，耦合良好，发射和接收两换能器直径与测轴线重合，边缘与测距线相切。超声波仪振幅应调到规定振幅（25～30 mm）。测读声时为 t_{11}，准确至 0.1 μs。

④ 放置在 1 点处的换能器不动，将放置在 2 处的换能器移置测点 3 处，再读声时为 t_{12}，准确至 0.1 μs。

⑤ 按上述方法测量测轴线 II、III，分别得声时为 t_{21}、t_{22}、t_{31}、t_{32}。

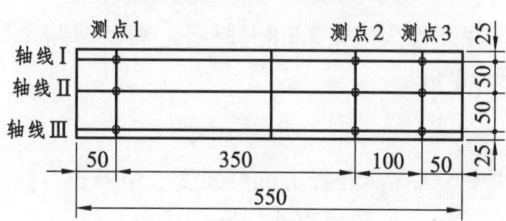
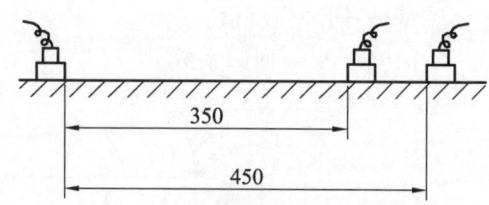

图 3.8.2　换能器布置图（单位：mm）

5. 计　算

（1）按以下 4 式计算测区的超声波声速，准确至 0.01 km/s。

$$v_{i1} = \frac{350}{t_{i1}} \tag{3.8.4}$$

$$v_{i2} = \frac{450}{t_{i2}} \tag{3.8.5}$$

$$v_i = \frac{1}{2}(v_{i1} + v_{i2}) \tag{3.8.6}$$

$$v = \frac{v_1 + v_2 + v_3}{3} \tag{3.8.7}$$

式中　v_{i1}——第 i 条测轴线 1 点与 2 点 350 mm 测距声速，km/s，$i = 1\sim3$；

v_{i2}——第 i 条测轴线 1 点与 3 点 450 mm 测距声速，km/s，$i = 1\sim3$；

v_i——第 i 条测轴线平均声速，km/s；

v——测区平均声速，km/s；

t_{i1}——第 i 条测轴线 350 mm 测距声时，μs；
t_{i2}——第 i 条测轴线 450 mm 测距声时，μs。

当 3 条测轴线平均声速 v_i 中有两条测轴线平均声速与测区的平均声速 v 之差都超过测区平均声速的 15% 时，该测区检测结果无效，应重新选择测区测试。

（2）混凝土抗弯强度推算。

① 专业测强曲线的确定：

取用与路面混凝土相同的原材料，设计几种不同水灰比的混凝土配合比（一般设计 4 种配比，其中包括路面施工时的配合比），对每种配合比成型 150 mm × 150 mm × 550 mm 的梁式试件（不少于 6 个），在标准条件下养护 28 d 后，按上述方法进行超声及回弹测试，并按《公路工程水泥及水泥混凝土试验规程》（JTG E30—2005）进行抗弯强度试验，再用二元非线性方程按式（3.8.8）回归，确定回归系数，得出测强曲线方程，相对标准误差 e_r 应不大于 12%。

$$R_f = a v^b e_r^{cN} \tag{3.8.8}$$

式中　R_f——混凝土抗弯强度，MPa；
　　　v——超声声速，km/s；
　　　N——回弹强度值；
　　　a，b，c——回归系数。

相对误差按式（3.8.9）计算：

$$e_r = \sqrt{\frac{\sum (R'_{fi}/R_{fi} - 1)^2}{n-1}} \times 100 \tag{3.8.9}$$

式中　e_r——相对标准误差，%；
　　　R'_{fi}——第 i 块试件实测抗弯强度，MPa；
　　　R_{fi}——第 i 块试件由超声、回弹推算的抗弯强度，MPa；
　　　n——试件数（按单块计）。

② 混凝土路面抗弯强度推定：

a. 每一段（或子段）中每一幅为一个单位作为抗弯强度评定对象。

b. 评定抗弯强度第一条件和第二条件值按式（3.8.10）、（3.8.11）计算。

$$R_{n1} = 1.18(\bar{R}_n - m \cdot S_n) \tag{3.8.10}$$

$$R_{n2} = 1.18(R_{fi})_{min} \tag{3.8.11}$$

式中　R_{n1}——抗弯强度第一条件值，MPa，准确至 0.1 MPa；
　　　R_{n2}——抗弯强度第二条件值，MPa，准确至 0.1 MPa；
　　　S_n——抗弯强度标准差，MPa，按式（3.8.12）计算，准确至 0.1 MPa：

$$S_n = \sqrt{\frac{\sum (R_{fi})^2 - n(\bar{R}_n)^2}{n-1}} \tag{3.8.12}$$

　　　R_n——抗弯强度平均值，MPa，按式（3.8.13）计算，准确至 0.1 MPa：

$$\bar{R}_n = \frac{1}{2} \sum R_{fi} \tag{3.8.13}$$

n——测区数;

m——合格判定系数值,当 $n = 10 \sim 14$ 时,$m = 1.70$;$n = 15 \sim 24$ 时,$m = 1.65$;$n \geqslant 25$ 时,$m = 1.60$。

③ 按式(3.8.14)以第一条件值及第二条件值中的小者作为混凝土抗弯强度评定值 R_N。

$$R_N = \min\{R_{n1}, R_{n2}\} \qquad (3.8.14)$$

式中 R_N——混凝土抗弯强度评定值,MPa,准确至 0.1 MPa。

三、取芯法测试水泥混凝土路面强度方法

水泥混凝土芯样的钻取和强度检测方法从水泥混凝土结构物中(如水泥混凝土路面板和混凝土灌注桩、柱等)钻取和检查芯样,测定芯样的劈裂抗拉强度或拉压强度,作为评定结构的主要品质指标。水泥混凝土路面强度的控制指标是弯拉或劈裂强度。由于弯拉强度试件成型及试验过程比较麻烦,现多用劈裂强度来代替。需要强调的一点是快速无破损方法与传统的钻芯试验方法比较,有其较大的优势,但不能代替钻芯的弯拉强度试验结果,也不能代替试验室标准条件下的弯拉强度,不适用于作为仲裁试验或工程验收的最终依据。

本方法适用于取芯测试水泥混凝土路面混凝土劈裂强度、抗压强度值,评价水泥混凝土路面强度。

1. 仪具与材料技术要求

(1)路面取芯机:手推式或车载式。采用 ϕ150 mm 的钻头,配有淋水冷却装置。

(2)游标卡尺:量程不小于 200 mm,分度值为 0.02 mm。

(3)钢卷尺:量程不小于 5 m,分度值为 1 mm。

(4)万能角度尺:分度值 2′。

(5)塞尺:最小分度值 0.02 mm。

(6)钢板尺:长度不小于 300 mm。

(7)压力试验机:符合《公路工程水泥及水泥混凝土试验规程》(JTG E30—2005)中 T0551 的规定。

(8)劈裂夹具:符合《公路工程水泥及水泥混凝土试验规程》(JTG E30—2005)中 T0561 的规定。

(9)其他:岩石切割机,岩石磨平机、铁锹、毛刷等。

2. 准备工作

(1)按照《公路路基路面现场测试规程》(JTG 3450—2019)确定测试位置。

(2)将取样位置清扫干净。

3. 测试步骤

(1)按照《公路路基路面现场测试规程》(JTG 3450—2019)方法在测试位置钻取芯样。

(2)按照以下要求加工芯样。

① 劈裂试验芯样直径为 150 mm,抗压试验芯样直径为 150 mm 或 100 mm;高度与直径之比应为 1。

② 芯样试件内不得含有钢筋或钢纤维。

③ 锯切后的芯样应进行端面处理，可采取在磨平机上磨平端面的处理方法。
④ 加工好的芯样应按下列规定测量尺寸：
a. 用游标卡尺在芯样试件两端及中部相互垂直的位置上测量，取算术平均值作为芯样直径，精确至 0.5 mm；
b. 用游标卡尺在芯样端面两个垂直直径方向测量，取算术平均值作为芯样高度，精确至 0.5 mm；
c. 用万能角度尺测量芯样试件两个端面与母线的夹角，精确至 0.1°；
d. 将钢板尺侧面紧靠在芯样试件承压面（线）上，用塞尺测量钢板尺和承压面（线）的之间的缝隙，最大缝隙为芯样试件的平整度。
⑤ 芯样试件尺寸偏差超过下列数值时，相应的测试数据无效：
a. 芯样试件的实际高径比小于 0.95 或大于 1.05；
b. 沿芯样试件高度的任一直径与平均直径相差大于 2 mm；
c. 芯样试件端面与轴线的不垂直度大于 1°；
d. 不平整度在每 100 mm 长度内超过 0.1 mm。

（3）对加工好的芯样按照《公路工程水泥及水泥混凝土试验规程》（JTG E30—2005）的要求进行劈裂试验。

（4）对加工好的芯样按照《公路工程水泥及水泥混凝土试验规程》（JTG E30—2005）的要求进行抗压强度试验。

4. 计 算

（1）芯样劈裂强度 f_{ct} 按式（3.8.15）计算：

$$f_{ct} = \frac{2F}{\pi d_m \times l_m} \quad (3.8.15)$$

式中　f_{ct}——劈裂芯样强度，MPa；
　　　F——极限荷载，N；
　　　d_m——芯样截面的平均直径，mm；
　　　l_m——芯样平均长度，mm。

（2）芯样抗压强度 f_{cu} 按式（3.8.16）计算：

$$f_{cu} = \frac{F}{A} \quad (3.8.16)$$

式中　f_{cu}——芯样抗压强度，MPa；
　　　A——芯样试件抗压截面面积，mm²。

（3）强度测试值的计算及异常数据的取舍原则为：以 3 个试件测值的算术平均值为测试值，结果计算准确至 0.01 MPa。如 3 个试件中最大值或最小值中有一个与中间值的差值超过中间值的 15% 时，则取中间值为测试值；如有两个测值与中间值的差值均超过上述规定时，则该组试验结果无效。

劈裂强度结果计算准确至 0.01 MPa；抗压强度结果计算准确至 0.1 MPa。

项目小结

1. 我国常采用的路面基层形式多为半刚性基层，具有强度高、稳定性好、扩散应力的能力强、抗冻性能优越、造价低廉的特点。

2. 高速公路和一级公路的基层，宜采用磨细生石灰。所用水泥初凝时间应大于 3 h，终凝时间应大于 6 h 且小于 10 h。

3. 现场样品应在摊铺后尽快取样做灰剂量测试，是试验过程中控制好滴定的各环节。

4. 无侧限抗压强度测定时，试件需放置在竖向荷载的中心位置。为避免造成应力集中，必要时可用快凝的水泥砂浆抹面处理。

复习思考题

1. 石灰中的氧化镁、氧化钙含量是如何测定的？
2. 简述水泥或石灰稳定土中水泥或石灰剂量的测量方法。
3. 测定石灰稳定土灰剂量，已知混合料的最佳含水量为 8.0%，土的风干含水量为 2.0%，石灰的风干含水量为 1.0%，设计灰剂量为 4%，计算表列各材料质量（计算结果准确至 0.01 g）。

灰剂量	4%
湿混合料质量	300 g
干混合料质量	
干土质量	
干石灰质量	
湿土质量	
湿石灰质量	
石灰土中需加水的质量	

4. 无机结合料稳定土测含水量时应注意什么问题？
5. 普通土击实和无机结合料稳定材料击实试验有什么不同？
6. 某二级公路水泥稳定粒料基层某段无侧限抗压强度试验记录如下所示：请计算此路段无侧限抗压强度，并对结果进行评定。（R_d = 2.8 MPa）

水泥稳定土无侧限抗压强度试验记录

试件破坏的最大压力/kN	53	57	58	55	54	56
无侧限抗压强度/MPa	3.0	3.2	3.3	3.1	3.1	3.2

7. 马歇尔试验直接测得的结果是什么？这些结果表示沥青混合料的什么性质？
8. 当一组马歇尔试验所测得的稳定度分别是 8.4 kN、7.8 kN、9.5 kN、10.0 kN 时，最终的稳定度是多少？
9. 沥青混合料水稳性用什么指标表示？高温稳定性又采用什么指标表示？
10. 试述水泥混凝土试件成型和养生应注意的问题。
11. 做混凝土抗压强度试验时，如何将强度加荷速度形式转换为力的加荷速度形式？
12. 如何处理水泥混凝土抗压、抗折强度的试验结果？

项目四

路面现场检测

【材料试验员岗位工作标准】能够对路基路面几何尺寸、平整度、抗滑性能和沥青路面的渗水性能进行检测。

【试验检测工程师职业资格考试要求】主要检验应考人员对路基路面检测的现场抽样方法，路基路面几何尺寸、路基路面压实度、路基路面平整度、路面抗滑性能和沥青路面渗水的试验内容、方法与评价。

【教学目标】了解现场测试随机选点和抽样，熟悉几何尺寸和路面厚度检测，掌握路面平整度、压实度、抗滑性和沥青路面渗水性能的检测，能够对公路的路面进行检测及评定。

【思维导图】

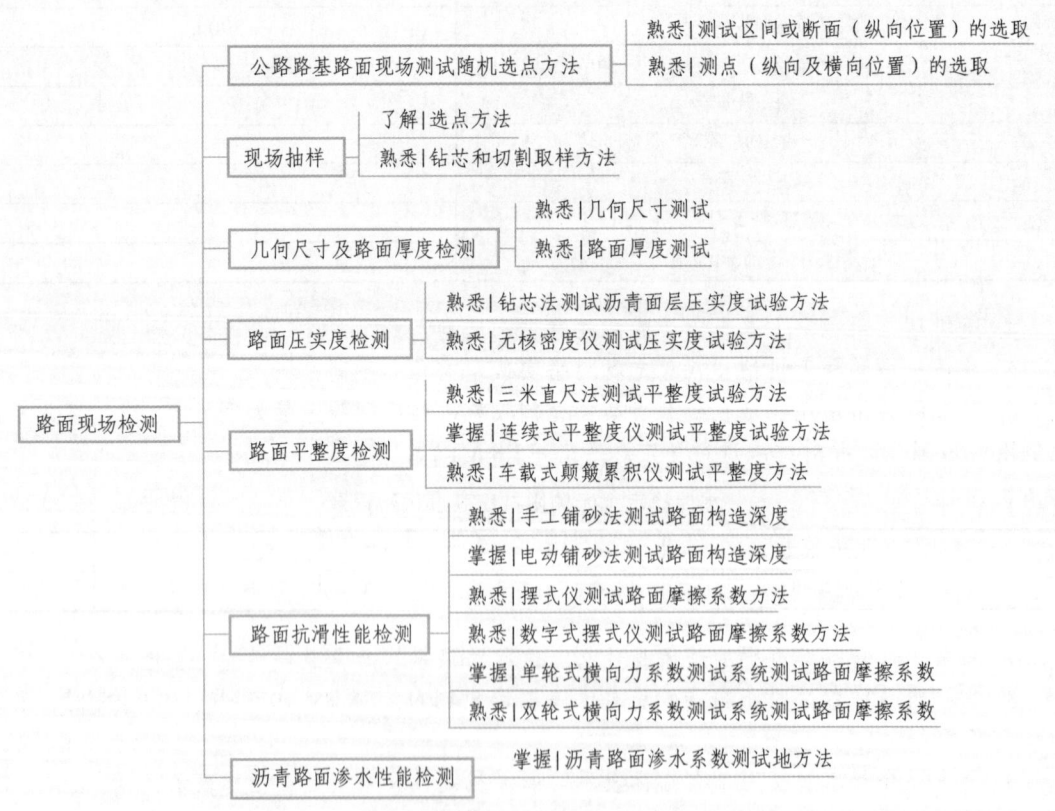

【思政映射】工程安全第一，质量百年大计。

【建议学时】26 学时

任务一　路基路面现场测试随机选点方法

公路路基路面现场测试随机选点方法

【工作任务】为了公正、合理地反映工程性质状况，获得代表性试验数据，公路路基路面现场测试取样的位置不应带有任何倾向性，应采用随机选点的方法来确定。请根据随机抽取的数字确定随机选点的位置。

【预备知识】

随机取样选点的方法是按数理统计原理在路基路面现场测定时确定测点位置的方法。适用于采用随机法或综合法选点的各类公路路基路面现场测试工作。

一、仪具及材料技术要求

（1）量尺：钢尺、皮尺或测距仪等。

（2）硬纸片：编号从 1～28 共 28 块，每块大小 2.5 cm×2.5 cm，装在一个布袋中，或能够产生随机数的计算机软件（如 WPS 表格、EXCEL 等）。

（3）其他：毛刷、粉笔等。

二、准备工作

根据路面施工或验收、质量评定方法等有关规范要求，确定需要测试的路段。它可以是一个作业段、一天完成的路段或路线全程。如在路基路面工程质量验收时，通常以 1 km 为一个测试路段。

三、选取测试区间或断面（纵向位置）的步骤

纵向位置选取

（1）按照有关标准规范规定的测试区间（断面）数量要求，将确定的测试路段划分为若干个区间或断面，将其编号为第 1～n 个区间或第 1～n 个断面，其总的区间数或断面数为 T。公路路基路面测试一般采用等长度（间距）划分区间（断面）。当区间（断面）数量 $T>30$ 时，应分次选取，若采用计算机软件进行随机选取，则不受选取数量限制。

（2）随机抽取一块硬纸片，硬纸片上的编号即对应表 4.1.1 上的栏号。根据所抽取硬纸片对应的栏号，依次找出该栏号下 A 列 01～n 对应的 B 列中的值，也可通过计算机软件产生对应 A 值的 B 值。即得到 n 组 A、B 值。

（3）将 n 个 B 值与总区间数或断面数 T 相乘，四舍五入成整数，即得到 n 个断面的编号，即可根据该编号确定实际断面位置。

表 4.1.1 一般取样的随机数

栏号1			栏号2			栏号3			栏号4			栏号5			栏号6			栏号7		
A	B	C	A	B	C	A	B	C	A	B	C	A	B	C	A	B	C	A	B	C
15	0.033	0.578	05	0.048	0.879	21	0.013	0.220	18	0.089	0.716	17	0.024	0.863	30	0.030	0.901	12	0.029	0.386
21	0.101	0.300	17	0.074	0.156	30	0.036	0.853	10	0.102	0.330	24	0.060	0.032	21	0.096	0.198	18	0.112	0.284
23	0.129	0.916	18	0.102	0.191	10	0.052	0.746	14	0.111	0.925	26	0.074	0.639	10	0.100	0.161	20	0.114	0.848
30	0.158	0.434	06	0.105	0.257	25	0.061	0.954	28	0.127	0.840	07	0.167	0.512	29	0.133	0.388	03	0.121	0.656
24	0.177	0.397	28	0.179	0.447	29	0.062	0.507	24	0.132	0.271	28	0.194	0.776	24	0.138	0.062	13	0.178	0.640
11	0.202	0.271	26	0.187	0.844	18	0.087	0.887	19	0.285	0.899	03	0.219	0.166	20	0.168	0.564	22	0.209	0.421
16	0.204	0.012	04	0.188	0.482	24	0.105	0.849	01	0.326	0.037	29	0.264	0.284	22	0.232	0.953	16	0.221	0.311
08	0.208	0.418	02	0.028	0.577	07	0.139	0.159	30	0.334	0.938	11	0.282	0.262	14	0.259	0.217	29	0.235	0.356
19	0.211	0.798	03	0.214	0.402	01	0.175	0.647	22	0.405	0.295	14	0.379	0.994	01	0.275	0.195	28	0.254	0.941
29	0.233	0.070	07	0.245	0.080	23	0.196	0.873	05	0.421	0.282	13	0.394	0.405	06	0.277	0.475	11	0.287	0.199
07	0.260	0.073	15	0.248	0.831	26	0.240	0.981	13	0.451	0.212	06	0.410	0.157	02	0.296	0.497	02	0.336	0.992
17	0.262	0.308	29	0.261	0.037	14	0.255	0.374	02	0.461	0.023	15	0.438	0.700	27	0.311	0.144	15	0.393	0.488
25	0.271	0.180	30	0.302	0.883	06	0.310	0.043	06	0.487	0.539	22	0.453	0.635	05	0.351	0.141	19	0.437	0.655
06	0.302	0.672	21	0.318	0.088	11	0.316	0.653	08	0.497	0.396	21	0.472	0.824	17	0.370	0.811	24	0.466	0.773
01	0.409	0.406	11	0.376	0.936	13	0.324	0.585	25	0.503	0.893	05	0.488	0.118	09	0.388	0.484	14	0.531	0.014
13	0.507	0.693	14	0.430	0.814	12	0.351	0.275	15	0.594	0.603	01	0.525	0.222	04	0.410	0.073	09	0.562	0.678
02	0.575	0.654	27	0.438	0.676	20	0.371	0.535	27	0.620	0.894	12	0.561	0.980	25	0.471	0.530	06	0.601	0.675
18	0.591	0.318	08	0.467	0.205	08	0.409	0.495	21	0.629	0.841	08	0.652	0.508	13	0.486	0.779	10	0.612	0.859
20	0.610	0.821	09	0.474	0.138	16	0.445	0.740	17	0.691	0.583	18	0.668	0.271	15	0.515	0.867	26	0.673	0.112
12	0.631	0.597	10	0.492	0.474	03	0.494	0.929	09	0.708	0.689	30	0.736	0.634	23	0.567	0.798	23	0.738	0.770
27	0.651	0.281	13	0.498	0.892	27	0.543	0.387	07	0.709	0.012	02	0.763	0.253	11	0.618	0.502	21	0.753	0.614
04	0.661	0.953	19	0.511	0.520	17	0.625	0.171	11	0.714	0.049	23	0.804	0.140	28	0.636	0.148	30	0.758	0.851
22	0.692	0.089	23	0.591	0.770	02	0.699	0.073	23	0.720	0.695	25	0.828	0.425	26	0.650	0.741	27	0.765	0.563
05	0.779	0.346	20	0.604	0.730	19	0.702	0.934	03	0.748	0.413	10	0.843	0.627	16	0.711	0.508	07	0.780	0.534
09	0.787	0.173	24	0.654	0.330	22	0.816	0.802	02	0.781	0.603	16	0.858	0.849	19	0.778	0.812	04	0.818	0.187
10	0.818	0.837	12	0.728	0.523	04	0.838	0.166	26	0.830	0.384	04	0.903	0.327	07	0.804	0.675	17	0.837	0.353
14	0.905	0.631	16	0.753	0.344	15	0.904	0.116	04	0.843	0.002	09	0.912	0.382	08	0.806	0.952	05	0.854	0.818
26	0.912	0.376	01	0.806	0.134	28	0.969	0.742	12	0.884	0.582	27	0.935	0.162	18	0.841	0.414	01	0.867	0.133
28	0.920	0.163	22	0.878	0.884	09	0.974	0.046	29	0.926	0.700	20	0.970	0.582	12	0.918	0.114	08	0.915	0.538
03	0.945	0.140	25	0.939	0.162	05	0.977	0.494	16	0.951	0.601	19	0.975	0.327	03	0.992	0.399	25	0.975	0.584

续表

栏号 8			栏号 9			栏号 10			栏号 11			栏号 12			栏号 13			栏号 14		
A	B	C	A	B	C	A	B	C	A	B	C	A	B	C	A	B	C	A	B	C
09	0.042	0.070	14	0.061	0.935	26	0.038	0.023	27	0.074	0.779	16	0.078	0.987	03	0.033	0.091	26	0.035	0.175
17	0.141	0.411	02	0.065	0.097	30	0.066	0.371	06	0.084	0.396	23	0.087	0.056	07	0.047	0.391	17	0.089	0.363
02	0.143	0.221	03	0.094	0.228	27	0.073	0.876	24	0.098	0.524	17	0.096	0.076	28	0.064	0.113	10	0.149	0.681
05	0.162	0.899	16	0.122	0.945	09	0.095	0.568	10	0.133	0.919	04	0.153	0.163	12	0.066	0.360	28	0.238	0.075
03	0.285	0.016	18	0.156	0.430	05	0.180	0.741	15	0.187	0.079	10	0.254	0.834	26	0.076	0.552	13	0.244	0.767
28	0.291	0.034	25	0.193	0.469	12	0.200	0.851	17	0.227	0.767	06	0.284	0.628	30	0.087	0.101	24	0.262	0.366
08	0.369	0.557	24	0.224	0.672	13	0.259	0.327	20	0.236	0.571	12	0.305	0.616	02	0.127	0.187	08	0.264	0.651
01	0.436	0.386	10	0.225	0.223	21	0.264	0.681	01	0.245	0.988	25	0.319	0.901	06	0.144	0.068	18	0.285	0.311
20	0.450	0.289	09	0.233	0.338	17	0.283	0.645	04	0.317	0.291	01	0.320	0.212	25	0.202	0.674	02	0.340	0.131
18	0.455	0.789	20	0.290	0.120	23	0.363	0.063	29	0.350	0.911	08	0.416	0.372	01	0.247	0.025	29	0.353	0.478
23	0.488	0.715	01	0.297	0.242	20	0.364	0.366	26	0.380	0.104	13	0.432	0.556	23	0.253	0.323	06	0.359	0.270
14	0.498	0.276	11	0.337	0.760	16	0.395	0.363	28	0.425	0.864	02	0.489	0.827	24	0.320	0.651	30	0.387	0.248
15	0.503	0.342	19	0.389	0.064	02	0.423	0.540	22	0.487	0.526	29	0.503	0.787	10	0.328	0.365	14	0.392	0.694
04	0.515	0.693	13	0.411	0.474	08	0.432	0.736	05	0.552	0.571	15	0.518	0.717	27	0.338	0.412	03	0.408	0.077
16	0.532	0.112	30	0.447	0.893	21	0.475	0.468	14	0.564	0.357	28	0.524	0.998	13	0.356	0.991	27	0.440	0.280
22	0.557	0.357	22	0.478	0.321	03	0.508	0.774	11	0.572	0.306	03	0.542	0.352	16	0.401	0.792	22	0.461	0.830
11	0.559	0.620	29	0.481	0.993	01	0.601	0.417	21	0.594	0.197	19	0.585	0.462	17	0.423	0.117	16	0.527	0.003
12	0.650	0.216	27	0.562	0.403	22	0.687	0.917	09	0.607	0.524	05	0.695	0.111	21	0.481	0.838	20	0.531	0.486
21	0.672	0.320	04	0.566	0.179	29	0.697	0.862	19	0.650	0.572	07	0.733	0.838	08	0.560	0.401	25	0.678	0.360
13	0.709	0.273	08	0.603	0.758	11	0.701	0.605	18	0.664	0.101	11	0.744	0.948	19	0.564	0.190	21	0.725	0.014
07	0.745	0.687	15	0.632	0.927	07	0.728	0.498	25	0.674	0.428	18	0.793	0.748	05	0.571	0.054	05	0.787	0.595
30	0.780	0.285	06	0.707	0.107	14	0.745	0.679	02	0.697	0.674	27	0.802	0.967	18	0.587	0.584	15	0.801	0.927
19	0.845	0.097	28	0.737	0.161	24	0.819	0.444	03	0.767	0.928	21	0.826	0.487	15	0.604	0.145	12	0.836	0.294
26	0.846	0.366	17	0.846	0.130	15	0.840	0.823	16	0.809	0.529	24	0.835	0.832	11	0.641	0.298	04	0.854	0.982
29	0.861	0.307	07	0.874	0.491	25	0.863	0.568	30	0.838	0.294	26	0.855	0.142	22	0.672	0.156	11	0.884	0.928
25	0.906	0.874	05	0.880	0.828	06	0.878	0.215	13	0.845	0.470	14	0.861	0.462	20	0.674	0.887	19	0.886	0.832
24	0.919	0.809	23	0.931	0.659	18	0.930	0.601	08	0.855	0.524	20	0.874	0.625	14	0.752	0.881	07	0.929	0.932
10	0.952	0.555	26	0.960	0.365	04	0.954	0.827	07	0.867	0.718	30	0.929	0.056	09	0.774	0.560	09	0.932	0.206
06	0.961	0.504	21	0.978	0.194	28	0.963	0.004	12	0.881	0.722	09	0.935	0.582	29	0.921	0.752	01	0.970	0.692
27	0.969	0.811	12	0.982	0.183	19	0.988	0.020	23	0.937	0.872	22	0.947	0.797	04	0.959	0.099	23	0.973	0.082

续表

栏号 15			栏号 16			栏号 17			栏号 18			栏号 19			栏号 20			栏号 21		
A	B	C	A	B	C	A	B	C	A	B	C	A	B	C	A	B	C	A	B	C
15	0.023	0.979	19	0.062	0.588	13	0.045	0.004	25	0.027	0.290	12	0.052	0.075	20	0.030	0.881	01	0.010	0.946
11	0.118	0.465	25	0.080	0.218	18	0.086	0.878	06	0.057	0.571	30	0.075	0.493	12	0.034	0.291	10	0.014	0.939
07	0.134	0.172	09	0.131	0.295	26	0.126	0.990	26	0.059	0.026	28	0.120	0.341	22	0.043	0.893	09	0.032	0.346
01	0.139	0.230	18	0.136	0.381	12	0.128	0.661	07	0.105	0.176	27	0.145	0.689	28	0.143	0.073	06	0.093	0.180
16	0.145	0.122	05	0.147	0.864	30	0.146	0.337	18	0.107	0.358	02	0.209	0.957	03	0.150	0.937	15	0.151	0.012
20	0.165	0.520	12	0.158	0.365	05	0.169	0.470	22	0.128	0.827	26	0.272	0.818	04	0.154	0.867	16	0.185	0.453
06	0.185	0.481	28	0.214	0.184	21	0.244	0.433	23	0.156	0.440	22	0.299	0.317	19	0.158	0.359	07	0.227	0.227
09	0.211	0.316	14	0.215	0.757	23	0.270	0.849	15	0.171	0.157	18	0.306	0.475	29	0.304	0.615	02	0.304	0.400
14	0.248	0.348	13	0.224	0.846	25	0.274	0.407	08	0.220	0.097	20	0.311	0.653	06	0.369	0.633	30	0.316	0.074
25	0.249	0.890	15	0.227	0.809	10	0.290	0.925	20	0.252	0.066	15	0.348	0.156	18	0.390	0.536	18	0.328	0.799
13	0.252	0.577	11	0.280	0.898	01	0.323	0.490	04	0.268	0.576	16	0.381	0.710	17	0.403	0.392	20	0.352	0.288
30	0.273	0.088	01	0.331	0.925	24	0.352	0.291	14	0.275	0.302	01	0.411	0.607	23	0.404	0.182	26	0.371	0.216
18	0.277	0.689	10	0.399	0.992	15	0.361	0.155	11	0.297	0.589	13	0.417	0.715	01	0.415	0.457	19	0.448	0.754
22	0.372	0.958	30	0.417	0.787	29	0.374	0.882	01	0.358	0.305	21	0.472	0.484	07	0.437	0.696	13	0.487	0.598
10	0.461	0.075	08	0.439	0.921	08	0.432	0.139	09	0.412	0.089	04	0.478	0.885	24	0.446	0.546	12	0.546	0.640
28	0.519	0.536	20	0.472	0.484	04	0.467	0.266	16	0.429	0.834	25	0.479	0.080	26	0.485	0.768	24	0.550	0.038
17	0.520	0.090	24	0.498	0.712	22	0.508	0.880	10	0.491	0.203	11	0.566	0.104	15	0.511	0.313	03	0.604	0.780
03	0.523	0.519	04	0.516	0.396	27	0.632	0.191	28	0.542	0.306	10	0.576	0.859	10	0.517	0.290	22	0.621	0.930
26	0.573	0.502	03	0.548	0.688	16	0.661	0.836	12	0.563	0.091	29	0.665	0.397	30	0.556	0.853	21	0.629	0.154
19	0.634	0.206	23	0.597	0.508	19	0.675	0.629	02	0.593	0.321	19	0.739	0.298	25	0.561	0.837	11	0.634	0.908
24	0.635	0.810	21	0.681	0.114	14	0.680	0.890	30	0.692	0.198	14	0.748	0.759	09	0.574	0.699	05	0.696	0.459
21	0.679	0.841	02	0.739	0.298	28	0.714	0.508	19	0.705	0.445	08	0.758	0.919	13	0.613	0.762	23	0.710	0.078
27	0.712	0.368	29	0.792	0.038	06	0.719	0.441	24	0.709	0.717	07	0.798	0.183	11	0.698	0.783	29	0.726	0.585
05	0.780	0.497	22	0.829	0.324	09	0.735	0.040	13	0.820	0.739	23	0.834	0.647	14	0.715	0.179	17	0.749	0.916
23	0.861	0.106	17	0.834	0.647	17	0.741	0.906	05	0.848	0.866	06	0.837	0.978	16	0.770	0.128	04	0.802	0.186
12	0.865	0.377	16	0.909	0.608	11	0.747	0.205	27	0.867	0.633	03	0.849	0.964	08	0.815	0.385	14	0.835	0.319
29	0.882	0.635	06	0.914	0.420	20	0.850	0.047	03	0.883	0.333	24	0.851	0.109	05	0.872	0.490	08	0.870	0.546
08	0.902	0.020	27	0.958	0.356	02	0.859	0.356	17	0.900	0.443	05	0.859	0.835	21	0.885	0.999	28	0.871	0.539
04	0.951	0.482	26	0.981	0.976	07	0.870	0.612	21	0.914	0.483	17	0.863	0.220	02	0.958	0.177	25	0.971	0.369
02	0.977	0.172	07	0.983	0.624	03	0.916	0.463	29	0.950	0.753	09	0.883	0.147	27	0.961	0.980	27	0.984	0.252

续表

栏号22			栏号23			栏号24			栏号25			栏号26			栏号27			栏号28		
A	B	C	A	B	C	A	B	C	A	B	C	A	B	C	A	B	C	A	B	C
12	0.051	0.032	26	0.051	0.187	08	0.015	0.521	02	0.039	0.005	16	0.026	0.102	21	0.050	0.952	29	0.042	0.039
11	0.068	0.980	03	0.530	0.256	16	0.068	0.994	16	0.061	0.599	01	0.033	0.886	17	0.085	0.403	07	0.105	0.293
17	0.089	0.309	29	0.100	0.159	11	0.118	0.400	26	0.068	0.054	04	0.088	0.686	10	0.141	0.624	25	0.115	0.420
01	0.091	0.371	13	0.102	0.465	21	0.124	0.565	11	0.073	0.812	22	0.090	0.602	05	0.154	0.157	09	0.126	0.612
10	0.100	0.709	24	0.110	0.316	18	0.153	0.158	07	0.123	0.649	13	0.114	0.614	06	0.164	0.841	10	0.205	0.144
30	0.121	0.774	18	0.114	0.300	17	0.190	0.159	15	0.261	0.928	30	0.405	0.273	25	0.333	0.633	26	0.385	0.111
02	0.166	0.056	11	0.123	0.208	26	0.192	0.676	10	0.301	0.811	06	0.421	0.807	28	0.348	0.710	30	0.422	0.315
23	0.179	0.529	09	0.138	0.182	01	0.237	0.030	24	0.363	0.025	12	0.426	0.583	20	0.362	0.961	17	0.453	0.783
21	0.187	0.051	06	0.194	0.115	12	0.283	0.077	22	0.378	0.792	08	0.471	0.708	14	0.511	0.989	02	0.460	0.916
22	0.205	0.543	22	0.234	0.480	03	0.286	0.318	27	0.389	0.959	18	0.473	0.738	26	0.540	0.903	27	0.467	0.841
28	0.230	0.688	20	0.274	0.107	10	0.317	0.374	03	0.625	0.777	26	0.703	0.622	18	0.670	0.904	16	0.689	0.339
19	0.243	0.001	21	0.331	0.292	05	0.337	0.844	08	0.651	0.790	29	0.739	0.394	11	0.711	0.253	06	0.727	0.298
27	0.267	0.990	08	0.346	0.085	25	0.441	0.336	12	0.715	0.599	25	0.759	0.386	01	0.790	0.392	04	0.731	0.814
15	0.283	0.440	27	0.382	0.979	27	0.469	0.786	23	0.782	0.093	24	0.803	0.602	04	0.813	0.611	08	0.807	0.983
16	0.352	0.089	07	0.387	0.865	24	0.473	0.237	20	0.810	0.371	27	0.842	0.491	19	0.843	0.732	15	0.833	0.757
03	0.377	0.648	28	0.411	0.776	20	0.475	0.761	05	0.126	0.658	20	0.136	0.576	07	0.197	0.013	03	0.210	0.054
06	0.397	0.769	16	0.444	0.999	06	0.557	0.001	14	0.161	0.189	05	0.158	0.228	16	0.125	0.363	23	0.234	0.533
09	0.409	0.428	04	0.515	0.993	07	0.610	0.238	18	0.166	0.040	10	0.216	0.565	08	0.222	0.520	13	0.266	0.799
14	0.465	0.406	17	0.518	0.827	09	0.617	0.041	28	0.248	0.171	02	0.233	0.610	13	0.269	0.477	20	0.305	0.603
13	0.499	0.651	05	0.539	0.620	13	0.641	0.648	06	0.255	0.117	07	0.278	0.357	02	0.288	0.012	05	0.372	0.223
04	0.539	0.972	02	0.623	0.271	22	0.664	0.291	19	0.420	0.557	19	0.510	0.207	27	0.587	0.643	14	0.483	0.095
18	0.560	0.747	30	0.637	0.374	04	0.668	0.856	21	0.467	0.943	03	0.512	0.329	12	0.603	0.745	12	0.507	0.375
26	0.575	0.892	14	0.714	0.364	19	0.717	0.232	17	0.494	0.225	15	0.610	0.329	29	0.619	0.895	28	0.509	0.748
29	0.756	0.712	15	0.730	0.107	02	0.776	0.504	09	0.620	0.081	09	0.665	0.354	23	0.623	0.333	21	0.583	0.804
20	0.760	0.920	19	0.771	0.552	29	0.797	0.548	30	0.623	0.106	14	0.680	0.884	22	0.629	0.076	22	0.587	0.993
05	0.847	0.925	23	0.780	0.662	14	0.823	0.223	01	0.841	0.726	21	0.870	0.435	03	0.844	0.511	19	0.896	0.464
25	0.872	0.891	10	0.924	0.888	23	0.848	0.264	29	0.862	0.009	28	0.906	0.397	30	0.858	0.289	18	0.916	0.384
24	0.874	0.135	12	0.929	0.204	30	0.892	0.817	25	0.891	0.873	23	0.948	0.367	09	0.929	0.199	01	0.948	0.610
08	0.911	0.215	01	0.937	0.714	28	0.943	0.190	04	0.917	0.264	11	0.956	0.142	24	0.931	0.263	11	0.976	0.799
07	0.946	0.065	25	0.974	0.398	15	0.975	0.962	13	0.958	0.990	17	0.993	0.989	15	0.939	0.947	24	0.978	0.636

例如，按照有关规范规定，拟从 K36+000～K37+000 的 1 km 测试路段中选择 20 个断面测定路面宽度、高程、横坡等外形尺寸，可采取以下方法确定断面：

（1）按照 20 m 等间距对拟测试路段内的断面进行编号。则 1 km 总长的断面数 T = 1 000/20 = 50 个，其编号为 1，2…50。

（2）从布袋中摸出一块硬纸片，其编号为 14，即使用表 4.1.1 的第 14 栏。

（3）从第 14 栏 A 列中挑出小于或等于 20 所对应的 B 列数值，将 B 与 T 相乘，四舍五入得到 20 个断面号，断面号乘以选择断面，并得到 20 个断面的桩号。上述计算结果如表 4.1.2 所示。

表 4.1.2　路面宽度、高程、横坡检测断面随机选点计算表

断面编号	14 栏 A 列	B 列	$B\times T$	断面号	桩号
1	17	0.089	4.45	4	K36+080
2	10	0.149	7.45	7	K36+140
3	13	0.244	12.2	12	K36+240
4	08	0.264	13.2	13	K36+260
5	18	0.285	14.25	14	K36+280
6	02	0.340	17.05	17	K36+340
7	06	0.359	17.95	18	K36+360
8	14	0.392	19.60	20	K36+380
9	03	0.408	20.40	20	K36+400
10	16	0.527	26.35	26	K36+420
11	20	0.531	26.55	27	K36+520
12	05	0.787	39.35	40	K36+800
13	15	0.801	40.05	40	K36+820
14	12	0.836	41.8	42	K36+840
15	04	0.854	42.7	43	K36+860
16	11	0.884	44.2	44	K36+880
17	19	0.886	44.3	44	K36+900
18	07	0.929	46.45	46	K36+920
19	09	0.932	46.6	47	K36+940
20	01	0.970	48.5	49	K36+980

四、选取测点（纵向及横向位置）的步骤

（1）按照有关标准规范要求确定测点数量 n。当 $n>30$ 时应分次选取，若采用计算机软件进行随机选取，则不受选取数量限制。

（2）随机抽取一块硬纸片，纸片上的编号即对应表 4.1.1 中的栏号。根据

纵向及横向位置选取

所抽取硬纸片的栏号，依次找出该栏号下 A 列 1~n 值对应的 B、C 列中的值，也可通过计算机软件产生对应 A 值的 B 值和 C 值。即得 n 组 A、B、C 值。

（3）以 A 列中对应的 B 列中数值乘以测试路段的总长度，再加上测试路段起点的桩号，即得出取样纵向位置，即断面桩号。

（4）以 A 列中对应的 C 列中的数值，乘以检查路面的宽度，再减去路面宽度的一半，即得出取样位置离路面中心线的距离。若差值为正（+），表示在中心线的右侧；若差值为负（-），则表示在中心线的左侧。

例如：按照有关规范规定，检查验收时拟在 K36+000~K37+000 的 1 km 测试路段中选择 6 个测点进行钻孔取样检验压实度、沥青用量和矿料级配等，路面宽度为 10 m，可按照如下方法确定钻孔位置：

（1）随机抽取一张硬纸片，其编号为 3。

（2）栏号 3 中从上至下小于或等于 6 个测点的数为：01，06，03，02，04 及 05。

（3）表 4.1.1 的 B 列中与这 6 个数相应的 6 个小数为 0.175，0.310，0.494，0.699，0.838 及 0.977。

（4）取样路段长度 1 000 m，计算得出 6 个乘积（取样位置与该段起点的距离）分别为 175 m，310 m，494 m，699 m，838 m，977 m。

（5）表 4.1.3 的 C 列中与这 6 个数相应的 6 个小数为 0.647，0.043，0.929，0.073，0.166 及 0.494。

（6）路面宽度为 10 m，计算得 6 个乘积分别是 6.47 m，0.43 m，9.29 m，0.73 m，1.66 m 及 4.94 m。再减去路面宽度的一半，6 个取样的横向位置分别是右侧 1.41 m，左侧 4.57 m，右侧 4.29 m，左侧 4.27 m，左侧 3.34 m 及左侧 0.06 m。

上述计算结果如表 4.1.3 所示。

表 4.1.3　随机选取测点（纵向和横向位置）示例计算表

测点编号	栏号 3		取样路段长 1 000 m		路面宽度 10 m		测点数 6 个
	A 列	B 列	距起点距离/m	桩号	C 列	距路边缘距离/m	距中线位置/m
No.1	01	0.175	175	K36+175	0.647	6.47	右 1.47
No.2	06	0.310	310	K36+310	0.043	0.43	左 4.57
No.3	03	0.494	494	K36+494	0.929	9.29	右 4.29
No.4	02	0.699	699	K36+699	0.073	0.73	左 4.27
No.5	04	0.838	838	K36+838	0.166	1.66	左 3.34
No.6	05	0.977	977	K36+977	0.494	4.94	左 0.06

注：对于连续测量的自动化检测设备，不必按本方法进行选点。

任务二　现场抽样

【工作任务】正确规范地选择测试位置是保证公路路基路面现场测试结果可靠性和代表性的前提，不同的选择方法，可能会得到截然相反的测试结论，本方法列出了公路路基路面现场测试常用的选点方法。在保证测试结果代表性的前提下，为减少对工程实体的影响，新建道路钻芯取样一般选择标线位置。

【预备知识】

一、选点方法

现场抽样选点方法

本方法适用于路基路面现场进行抽样试验时的个体（测点）选择，以评价样本的各类技术指标。方法与步骤有以下几种。

1. 均匀法

将道路沿纵向或横向进行等间距划分，并在划分点处做好标记，在划分点上布置测点（图4.2.1）。

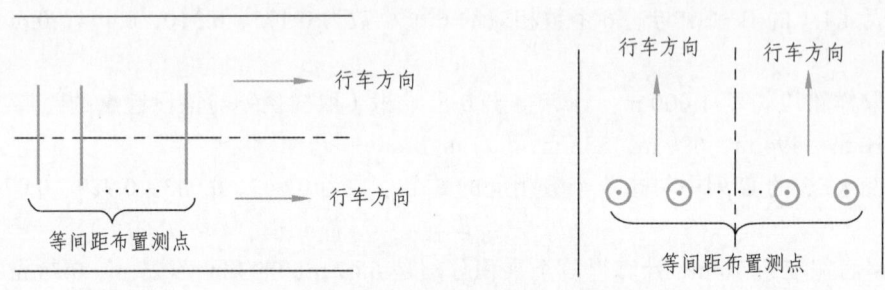

图 4.2.1　均匀法选点示意图

2. 随机法

按照公路路基路面现场测试随机选点方法的规定选取测试区间、测试断面或测点。

3. 定向法

选取轮迹带或出现裂缝、错台、板角等具有某个特征或指定的位置作为测点（图4.2.2）。

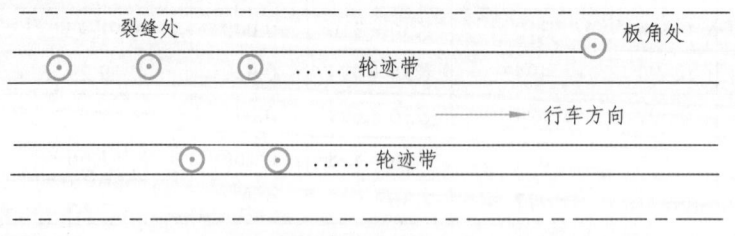

图 4.2.2　定向法选点示意图

4. 连续法

按相应标准的规定，沿道路纵向间距连续、均匀布置测区（图4.2.3）。

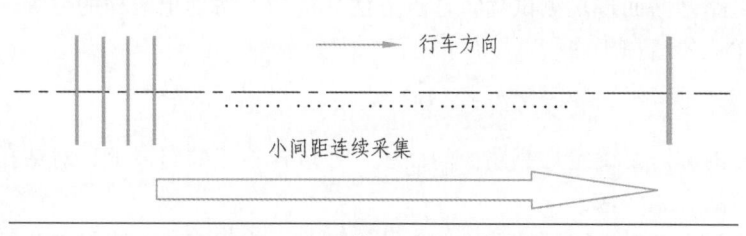

图 4.2.3　连续法选点示意图

5. 综合法

同时按照上述两种以上选点方法的规定，确定测点位置。通常有沿道路纵向连续选择测区，测区内随机选择测点，或者沿道路纵向均匀确定测区，测区内定向选取测点等。

二、钻芯和切割取样方法

从路面上钻孔取样是近年来广泛采用的标准试验方法，钻孔试样可用来测定厚度、密度、材料级配及其他许多试验。用于钻孔的钻头有两类：一类适用于对水泥混凝土路面与无机结合料稳定基层使用，另一类适用于沥青面层，也可通用，均有淋水冷却装置。芯样的直径取决于钻头，通常有 $\phi50$ mm、$\phi100$ mm、$\phi150$ mm，按照试件直径大于最大集料粒径的 3 倍的要求，对沥青混合料及水泥混凝土路面通常采用$\phi100$ mm 的钻头，水泥、石灰等无机结合料稳定基层，细粒土可使用 $\phi100$ mm，粗粒土可使用 $\phi150$ mm。

现场抽样钻芯和切割取样方法

本方法适用于路面取芯钻机或路面切割机在现场钻取或切割路面的代表性试样。适用于对水泥混凝土面层、沥青混合料面层或无机结合料稳定基层取样，以测试其密度或其他物理力学性能。

（一）仪具及材料技术要求

（1）路面取芯机：手推式或车载式，配有淋水冷却装置。钻头直径为 $\phi100$ mm 或 $\phi150$ mm。

（2）路面切割机：手推式或牵引式，由电力驱动，也可利用汽车动力由液压泵驱动，附金刚石锯片，有淋水冷却装置。

（3）台秤。

（4）盛样器（袋）或铁盘等。

（5）干冰（固体 CO_2）。

（6）试样标签。

（7）其他：镐、铁锹、量尺（绳）、毛刷、硬纸、棉纱等。

（二）方法与步骤

1. 准备工作

（1）宜选择直径大于集料最大粒径 3 倍的钻头。

（2）确定路段。可以是一个作业段、一天完成的路段，或按相关规范的规定选取一定长度的检查路段。

（3）按公路路基路面现场测试随机选点方法规定的方法确定取样的位置。
（4）将取样位置清扫干净。

2. 取样步骤

（1）根据目的和需要确定切割路面的面积，在取样地点的路面上，对钻孔位置作出标记或划出切割路面的大致区域。

（2）用取芯机垂直对准路面钻孔位置，放下钻头，牢固安放，确保取芯机在运转过程中不得移动。

（3）开放冷却水，启动马达，徐徐压下钻杆，钻取芯样，但不得使劲下压钻头。待钻透全厚度后，上抬钻杆，拔出钻头，停止转动，使芯样不损坏，取出芯样。沥青混合料芯样及水泥混凝土芯样可用清水漂洗干净后备用。当因试验需要不能用水冷却时，应采用干钻孔，此时为保护钻头，可先用约 3 kg 的干冰放在取样位置上，冷却路面约 1 h，钻孔时通常以低温 CO_2 等冷却气体代替冷却水。

（4）用切割机切割时将锯片对准切割位置，开放冷却水，启动马达，徐徐压下锯片至要求深度（厚度），仔细向前推进，至需要长度后抬起锯片，四面全部锯毕后，用镐或铁锹仔细取出试样。取得的路面试样应保持边角完整，颗粒不得散失。

（5）采取的路面混合料试样应整层取样，试样应完整。将钻取的芯样或切割的试样，妥善盛放于盛样器中，必要时用塑料袋封装。

（6）填写样品标签，一式两份，一份粘贴在试样上，另一份作为记录备查。试样标签的示例如图 4.2.4 所示。

（7）用棉纱等材料吸走取样时留下的水分，待干燥后，用同类型材料对钻孔或被切割的路面坑洞进行填补压实。

```
试样编号：_____
路线或工程名称：_____
材料品种：_____
施工日期：_____
取样日期：_____
取样位置：桩号_____中心线在左____m 右____m
取样人：_____
试样保管人：_____
备注：_____
（注明式样用途或试验结果等）
```

图 4.2.4　试样标签示例

任务三　几何尺寸及路面厚度检测

【工作任务】为了检查道路修筑的位置、几何形状和结构尺寸，需要进行有关几何尺寸检测。《公路工程质量检验评定标准 第一册 土建工程》（JTG F80/1—2017）要求检测的路基路面几何尺寸主要包括纵断高程、中线偏位、宽度、横坡、边坡、厚度等项目。

【预备知识】

一、几何尺寸测试

路基路面几何尺寸测试方法概述

路基路面几何尺寸包括各部分宽度、纵断面高程、横坡及中线平面偏位等。

路基路面几何尺寸评定是检验施工质量的重要指标之一，同时也是衡量公路使用质量，保证公路使用年限的一项重要指标。是施工质量检查及竣工验收的规定项目。

本方法适用于测试路基路面的宽度、纵断面高程、横坡、中线偏位、边坡坡度、水泥混凝土路面相邻板高差和纵、横缝顺直度，以评价道路线形和几何尺寸。

1. 仪具与材料技术要求

（1）钢卷尺、钢直尺：分度值不大于 1 mm。

（2）塞尺：分度值不大于 0.5 mm。

（3）经纬仪、水准仪或全站仪。

经纬仪：精度 DJ_2。

水准仪：精度 DS_3。

全站仪：测角精度 2″，测距精度 [$2\ mm + 2 \times 10^{-6} s$（$s$ 为测距）]。

（4）水平尺：金属材料制成，基准面应平直，长度不小于 600 mm 且不大于 2 000 mm。

（5）坡度测量仪：分度值 1°。

（6）尼龙线：直径不大于 0.5 mm。

2. 方法与步骤

（1）准备工作。

① 确认路基或路面上已恢复的桩号。

② 按现场抽样选点方法规定的方法，在一个测试路段内选取测试的断面（接缝）位置并作上标记。宜将路基路面宽度、横坡、高程、中线偏位选取在同一断面位置，且宜在整米桩号上测试。

③ 根据道路设计的要求，确定路基路面横断面各部分的边界位置并做好标记。

④ 根据道路设计的要求，确定设计高程的纵断面位置并作好标记。

⑤ 根据道路设计的要求，在与中线垂直的横断面上确定成型后路面的实际中线位置并做好标记。

⑥ 当采用全站仪测量边坡坡度时，根据道路设计的要求，确定路基边坡的坡顶、坡脚位置并作好标记。

（2）路基路面各部分的宽度及总宽度测试步骤。

用钢卷尺沿中心线垂直方向上水平量取路基路面各部分的宽度 B_1，以 m 计，准确至 0.001 m。测量时钢卷尺应保持水平，不得将尺紧贴路面量取，也不得使用皮尺。

路基路面几何尺寸检测

测试后按式（4.3.1）计算各个断面的实测宽度 B_{1i} 与设计宽度 B_{0i} 之差。总宽度为路基路面各部分宽度之和。

$$\Delta B_i = B_{1i} - B_{0i} \tag{4.3.1}$$

式中　B_{1i}——各断面的实测宽度，m；

B_{0i}——各断面的设计宽度，m；

ΔB_i——各断面的实测宽度和设计宽度的差值，m。

（3）纵断面高程测试步骤。

① 将水准仪架设在路面平顺处调平，将水准尺竖立在设计高程的纵断面位置上，以路线附近的水准点高程作为基准。测量高程并记录读数 H_1，以 m 计，准确至 0.001 m。

② 连续测试全部测点，并与水准点闭合，闭合差应达到三等水准测量要求。

测试后按下式（4.3.2）计算各个断面的实测高程 H_{1i} 与设计高程 H_{0i} 之差。

$$\Delta H_i = H_{1i} - H_{0i} \tag{4.3.2}$$

式中　H_{1i}——各个断面的纵断面实测高程，m；

H_{0i}——各个断面的纵断面设计高程，m；

ΔH_i——各个断面的纵断面实测高程和设计高程的差值，m。

（4）路基路面横坡测试步骤。

① 对设有中央分隔带的路面：将水准仪（全站仪）架设在路基路面平顺处调平，将水准尺分别竖立在路面与中央分隔带分界的路缘带边缘 d_1 处（或路基顶面相应位置）及路面与路肩交界位置或外侧路缘石边缘（或路基顶面相应位置）d_2 处，d_1 与 d_2 两测点应在同一横断面上，测量 d_1 与 d_2 处的高程并记录读数，以 m 计，准确至 0.001 m。

② 对无中央分隔带的路面：将水准仪（全站仪）架设在路基路面平顺处调平，将水准尺分别竖立在道路中心 d_1（或路基顶面相应位置）及路面与路肩交界位置或外侧路缘石边缘（或路基顶面相应位置）d_2 处，d_1 与 d_2 两测点应在同一横断面上，测量 d_1 与 d_2 处的高程，记录高程读数，以 m 计，准确至 0.001 m。

③ 用钢卷尺测量两测点的水平距离，以 m 计，准确至 0.005 m。

测试后各测定断面的路面横坡按式（4.3.3）计算，准确至一位小数。按式（4.3.4）计算实测横坡 i_{1i} 与设计横坡 i_{0i} 之差。

$$i_{1i} = \frac{d_{1i} - d_{2i}}{B_{1i}} \times 100 \tag{4.3.3}$$

$$\Delta i_i = i_{1i} - i_{0i} \tag{4.3.4}$$

式中　i_{1i}——各测定断面的横坡，%；

d_{1i} 与 d_{2i}——各断面测点 d_1 及 d_2 处的高程读数，m；

B_{1i}——各断面测点 d_1 与 d_2 之间的水平距离，m；

i_{0i}——各断面的设计横坡，%；

Δi_i——各测定断面的横坡和设计横坡的差值，%。

（5）中线偏位测试步骤：

① 对有中线坐标的道路：根据待测点 P 的施工桩号，在道路上标记 P 点，从设计资料

中查出该点的设计坐标,用经纬仪(全站仪)对该设计坐标进行放样,并在放样点 P' 作好标记,量取 PP' 的长度,即为中线偏位 Δ_{CL},以 mm 计,准确至 1 mm。

② 对无中线坐标的道路:根据待测点 P 的施工桩号,在道路上标记 P 点,由设计资料计算出该点的坐标,用经纬仪(全站仪)对该坐标进行放样,并在放样点 P' 做好标记,量取 PP' 的长度,即为中线偏位 Δ_{CL},以 mm 计,准确至 1 mm。

(6)路基边坡坡度测试步骤。

① 全站仪法。

将全站仪架设在路基路面平顺处调平,在同一横断面上选择坡顶 a、坡脚 b 两测点,分别测量其相对高程并记录读数 H_a、H_b,同时测量并记录两点间的水平距离 L,测量结果以 m 计,准确至 0.001 m。

② 坡度测量仪法。

将坡度测量仪的测试面垂直于路中线放在待测边坡上,旋转刻度盘,将水平气泡调到水平位置,读取并记录刻度盘上的刻度值即为路基边坡坡度,保留两位小数。

边坡坡度通常以 $1:m$ 的形式表示。全站仪法采用式(4.3.5)、(4.3.6)计算路基边坡坡度。路基边坡各部分位置示意如图(4.3.1)所示。

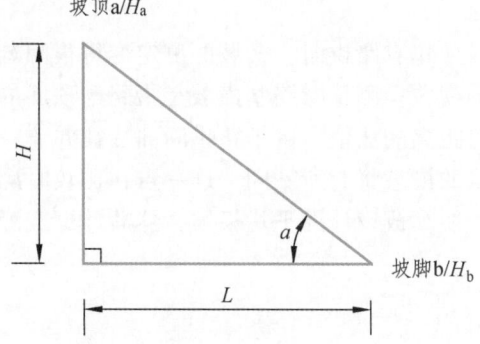

图 4.3.1 路基边坡各部分位置示意图

$$H_i = H_{ai} - H_{bi} \tag{4.3.5}$$

$$m_i = \frac{L_i}{H_i} \tag{4.3.6}$$

式中 H_i——第 i 个断面坡顶、坡脚测点的高差即垂直距离,m;

H_{ai},H_{bi}——第 i 个断面坡顶、坡脚测点的相对高程读数,m;

m_i——第 i 个断面的坡度值,路面坡度以 $1:m_i$ 表示;

L_i——第 i 个断面坡顶、坡脚测点的水平距离,m。

(7)相邻板高差测试步骤。

将水平尺垂直跨越接缝并水平放置于高出的一侧,用塞尺量测接缝处水平尺下基准面与位置较低板块的高差,以高差最大值为该接缝处的相邻板高差 H,以 mm 计,准确至 0.5 mm。

(8)纵、横缝顺直度测试步骤。

① 在待测试路段的直线段上,将尼龙线对齐 20 m 长的纵缝两端并拉直,用钢直尺量测

纵缝与尼龙线的最大间距，以 mm 计，准确至 1 mm，即为该处纵缝顺直度。

② 将尼龙线沿板宽对齐面板横缝两端并拉直，用钢直尺量测横缝与尼龙线的最大间距，以 mm 计，准确至 1 mm，即为该板的横缝顺直度。

3. 注意事项

（1）路基路面宽度的测定方法看起来很简单，但对宽度的定义则各有各的理解，尤其是当路面有路拱、横坡时，路面宽度必须是水平宽度，如果尺子贴地面量，测定的斜面，这是不正确的。另外，测定时不得使用皮尺，必须使用钢尺。

（2）现在道路设计时对纵断面高程规定的断面位置并不统一，有的以中线位置为设计断面，有的以路基边缘为设计断面，对有无中央分隔带的情况也不一致。本任务所述内容不规定断面的位置，仅规定按照道路设计标准决定测定断面位置。

（3）高程检验的关键在于测定高程的位置是否准确。当路基测定时，施工桩号尚在，还比较容易准确，但在路面竣工以后及旧路调查时，桩号已经没有，或者成了新桩号，如果恢复桩号位置不准确，高程测定值将无法检验是否符合要求。例如对纵坡 5% 的路段，桩号相差 1 m，高程相差 5 cm，便已超过了竣工验收的允许差，所以要求恢复桩号要准确，这对于用全新的全站仪测量可以做到，但对普通经纬仪，尤其是山区公路就困难了，这一点应当特别注意。

（4）路基路面在中心线处建有路拱时，横坡的测定变得很困难，因为路拱是一个曲线，设计横坡则是指直线部分的横坡。测量时路基横坡是指路槽顶面的横坡，路面横坡是路面中心线与路面边缘高程之差对距离的比值。由于路拱断面往往并非一直线，故测定值仅仅是平均横坡，与设计横断面形状的横坡将有所不同，这一点在比较时应该注意。即可将设计横坡按设计横断面图进行计算，换算成设计的平均横坡，然后计算实测横坡与设计横坡之差。

二、路面厚度测试

路面厚度是施工过程中质量控制及施工验收的必测项目，路面厚度的检测，通常是以钻孔法或挖坑法为标准试验方法，但均属于破坏性检验。因此，在沥青路面施工过程中，取消了挖坑检测厚度的方法，尽量采用地质雷达检测等无破损方法进行检验，以减少对路面造成的损坏。但钻孔取样的数据比较直观准确，所以现在还在使用。

（一）挖坑及钻孔测试路面厚度的试验方法

本方法适用于测试路面结构层厚度。挖坑法适用于基层或砂石路面的厚度测试，钻芯法适用于沥青面层、水泥混凝土路面板和能够取出完整芯样的基层的厚度测试。

挖坑和钻芯法测试路面厚度方法

1. 仪具与材料技术要求

（1）挖坑用镐、铲、凿子、锤子、小铲、毛刷。

（2）路面取芯机：手推式或车载式，配有淋水冷却装置。钻头的标准直径为 100 mm，如芯样仅供测量厚度，不做其他试验时，对沥青面层与水泥混凝土板也可用直径 50 mm 的钻头，对基层材料有可能损坏试件时，也可用直径 150 mm 的钻头，但钻孔深度均必须达到层厚。

（3）量尺：钢直尺、游标卡尺，分度值不大于 1 mm。
（4）其他：直尺、搪瓷盘、棉纱等。

2. 方法与步骤

（1）准备工作。

① 按《公路路基路面现场测试规程》（JTG 3450—2019），现场抽样选点方法确定挖坑测试或钻芯取样的位置，如为既有道路，应避开坑洞等显著缺陷或接缝位置。

② 在选择的试验地点，选一块约 400 mm×400 mm 的平坦表面，用毛刷将其清扫干净。

（2）挖坑法厚度测试步骤。

① 根据材料坚硬程度，选择镐、铲、凿子等适当的工具，开挖这一层材料，直至层位底面，在便于开挖的前提下，开挖面积应尽量缩小，坑洞大体呈圆形，边开挖边将材料铲出，置于搪瓷盘中。

② 用毛刷清扫坑底，确认已开挖至下一层的顶面。

③ 将直尺平放横跨于坑的两边，用钢直尺在坑的中部位置垂直伸至坑底，测量坑底至直尺下缘的距离，即为测试层的厚度 T_1，以 mm 计，准确至 1 mm。

（3）钻芯法厚度测试步骤。

① 按《公路路基路面现场测试规程》（JTG 3450—2019），钻芯和切割取样方法的规定用路面取芯机钻孔并取出芯样，钻孔深度应超过测试层的底面。

② 取出完整芯样，找出与下层的分界面。

③ 用钢直尺或游标卡尺沿芯样圆周对称的十字方向量取表面至分界面的高度，共 4 处，计算其平均值，即为该层的厚度 T_1，以 mm 计，准确至 1 mm。

（4）清理干净坑中的残留物，用棉纱等吸干钻孔时留下的积水，待干燥后采用同类型材料填补压实。

3. 计　算

（1）按式（4.3.7）计算路面实测厚度 T_{1i} 与设计厚度 T_{0i} 之差。

$$\Delta T_i = T_{1i} - T_{0i} \quad (4.3.7)$$

式中　T_{1i}——路面第 i 层的实测厚度，mm；

　　　T_{0i}——路面第 i 层的设计厚度，mm；

　　　ΔT_i——路面第 i 层实测厚度与设计厚度的差值，mm。

（2）计算一个测试路段检测厚度的平均值、标准差、变异系数，并计算代表厚度。

（二）短脉冲雷达测试路面厚度方法

短脉冲雷达是目前国内外已普遍用于测试路面结构层厚度的一种无损测试设备。其沥青面层的测试误差一般可控制在 3 mm 内，但是其测试效率是传统方法所无法相比的。建议测试路面厚度小于 10 cm 时，宜选用频率大于 2 GHz 的雷达天线；路面厚度为 10～25 cm 时，宜选用频率大于 1.5 GHz 的雷达天线；路面厚度大于 25 cm 时，宜选用频率大于 1 GHz 的雷达天线。

本方法适用于采用短脉冲雷达测试沥青路面面层厚度。不适用于潮湿路面或用富含铁矿渣集料等介电常数较高的材料铺筑的路面。

1. 仪具与材料技术要求

短脉冲雷达测试系统由承载车、发射天线、接收天线和控制单元等组成，其主要技术要求如下：

（1）距离标定误差不大于 0.1%。
（2）最小分辨层厚不大于 40 mm。
（3）系统测量精度要求如表 4.3.1。

表 4.3.1 系统测量精度技术要求

测量深度/mm	测量误差/mm	测量深度/mm	测量误差
$H<100$	±3	$H\geqslant 100$	±3%H

（4）天线：采用空气耦合方式，带宽能适应所选择的发射脉冲频率。

2. 方法与步骤

（1）准备工作。

① 测试前应收集设计图纸、施工配合比等资料，以合理确定标定路段。
② 按要求进行距离标定。
③ 将天线安装牢固，用连接线连接主机，并按要求开机预热。
④ 将金属板放置在天线正下方，启动控制软件，完成测试系统标定。
⑤ 根据不同的测试目的，设置控制软件的采样间隔、时间窗、增益等参数。

（2）测试步骤。

① 开启安全警示灯，将天线正下方对准起点，启动软件测试程序，缓慢加速承载车到正常测试速度。
② 测试过程中，操作人员应标记测试路段内的桥梁、隧道等构造物的起终点。
③ 测试过程中，承载车每隔一定距离应完全停下，在采集软件上做标记，雷达图像应界面清晰、容易辨识且没有突变，同时在地面上找出雷达天线中心所对应的位置，做好标记；按《公路路基路面现场测试规程》（JTG 3450—2019），挖坑和钻芯测试路面厚度方法在标记处钻取芯样并量测芯样高度；将现场钻取的芯样高度与雷达采集软件的结果进行对比，得出芯样的波速；将该标定路段的芯样波速平均值输入测试程序；每个波速标定路段钻芯取样位置应均匀分布，取样间距不宜超过 5 km，芯样数量应足以保证波速标定结果的代表性和准确性。
④ 当承载车到达测试终点后，停止采集程序。
⑤ 操作人员检查数据文件，文件应完整，内容应正常，否则应重新测试。
⑥ 关闭测试系统电源，结束测试。

3. 计 算

（1）由雷达波识别软件自动识别各层分界线，得到雷达波在各层中的双程走时 Δt。根据该双程走时以及电磁波在路面材料中的传播速度，按照式（4.3.8）计算面层厚度。

$$T = v \times \frac{\Delta t}{2} \qquad (4.3.8)$$

式中　T——面层厚度，mm；

　　　v——电磁波在路面材料中的传播速度，mm/ns；

　　　Δt——雷达波在路面面层中的双程走时，ns。

（2）计算一个测试路段的厚度平均值、标准差，并计算厚度代表值。

任务四　路面压实度检测

【工作任务】碾压是路基路面施工的重要环节，压实质量与路基路面强度、刚度和稳定性和平整度密切相关，压实度时路基路面施工质量检验的关键项目。对沥青混合料面层，压实度指现场实际达到的密度与标准密度的比准。标准密度可采用沥青混合料的马歇尔击实法获得的试验室标准密度，也可以采用最大理论密度或试验段密度，不同的标准密度对应不同的压实度要求；现场实际达到的密度可采用在现场钻芯并测定芯样密度的方式获得，也可以通过现场无核密度仪无损、快速地测定。

【预备知识】

一、钻芯法测试沥青面层压实度试验方法

沥青混合料面层的压实度是指按施工规范规定的方法测定的混合料试样的毛体积密度与标准密度之比，以百分率表示。钻芯法适用于测试从压实的沥青路面上钻取的沥青混合料芯样试件的密实度，并计算施工压实度，以评价结构层的压实质量。

1. 仪具与材料

（1）路面取芯钻机。

（2）天平：分度值不大于 0.1 g。

（3）水槽：温度控制在 ± 0.5 ℃ 以内。

（4）吊篮。

（5）石蜡。

（6）其他：卡尺、毛刷、小勺、取样袋（容器）、电风扇。

2. 方法与步骤

（1）钻芯取样。

按钻芯和切割取样方法钻取路面芯样，芯样直径不宜小于 ϕ100 mm。当一次钻孔取得的芯样包含有不同层位的沥青混合料时，应根据结构组合情况用切割机将芯样沿各层结合面锯开分层进行测定。

钻孔取样应在路面完全冷却后进行，对普通沥青路面通常在第二天取样，对改性沥青及SMA路面宜在第三天以后取样。

（2）测定试件密度。

① 将钻取的试件在水中用毛刷轻轻刷净黏附的粉尘。如试件边角有浮松颗粒，应仔细清除。

② 将试件晾干或用电风扇吹干不少于24 h，直至恒重。

③ 按现行《公路工程沥青及沥青混合料试验规程》（JTG E20—2011）的沥青混合料试件密度试验方法测定试件密度 ρ_s。通常情况下采用表干法测定试件的毛体积相对密度；对吸水率大于2%的试件，宜采用蜡封法测定试件的毛体积相对密度；对吸水率小于0.5%特别致密的沥青混合料，在施工质量检验时，允许采用水中重法测定表现相对密度。

（3）根据《公路沥青路面施工技术规范》（JTG F40—2004）确定标准密度。

3. 计 算

（1）当计算压实度的标准密度采用每天试验室实测的马歇尔击实试件密度或试验路段钻孔取样密度时，沥青面层的压实度按下式计算：

$$K = \frac{\rho_s}{\rho_0} \times 100 \tag{4.4.1}$$

式中　ρ_s——沥青混合料芯样试件的实际密度，g/cm³；
　　　ρ_0——沥青混合料的标准密度，g/cm³。

（2）计算压实度的标准密度采用最大理论密度时，沥青面层的压实度按下式计算：

$$K = \frac{\rho_s}{\rho_t} \times 100 \tag{4.4.2}$$

式中　ρ_t——沥青混合料的最大理论密度，g/cm³。

（3）计算一个评定路段检测的压实度的平均值、标准差、变异系数，并计算代表压实度。

二、无核密度仪测试压实度试验方法

现在，一种新型的电磁无核密度仪使用较多，该仪器采用先进的专利技术，能快速、可靠地给出测试结果。既能用于已有的沥青路面，也能用于新铺的沥青面层。但是使用时必须严格标定，通过对比试验检测其测定精度。无核密度仪的探测深度不同，在使用过程中应该根据需要选择不同类型的无核密度仪。不同类型的仪器操作方法可能不一样，但基本原理大体相同。

无核密度仪适用于现场快速测试当日铺筑且未开放交通的沥青路面各层沥青混合料的密度，并计算压实度，测试结果不宜用于评定验收。

1. 仪具与材料

无核密度仪应内含电子模块和可充电电池。探头应无核，无电容。无核密度仪的技术要求如下：

(1)最大探测深度：≥10 cm。
(2)最小探测深度：≤2.5 cm。
(3)单次测量时间：不大于5 s。
(4)精度：0.003 g/cm³。
(5)配有标准密度块供无核密度仪自校时使用。

2. 方法与步骤

(1)准备工作。

① 无核密度仪第一次使用前应对软件进行设置并储存，使操作者无须每次开机后都进行软件的设置。

② 使用无核密度仪前，应严格用标准密度块标定，通过相关性试验检验，确认其可靠性。

(2)测试步骤。

① 确定测试位置，与路面边缘或其他物体的最小距离不得小于30 cm，且表面干燥。

② 把无核密度仪平稳地置于测试位置上，保证仪器不晃动。当路表结构凸凹不平时，可用细砂填平测试位置的空隙，使路表面平整，能与仪器紧密接触。

③ 开机后应检查无核密度仪的工作状态，如电池电压，内部温度，设置测试日期、时间、测值编号等。

④ 进入测试界面，设置沥青面层厚度、测量单位、最大公称粒径等参数设置，选择单点测量模式，进入待测状态。

⑤ 按动测试键，3 s后读取数据，并记录。同时，无核密度仪上显示被测试材料表面的湿度值应在0～10，当测值超过10时，数据作废，应重新选点测试。

⑥ 当采用修正值方法时，显示原始数据为 ρ_d；当采用相关性公式时，将显示原始数据带入相关性公式，计算实测密度 ρ_d，准确至0.01 g/cm³。

3. 计　算

按下式计算压实度。

$$K = \frac{\rho_d}{\rho_c} \times 100 \tag{4.4.3}$$

式中　ρ_d——由无核密度仪测定的压实沥青混合料的实际干密度，g/cm³，一组不少于13个点，取平均值；

ρ_c——沥青混合料的标准密度，g/cm³。

任务五　路面平整度检测

路面平整度检测

【工作任务】平整度时指道路表面相对于理想平面的竖向偏差。路表的不平整会增大行车阻力，使车辆产生附加振动，造成行车颠簸，影响乘客舒适性。同时，振动的作用还会对路面施加额外冲击力,从而加剧路面和汽车机件损坏和轮胎磨损,增大油耗。而且,不平整的路表会积滞雨水,不仅加速路面损坏,也给行车带来安全隐患。因此,平整度是评价路基路面施工质量和路面使用性能的重要指标。

【预备知识】

路面平整度是评定路面质量及使用性能的重要指标之一,直接关系到行车安全以及车辆的通行能力和运营的经济性,还影响着路面的使用年限。平整度必须通过路基、基层、面层各个层次的精确施工方能得以保证。

路面不平整使车辆在行驶中产生行驶阻力和振动,行驶阻力消耗车辆的功率,影响车辆动力系统和传动系统的寿命,而在冲击下产生的振动,直接影响了车辆的平顺性、乘坐舒适性以及承载系统的可靠性和使用寿命,同时阻力和振动也对车速和操纵稳定性产生影响。所以,路面平整度是运行环境中的主要因素。另外,路面的平整度对车辆运营费用也有较大影响。

路面平整度的测试设备分为断面类和反应类两大类。断面类是实际测定路面表面凹凸情况的,如最常用的三米直尺及连续式平整度仪,还可用精确测定高程得到,国际平整度指数便是以此为基准建立的。反应类是利用路面凹凸引起的车辆的振动颠簸,测得驾驶员和乘客直接感受到的平整度指标,因此它实际上得到的是舒适性能的指标,最常用的是车载式颠簸累积仪。

路面平整度概述

一、三米直尺测试平整度试验方法

该方法是用三米直尺测试路表与三米直尺基准面的最大间隙 δ_m(mm),用以表征路表平整度,适用于碾压成型后的路基路面各层表面的平整度。

1. 仪具与材料技术要求

(1)三米直尺:测量基准面长度为 3 m 长,基准面应平直,用硬木或铝合金钢等材料制成。

(2)最大间隙测量器具:

① 楔形塞尺:硬木或金属制的三角形塞尺,有手柄。塞尺的长度与高度之比不小于10,宽度不大于 15 mm,边部有高度标记,分度值不大于 0.5 mm。

② 深度尺:金属制的深度测量尺,有手柄。深度尺测量杆端头直径不小于 10 mm,分度值不大于 0.5 mm。

③ 其他:皮尺或钢尺等。

2. 方法与步骤

(1)准备工作。

① 确定测试方式。当测试沥青路面施工过程中的质量时,应以单尺方式测试,且测试位置应选在接缝处;其他情况一般以连续 10 尺方式测试。

② 选择测试位置。除特殊需要者外,应以行车道一侧车轮轮迹(距车道线 0.8 m~1.0 m)作为连续测试的位置。对既有道路已形成车辙的路面,应取车辙中间位置为测试位置。

三米直尺测试路面平整度方法

③ 清扫路面测定位置处的碎石、杂物等。

（2）测试步骤。

① 将三米直尺沿道路纵向摆在测试位置的路面上。

② 目测三米直尺底面与路表面之间的间隙情况，确定最大间隙的位置。

③ 将具有高度标线的塞尺塞进间隙处，测试其最大间隙的高度；或者用深度尺在最大间隙位置测试直尺上顶面距地面的深度，该深度减去尺高即为测试点的最大间隙的高度。以 mm 计，准确至 0.5 mm。

3. 计 算

单尺测试路面的平整度计算，以三米直尺与路面的最大间隙 δ_m 为测试结果；连续测试 10 尺时，判断每尺最大间隙 δ_m 是否合格，计算合格率，并计算 10 个最大间隙的平均值。

二、连续式平整度仪测试平整度试验方法

连续式平整度仪测试方法

连续式平整度仪法是用连续式平整度仪测试路面纵向相对高程的标准差 σ，用以表征路面的平整度，以 mm 计。适用于测定路表面的平整度，评定路面的施工质量和使用质量，不适用于在已有较多坑槽、破损严重的路面上进行测试。

在国外，连续式平整度仪的种类很多，长度和结构各不相同，同样是 3 m，有 4 轮、8 轮、16 轮式多种，使用最多的是三米八轮平整度仪。我国目前使用的标准仪器仅限于三米 8 轮平整度仪。

平整度计算值以标准差表示，所以与计算区间的长度有很大关系（图 4.5.1），计算区间越长，标准差越小。一般规定计算区间长度为 100 m，一个检测路段（通常为 1~3 km）有若干个计算区间。

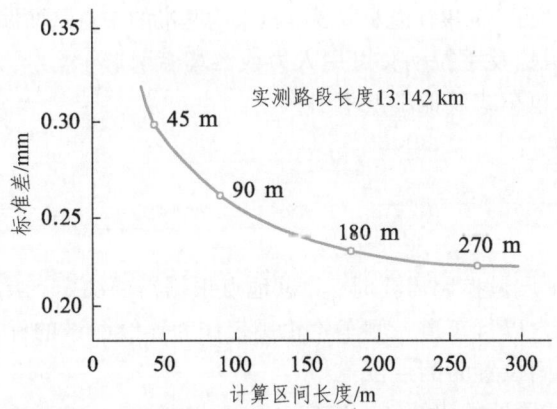

图 4.5.1 平整度计算值与计算区间长度的关系

三米平整度仪的测定结果与三米直尺连续测定的平整度在原理上相同，计算方法相同，两种不同的方法有较好的相关关系。

1. 仪具与材料技术要求

（1）连续式平整度仪。

① 整体结构：连续式平整度仪构造如图 4.5.2 所示。除特殊情况外，连续式平整度仪的标准长度为 3 m；中间为一个 3 m 长的机架，机架可缩短或折叠，前后各有 4 个行李轮，前后两组轮的轴间距离为 3 m。

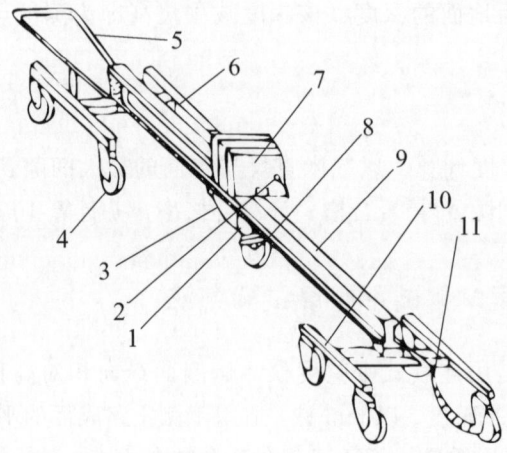

1—测量架；2—离合器；3—拉簧；4—脚轮；5—牵引架；6—前架；
7—记录计；8—测定轮；9—纵梁；10—后架；11—软轴。

图 4.5.2 连续式平整度仪构造图

② 地面高差测量传感器：安装在机架中间，可以是能起落的测定轮或如激光测距仪。

③ 其他辅助机构：蓄电池电源，距离传感器，与数据采集、处理、存储、输出部分配套的采集控制箱及计算机、打印机等。

④ 测定间距为 100 mm，每一计算区间的长度为 100 m 并输出一次结果。

⑤ 可记录测试长度、曲线振幅大于某一定值（如 3 mm、5 mm、8 mm、10 mm 等）的次数、曲线振幅的单向（凸起或凹下）累计值及以 3 m 机架为基准的中点路面偏差曲线图，计算打印。

⑥ 机架装有一牵引钩及手拉柄，可用人力或汽车牵引。

（2）牵引车：小面包车或其他小型牵引汽车。

（3）皮尺或测绳。

2. 方法与步骤

（1）准备工作。

① 当为施工过程中质量控制需要时，测试地点根据需要决定；当进行路面工程质量检查验收或路况评定时，通常以行车道一侧车轮轮迹带作为连续测试的标准位置；对已形成车辙的路面，取一侧车辙中间位置为测点位置。

② 清扫路面测试位置处的碎石、杂物等。

③ 检查仪器测试箱各部分应完好、灵敏，测定轮胎压正常，并将各连接线接妥，安装记录设备。

（2）测试步骤。

① 将连续式平整度仪置于测试路段路面起点上，保证测定轮位置在轮迹带范围内。

② 在牵引汽车的后部,将连续式平整度仪与牵引车连接好,按照要求依次完成各项操作。
③ 启动牵引汽车,沿道路纵向行驶,横向位置保持稳定。
④ 确认连续式平整度仪工作正常。牵引连续式平整度仪的速度应保持匀速且沿车道方向行驶,速度宜为 5 km/h,最大不得超过 12 km/h。在测试路段较短时,亦可用人力拖拉平连续式整度仪测试路面的平整度,但拖拉时应保持匀速前进。

3. 计 算

(1)以 100 m 长度为一个计算区间,计算该区间内采集的位移值(d_i)的标准差 σ_i,即该区间的平整度,以 mm 计,保留 1 位小数。

$$\sigma_i = \sqrt{\frac{\sum d_i^2 - (\sum d_i)^2 / N}{N-1}} \tag{4.5.1}$$

式中 σ_i——各计算区间的平整度计算值,mm;
　　　d_i——以 100 m 为一个计算区间,每隔一定距离(自动采集间距为 10 cm,人工采集间距为 1.5 m)采集的路面凹凸偏差位移值,mm;
　　　N——计算区间用于计算标准差的测试数据个数。

(2)计算一个路段平均值、标准差、变异系数测试。

三、车载式颠簸累积仪测试平整度试验方法

本方法适用于车载式颠簸累积仪连续采集路面颠簸产生的累积位移值,以表征路面平整度。不适用于有严重坑槽、车辙等病害路面的平整度测试。

目前,国内车载式反应类平整度仪(如颠簸累积仪)由于结构和原理简单、价格便宜,使用范围较广,但由于反应类系统的测试结果与自身的动态性能、测试的速度以及路面类型有关,放置较长时间、行驶较长距离以及轮胎和减震器维修、更换等都会影响其动态性能,因此需要较为完善的测试方法保证测试结果的准确性。

1. 仪具与材料技术要求

测试系统由承载车辆、距离测量装置、颠簸累积值测试装置和主控制系统组成,基本测试参数要求如下:
① 测试速度:30 ~ 80 km/h。
② 测试幅值: - 0.2 ~ 0.2 m。
③ 垂直位移分辨率:1 mm。
④ 距离标定误差: < 0.5%。

2. 方法与步骤
(1)准备工作。
① 承载车出现以下情况之一时,均应进行仪器测值与国际平整度指数 IRI 的相关性试验:在正常状态下行驶超过 2 000 km;相关性试验的时间间隔超过 1 年;减震器、轮胎等发生更换、维修。

② 检查测试车轮胎气压，应达到车辆轮胎规定的标准气压，车胎应清洁，不得粘附杂物，承载车载重及分布应与仪器相关性标定试验时一致。

③ 现场安装距离测量系统，应确保紧固装置安装牢固，螺丝无松动。

④ 检查测试系统各部分应符合测试要求，不应有明显的可视性破损。

⑤ 打开系统电源，启动控制程序，检查系统各部分的工作状态。

（2）测试步骤。

① 测试开始之前应让测试车以测试速度行驶（5~10）km，按照规定的预热时间对测试系统预热。

② 测试车停在测试起点前（300~500）m 处，启动平整度测试系统程序，按照测试路段的现场技术要求设置完毕所需的测试状态。

③ 驾驶员在进入测试路段前应保持标定时的车速，沿正常行车轨迹驶入测试路段。

④ 进入测试路段后，测试人员启动系统的采集和记录程序，在测试过程中必须及时准确地将测试路段的起终点和其他需要特殊标记点的位置输入测试数据记录中。

⑤ 当测试车辆驶出测试路段后，测试人员停止数据采集和记录，并恢复仪器各部分至初始状态。

⑥ 测试人员检查数据文件应完整，内容应正常，否则需要重新测试。

⑦ 关闭测试系统电源，结束测试。

3. 计　算

根据颠簸累积仪测试的颠簸累积值 VBI，按照相关性试验，得到换算公式，并以 100 m 为计算区间换算成国际平整度指数 IRI，以 m/km 计，保留 2 位小数。

4. 颠簸累积仪测值与国际平整度指数 IRI 相关关系对比试验

（1）基本要求。

由于颠簸累积仪测值受测试速度等因素影响，因此测试系统的每一种实际采用的测试速度均应单独进行试验，建立相关性关系式。试验过程及分析结果应详细记录并存档。

（2）试验条件。

① 按照每段 IRI 值间距大于 1.0 的范围选择不少于 4 段不同平整度水平的路段，每路段有足够加速或减速长度的路段。根据实际测试道路 IRI 的分布情况，可以增加某些范围内的标定路段。

② 每一路段长度不小于 300 m。

③ 每一段内的平整度应均匀，包括路段前 50 m 的引道。

④ 选择坡度变化较小的直线路段，路段交通量小，便于疏导。

⑤ 标定宜选择在车道的正常行驶轮迹上进行，明确标出标定路段的轮迹、起终点。

（3）试验步骤。

① 距离标定。

a. 选择坡度变化较小的平坦直线路段，长度不小于 500 m，标出起终点和行驶轨迹。

b. 标定开始之前应让测试车以测试速度行驶（5~10）km，按照规定的预热时间对测试系统进行预热。

c. 将测试车的前轮对准起点线,启动距离校准程序,然后令车辆沿着路段轨迹直线行驶,避免突然加速或减速,接近终点时,减速停车,确保测试车的前轮对准终点线,结束距离校准程序。重复此过程,确保距离传感器脉冲当量的准确性,应在允许误差范围之内。

② 参照本方法测试步骤,令颠簸累积仪按选定的测试速度测试每个标定路段的反应值,重复测试至少 5 次,取其平均值作为该路段的反应值。

③ IRI 值的确定。

a. 以精密水准仪作为标准仪具,分别测量标定路段两个轮迹的纵断面高程,要求采样间隔为 250 mm,高程测试精度为 0.5 mm;然后用 IRI 标准计算程序对每个轮迹的纵断面测量值进行模型计算,得到该轮迹的 IRI 值。两个轮迹 IRI 值的平均值即为该路段的 IRI 值。

b. 其他符合世界银行一类平整度测试标准的纵断面测试仪具也可以作为确定标定路段标准 IRI 值的仪具。

④ 试验数据处理。

用数理统计的方法将各标定路段的 IRI 值和相应的颠簸累积仪测值进行回归分析,建立相关关系方程式,相关系数 R 不得小于 0.99。

四、车载式激光平整度仪测试平整度方法

本方法适用于车载式激光平整度仪测量路面国际平整度指数 IRI,以表征路面平整度和在无严重坑槽、车辙等病害及无积水、无冰雪、无泥浆的正常通车条件下路面上进行平整度测试。

1. 仪具与材料技术要求

车载式激光平整度仪(以下简称"激光平整度仪")由承载车、距离传感器、纵断面高程传感器和主控制系统组成,基本技术参数的要求如下:

(1)测试速度:30~100 km/h。

(2)采样间隔:≤500 mm。

(3)传感器测试精度:1.0 mm。

(4)距离标定误差:≤0.05%。

2. 方法与步骤

(1)准备工作。

① 检查激光平整度仪的各传感器。

② 检查承载车轮胎气压,应达到车辆轮胎规定的标准气压,车胎应清洁,不得沾附杂物。

③ 现场安装距离测量装置,应确保机械紧固装置安装牢固,螺丝无松动。

④ 检查激光平整度仪,仪器各部分应符合测试要求,不应有破损。

⑤ 打开系统电源,启动控制程序,检查各部分的工作状态。

(2)测试步骤。

① 测试开始之前应让承载车以测试速度行驶(5~10)km,按照规定的预热时间对激光平整度仪预热。

② 承载车停在测试起点前(50~100)m 处,启动平整度测试系统程序,按照测试路段

的现场技术要求设置完毕所需的测试状态。

③ 驾驶员应按照要求的测试速度范围驾驶承载车，宜在（50~80）km/h 之间，避免急加速和急减速，急弯路段应放慢车速，沿正常行车轨迹驶入测试路段。

④ 进入测试路段后，测试人员启动系统的采集和记录程序，在测试过程中必须及时准确地将测试路段的起终点和其他需要特殊标记的位置输入测试数据记录中。

⑤ 当承载车辆驶出测试路段后，测试人员停止数据采集和记录，并恢复仪器各部分至初始状态。

⑥ 检查测试数据文件应完整，内容应正常，否则需要重新测试。

⑦ 关闭系统电源，结束测试。

3. 计 算

激光平整度仪采集的数据是路面相对高程值，应以 100 m 为计算区间长度用 IRI 的标准计算程序计算 IRI 值，以 m/km 计，保留 2 位小数。

4. 激光平整度仪测值与国际平整度指数 IRI 相关关系对比试验

（1）试验条件。

① 选择不少于 4 段不同平整度水平的路段，每路段 IRI 值的间距应大于 1.0，且有足够加速或减速长度。根据实际测试道路 IRI 的分布情况，可以适当增加某些范围内的标定路段。

② 每路段长度不小于 300 m。

③ 每一段内的平整度应均匀，包括路段前 50 m 的引道。

④ 选择坡度变化较小的直线路段，路段交通量小，便于疏导。

⑤ 承载车安装的多套平整度测试设备，需要分别试验。

⑥ 宜选择在车道的正常行驶轮迹上进行，明确标记试验路段起终点位置。

（2）试验步骤。

① 距离标定。

a. 选择坡度变化较小的平坦直线路段，长度不小于 500 m，标记起终点。

b. 标定开始之前应让承载车以测试速度行驶（5~10）km，按照规定的预热时间对测试系统进行预热。

c. 将承载车的前轮对准起点线，启动测试系统，然后令承载车沿着路段轨迹直线行驶，避免突然加速或减速，接近终点时，减速停车，确保承载车的前轮对准终点线，输出距离测试值。重复此过程，确保距离传感器测试结果和路段标称长度的差值允许误差范围之内。

② 按照测试步骤，对试验路段进行 5 次重复平整度测试，取其 IRI 计算值的平均值作为该路段的测试值。

③ IRI 值的确定。

a. 以精密水准仪作为标准仪具，测量标定路段上测线的纵断面高程，要求采样间隔为 250 mm，高程测试精度为 0.5 mm。然后用 IRI 标准计算程序对纵断面测量值进行模型计算，得到标定路段的 IRI 值。

b. 其他符合世界银行一类平整度测试标准的纵断面测试仪具也可以作为确定标定路段标准 IRI 值的仪具。

④ 试验数据处理。

将各试验路段的 IRI 值和相应的平整度仪测值进行回归分析,建立相关关系方程式,相关系数 R 不得小于 0.99。

五、手推式断面仪测试平整度方法

手推式断面仪是用于连续采集和测量路面信息(包括距离、断面坡度和国际平整度指数 IRI)的一种高精度仪器,符合 ASTM E950 一级产品要求,属于世界银行标准一级断面设备。手推式断面仪可用于道路或机场跑道路面施工质量验收,还可为响应式平整度检测仪及其他类平整度检测仪提供标定参照。

手推式断面仪体型小,携带方便,操作简单,在科研和工程应用领域具有一定使用需求。测试时,仪器的放置时间、行驶距离以及温度、湿度等都会影响其测试结果,因此该仪器使用前需要进行系统标定,并在测试过程中关注上述因素的变化情况。

本方法适用于手推式断面仪测量路面国际平整度指数(IRI),以表征路面平整度。适用于无积水、无积雪、无泥浆的正常通车条件下的路面的平整度测试。

1. 仪具与材料技术要求

(1)手推式断面仪由传感器、数据采集与处理系统、测定梁、距离测定轮、测脚、车架系统等基本部分组成,如图 4.5.3 所示。技术要求如下:

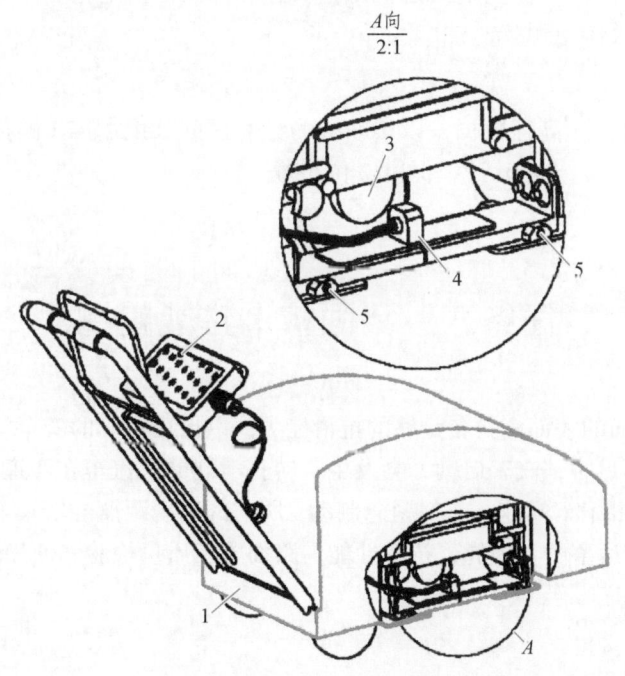

1—车架系统;2—数据采集与处理系统;3—距离测定轮;4—传感器;
5—测脚;A—测定梁放大图。

图 4.5.3 手推式断面仪示意图

① 最大测试速度：0.80 km/h。
② 采样间隔：≤25.4 mm。
③ 距离标定误差：≤0.1%。
④ 高度测量精度：±0.1 mm。
⑤ 断面精度：±0.381mm。
⑥ 最大测量纵向坡度：9.5°。
（2）其他：皮尺或钢卷尺、粉笔、扫帚等。

2. 方法与步骤

（1）准备工作。
① 清扫待测路面，检查机械部件有无松动或损坏，检查测脚有无损坏、黏附物等。
② 将各种数据线连接后，打开电源，按要求进行预热。
③ 检查电池蓄电情况，确保测试期间电量充足。
④ 使用前应按要求完成系统标定，且宜选择温度变化幅度较小的时段进行测试。
（2）测试步骤。
① 在待测路面上沿行车迹线附近标记起始点的位置。
② 将设备停放在测量路段起点，启动程序设置所需的测试状态，开始采集数据。
③ 测试人员将手推式断面仪按规定速度沿直线向前匀速推行，并保证两测脚落脚点都在测线上，不要在手柄上施加垂直力。中途如需临时停止，需将测定梁提起到达最高点后锁定测定轮。到达测试终点时，在测定梁处于提起状态时，锁住测定轮。
④ 保存数据，关闭电源。

3. 计 算

根据路面纵断面相对高程数据，以 100 m 为计算区间长度用 IRI 的标准计算程序计算国际平整度指数 IRI 值，以 m/km 计，保留 2 位小数。

任务六　路面抗滑性能检测

路面抗滑性检测

【工作任务】路面的表面应具备足够的抗滑能力，以保证行车的安全。若路面的抗滑能力不足时，汽车启动，会发生空转打滑现象；汽车在弯道上行驶，会产生横向滑移；高速行车时紧急制动，所需的制动距离会增长。路面滑溜极易引发交通事故。因此，抗滑性能是路面施工质量检验和使用性能评价的指标。

【预备知识】

一、概　述

路面抗滑性能试验概述

路面抗滑性能是指车辆轮胎受到制动时沿表面滑移所产生的力。通常，抗滑性能被看作是路面的表面特征，摩阻系数是反映抗滑性能的主要指标之一。表面特征包括路表面细构造和粗构造。影响抗滑性能的因素有路面表面特性、路面潮湿程度和行车速度。路面具有一定粗糙度是保证汽车在道路上行驶安全的必要条件，它通过轮胎与路面相互作用产生的摩擦阻力而起制约作用。

抗滑性能测试的方法主要有构造深度试验方法和摩擦系数试验方法两大类。

二、路面构造深度（TD）试验方法

构造深度是指规定区域内路表面开口空隙的深度，又称宏观纹理深度。根据测试区域和计算模型的不同，简称主要有 TD、SMTD、MPD 等，以 mm 计。路表面细构造是指集料表面的粗糙度，它随车轮的反复磨耗作用而逐渐被磨光。通常采用石料的磨光值（PSV）表征路表面抗磨光的性能。细构造在低速（30~50 km/h）时对路表抗滑性能起决定作用。而高速时对路表抗滑性能起主要作用的是粗构造，即路表外露集料间形成的构造，其功能是使车轮下的路表水迅速排除，以避免形成水膜。粗构造由构造深度（TD）表征，是反映抗滑性能的主要指标之一。

手工铺砂法测试路面构造深度方法

（一）手工铺砂法

路面表面的构造深度（TD）以前称纹理深度，是路面粗糙度的重要指标，它与路表抗滑性能、排水、噪声等都有一定关系。铺砂法是将细砂铺在路面上，计算嵌入凹凸不平的表面空隙中砂的体积与覆盖面积之比，从而求得构造深度。这是目前工程上最为基本也是最为常用的方法。

本法适用于测试沥青路面及无刻槽水泥混凝土路面表面的构造深度，用以评定路面表面的抗滑性能。

1. 仪具与材料技术要求

（1）手工铺砂仪：由量砂筒、推平板组成，具体技术要求如下：

① 量砂筒：形状尺寸如图 4.6.1。一端是封闭的，容积（25±0.15）mL，可通过称量砂筒中水的质量以确定其容积 V，并调整其高度，使其容积符合规定。附专用的刮尺，用于将筒口量砂刮平。

② 推平板：形状尺寸如图 4.6.2。推平板应为木制或铝制，直径 50 mm，底面粘一层厚 1.5 mm 的橡胶片，上面有一圆柱形把手。

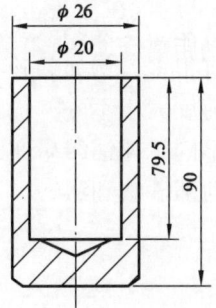

图 4.6.1 量砂筒（单位：mm）

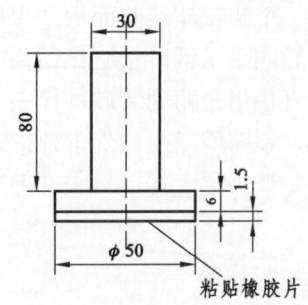

图 4.6.2 推平板（单位：mm）

- 155 -

（2）量砂：足够数量的干燥洁净的匀质砂，粒径 0.15~0.3 mm。

（3）量尺：钢板尺或专用的构造深度尺。

（4）其他：装砂容器（小铲）、扫帚或毛刷、挡风板等。

2. 方法与步骤

（1）准备工作。

① 量砂准备：取洁净的细砂，晾干过筛，取 0.15~0.3 mm 的砂置适当的容器中备用。试验时，量砂只能一次性使用，不宜重复使用。

② 选取测点所在横断面的位置，同时测点应选择在车道的轮迹带上，距路面边缘不应小于 1 m。

（2）试验步骤。

① 用扫帚或毛刷将测点附近的路面清扫干净，面积不小于 30 cm×30 cm。

② 小铲向圆筒中缓缓注入准备好的量砂至高出量筒成尖顶状，手提圆筒上部，用钢尺轻轻叩打圆筒中部 3 次，并用刮尺边沿筒口一次刮平。

注：不可直接用量砂筒装砂，以免影响量砂密度的均匀性。

③ 将砂倒在路面上，用推平板由里向外重复做摊铺运动，稍稍用力将砂向均匀摊开，使砂填入路表面的空隙中，尽可能将砂摊铺成圆形，并不得在表面上留有浮动余砂。注意摊铺时不可用力过大或向外推挤。

④ 用钢板尺测量所构成圆的两个垂直方向的直径，取其平均值，准确至 1 mm。也可用专用尺直接测量构造深度。

⑤ 按以上方法，同一处平行测定不少于 3 次，3 个测点均位于轮迹带上，测点间距 3~5 m。对同一处测试应该由同一个试验员进行定。该处的测定位置以中间测点的位置来表示。

3. 计 算

（1）构造深度 TD 测试结果按下式计算：

$$\mathrm{TD} = \frac{1\,000V}{\pi D^2 / 4} = \frac{31\,831}{D^2} \qquad (4.6.1)$$

式中　V——砂的体积，25 cm³；

　　　D——推平砂的平均直径，mm。

（2）每一测试位置均取 3 次路面构造深度的测试结果的平均值作为试验结果，准确至 0.01 mm。当平均值小于 0.2 mm 时，试验结果以小于 0.2 mm 表示。

（3）计算每一个测试路段路面构造深度的平均值、标准差、变异系数。

一般来说，影响手工铺砂法测试结果误差较大的原因有很多，例如装砂和叩击方法无量化标准，不少人直接用量筒到装砂的筒中装砂，叩击量筒力度大小不一，均致使量筒中的砂紧密程度不一样，影响砂量。此外，摊铺过程因掌握力度不同，摊铺结果亦因人而异。为了克服手工铺砂法掌握不统一、测量不准的缺点，可采用电动铺砂法和激光法。

（二）电动铺砂法

电动铺砂法与手工铺砂法虽然基本原理类似，但测试方法有所差

电动铺砂仪测试路面构造深度方法

别,手工法是通过将固定体积量砂填入凹凸不平的空隙计算其平均深度作为构造深度的,而电动法是将固定体积量砂在路面上的摊铺长度与在玻璃板上的摊铺长度进行比较后,得到构造深度的,所以两种方法测试的构造深度存在差值,使用时应进行换算。

本方法适用于测试沥青路面及无刻槽水泥混凝土路面表面构造深度,用以评定路面表面抗滑性能。

1. 仪具与材料技术要求

(1)电动铺砂仪:利用可充电的直流电源将量砂通过砂漏铺设成宽度 5 cm,厚度均匀一致的器具,如图 4.6.3 所示。

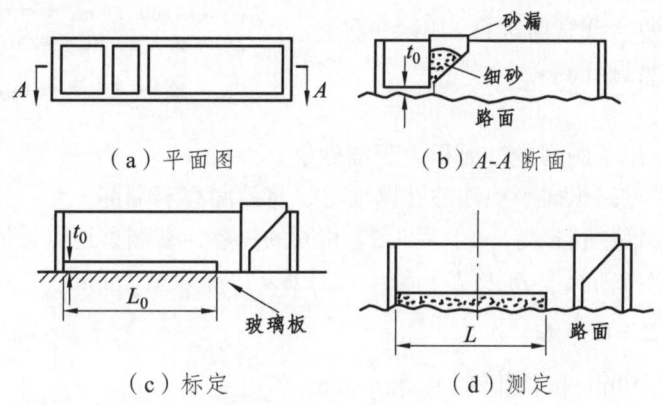

图 4.6.3　电动铺砂仪

(2)量砂:足够数量的干燥洁净的匀质砂,粒径 0.15~0.3 mm。
(3)标准量筒:容积 50 mL。
(4)玻璃板:面积大于铺砂器,板厚不小于 5 mm。
(5)其他:直尺、灌砂漏斗、扫帚、毛刷等。

2. 方法与步骤

(1)准备工作:

① 量砂准备:取洁净的细砂,晾干过筛,取 0.15~0.3 mm 的砂置适用的容器中备用。量砂只能在路面上使用一次,不宜重复使用。

② 选取路段测点横断面位置,同时测点应选在车道的轮迹带位置,且距路面边缘不得小于 1 m。

(2)电动铺砂器的标定:

① 将铺砂器平放在玻璃板上,将砂漏移至铺砂器端部。

② 将灌砂漏斗口和量筒口大致齐平。通过漏斗向量筒中缓缓注入准备好的量砂至高出量筒呈尖顶状,用直尺沿筒口一次刮平,其容积为 50 mL。

③ 将漏斗口与铺砂器砂漏上口大致齐平。将砂通过漏斗均匀地倒入砂漏,倒入过程中,漏斗前后移动,使砂的表面大致齐平,但不得用其他工具刮动砂。

④ 启动开关,使砂漏向另一端缓缓移动,量砂沿砂漏底部铺成如图 4.6.4 所示的宽 50 mm 的带状,待砂全部漏完后停止。

⑤ 按图 4.6.4，依下式由 L_1 及 L_2 的平均值决定量砂的摊铺长度 L_0，精确至 1 mm：

$$L_0 = (L_1 + L_2)/2 \quad (4.6.2)$$

式中　L_0——玻璃板上 50 mL 量砂摊铺的长度，mm；

　　　L_1、L_2——按图 4.6.4 的方法量取的摊铺长度，mm。

⑥ 重复标定 3 次，取平均值决定 L_0，准确至 1 mm。标定应在每次测试前进行，用同一种量砂，由同一测试人员进行。

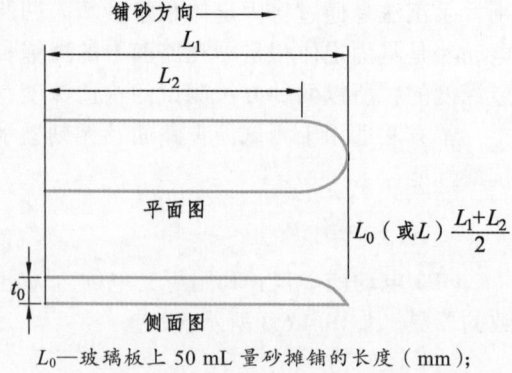

L_0—玻璃板上 50 mL 量砂摊铺的长度（mm）；
L—路面上 50 mL 量砂摊铺的长度（mm）。

图 4.6.4　决定 L_0 及 L 的方法

（3）测试步骤：

① 将测试地点用毛刷刷净，面积大于铺砂仪。

② 将铺砂仪沿道路纵向平稳地放在路面上，将沙漏移至端部。

③ 按上述电动铺砂仪标定（2）～（5）相同的步骤，在测试地点摊铺 50 mL 量砂，按图 4.6.4 的方法量取摊铺长度 L_1 及 L_2，依下式计算 L，准确至 1 mm。

$$L = (L_1 + L_2)/2 \quad (4.6.3)$$

式中　L——路面上 50 mL 量砂摊铺的长度，mm；

④ 按以上方法，同一处平行测定不少于 3 次，3 个测点均位于轮迹带上，测点间距 3～5 m。该处的测定位置以中间的测点位置表示。

3. 计　算

（1）按下式计算铺砂仪在玻璃板上摊铺的量砂厚度 t_0。

$$t_0 = \frac{V}{B \times L_0} \times 1\,000 = \frac{1\,000}{L_0} \quad (4.6.4)$$

式中　t_0——量砂在玻璃板上摊铺的标定厚度，mm；

　　　V——量砂体积，50 mL；

　　　B——铺砂仪铺砂宽度，50 mm。

（2）按下式计算路面的构造深度 TD：

$$\text{TD} = \frac{L_0 - L}{L} \times t_0 = \frac{L_0 - L}{L_0 \times L} \times 1\,000 \quad (4.6.5)$$

（3）每一处均取 3 次路面构造深度的测试结果的平均值作为试验结果，准确至 0.1 mm。

（4）计算每一个测试路段构造深度的平均值、标准差、变异系数。

（三）车载式激光构造深度仪法

车载式激光构造深度仪是近年来逐渐普及使用的一种测试设备，其测试准确性和工作效率均较高。激光构造深度仪利用激光测距的原理测量地面材料颗粒表面以及材料颗粒之间的深度变化的情况,输出的测试结果是沿测线断面一定间距长度内的平均深度数据,因此与铺砂法的一定面积内的平均深度数据有所差别。

本方法适用于各类车载式激光构造深度仪在新、改建路面工程质量验收和无严重破损病害及没有积水、积雪、泥浆等正常行车条件下连续采集路面构造深度,但不适用于带有沟槽构造的水泥路面。

1. 仪具与材料技术要求

测试系统由承载车、距离传感器、激光传感器和主控制单元组成,配备的专用软件应自动控制进行数据采集、传输、记录和数据处理。其主要技术要求如下:

(1)最大测试速度:≥50 km/h。

(2)采样间隔:≤5 mm。

(3)传感器垂直测距示值误差:≤0.1 mm。

(4)距离标定误差:<0.1%。

2. 方法与步骤

(1)准备工作。

① 设备安装到承载车上以后应进行相关性标定试验。

② 对测试系统各传感器进行自标定。

③ 现场安装距离测量装置时,应确保机械紧固装置安装牢固。

④ 打开测试系统电源,启动控制程序,检查各部分的工作状态,并预热测试系统。

(2)测试步骤。

① 承载车停在测试起点前 50～100 m 处,启动测试系统程序,按照测试路段的现场技术要求设置完毕所需的测试状态。

② 驾驶员应按照规定的测试速度范围驾驶承载车,避免急加速和急减速,急弯路段应放慢车速,沿正常行车轨迹驶入测试路段。

③ 进入测试路段后,测试人员启动控制单元的采集和记录程序,在测试过程中必须及时准确地将测试路段的起终点和其他需要特殊标记的位置输入测试数据记录中。

④ 当承载车驶出测试路段后,测试人员停止数据采集和记录,并恢复仪器各部分至初始状态。

⑤ 检查测试数据文件应完整,内容应正常,否则需要重新测试。

⑥ 关闭测试系统电源,结束测试。

3. 激光构造深度仪测值与铺砂法构造深度值相关关系对比试验

(1)选择构造深度分别在 0～0.3 mm、0.3～0.55 mm、0.55～0.8 mm、0.8～1.2 mm 范围的 4 段长度均为 100 m 的试验路段。试验前将路面清扫干净,并在起终点做上标记。

(2)在每个试验路段上沿一侧行车轮迹用铺砂法测试至少 10 点的构造深度值,并计算平均值。

(3)驾驶承载车以 30～50 km/h 速度驶过试验路段,并且保证激光构造深度仪的激光传感器探头沿铺砂法所测构造深度的行车轮迹运行,计算试验路段的构造深度平均值。

(4)建立两种方法的相关性关系式,要求相关系数 R 不小于 0.97。

三、路面摩擦系数试验方法

（一）摆式仪测试路面摩擦系数方法

路面抗滑性检测（摆式仪法）

指针式摆式仪是由原英国道路和运输研究所（TRRL）发明的用于测试路面抗滑能力的一种装置，BPN 是 British Pendulum Number 的缩写，代表指针式摆式仪的刻度值。多年来，此设备已被世界各国广泛采用作为抗滑性能测试法。

指针式摆式仪所使用的橡胶片对测试结果有很大影响。各国标准均规定橡胶片应符合英国 BS 812 天然橡胶或美国 ASTM E501 合成橡胶的要求，我国是自行研制的合成橡胶，采用的是英国 BS 812 的标准。

英、美、日本等国都使用不同的摆值温度修正公式或曲线图，我国基于在国内开展的试验测试结果，采用了修正值表的方法，中间温度的修正值可采用内插法计算得出。

本方法适用于以指针式摆式仪测试无刻槽水泥路面和沥青路面的摆式摩擦系数值 BPN。

1. 仪具与材料技术要求

（1）指针式摆式仪：形状及结构如图 4.6.5 所示，测试时由人工通过指针在度盘上直接读值，摆值最小刻度为 2。

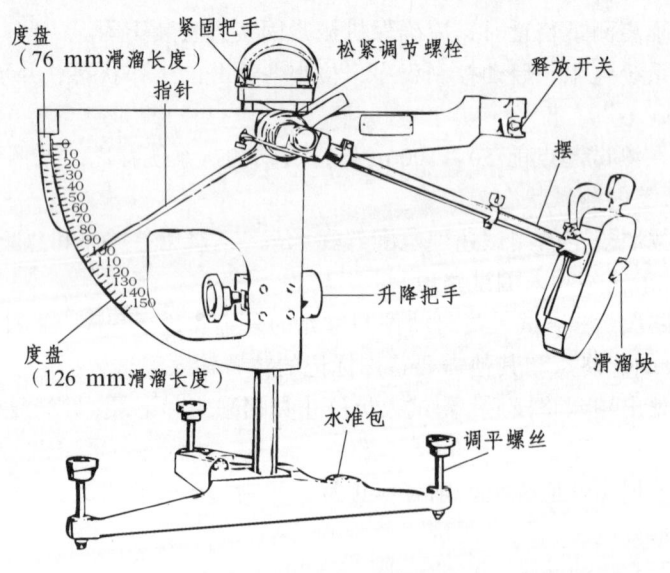

图 4.6.5　摆式仪结构示意图

（2）橡胶片：尺寸为 6.35 mm × 25.4 mm × 76.2 mm，橡胶质量应符合表 4.6.1 的要求。当橡胶片使用后，端部在长度方向上磨耗超过 1.6 mm 或边缘在宽度方向上磨耗超过 3.2 mm，或有油类污染时，即应更换新橡胶片。新橡胶片应先在干燥路面上测试 10 次后再用于测试，橡胶片的有效使用期自出厂日期起算为 12 个月。

表 4.6.1 橡胶物理性质技术要求

性质指标	温度/°C				
	0	10	20	30	40
回弹值/（%）	43～49	58～65	66～73	71～77	74～79
硬度（HD）	55±5				

（3）滑动长度量尺：长 126 mm。
（4）喷水壶。
（5）硬毛刷。
（6）路面温度计：分度不大于 1 °C。
（7）其他：扫帚、记录表格等。

2. 准备工作

（1）检查摆式仪的调零灵敏情况，并定期进行滑块压力的标定。
（2）选择测试位置，每个测试位置布设 3 个测点，测点间距离为 3～5 m，以中心测点的位置表示该测试位置。测试位置应选在车道横断面上轮迹处，且距路面边缘不应小于 1 m。

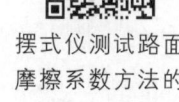

摆式仪测试路面摩擦系数方法的测试过程

3. 测试步骤

（1）清洁路面：用扫帚或其他工具将测点处路面上的浮尘或附着物打扫干净。
（2）仪器调平。
① 将指针式摆式仪置于路面测点上，并使摆的摆动方向与行车方向一致。
② 转动底座上的调平螺栓，使水准泡居中。
（3）指针调零。
① 放松紧固旋钮，转动升降旋钮，使摆升高并能自由摆动，然后旋紧紧固旋钮。
② 将摆固定在右侧悬臂上，使摆处于水平位置，并把指针拨至右端与摆杆贴紧。
③ 右手按下释放开关，使摆向左带动指针摆动。当摆达到最高位置后刚开始下落时，用左手将摆杆接住，此时指针应指零。
④ 指针若不指零，通过转动松紧调节螺母进行调整后，重复①～③的步骤，直至指针指零，调零允许误差为 ±1。
（4）校核滑动长度。
① 让摆处于自然下垂状态，松开固定旋钮，转动升降旋钮使摆下降，并提起举升柄使摆向左侧移动，然后放下举升柄使橡胶片长边下缘轻轻触地，在边侧紧靠橡胶片摆放滑动长度量尺，使量尺左端对准橡胶片触地下缘；再提起举升柄使摆向右侧移动，然后放下举升柄使橡胶片下缘轻轻触地，检查橡胶片下缘是否与滑动长度量尺的右端齐平。若齐平，则说明橡胶片两次触地的距离（滑动长度）符合（126±1）mm 的要求。左右两次橡胶片长边边缘应以刚刚接触路面为准，不可借摆的力量向前滑动，以免标定的滑动长度与实际不符。
② 橡胶片两次触地与量尺两端若不齐平，通过升高或降低摆或仪器底座的高度进行调整。微调时，也可用旋转仪器底座上的调平螺丝调整仪器底座高度的方法，但需注意保持水准泡居中。

③ 重复①~②的步骤，直至滑动长度符合（126±1）mm 的要求。

（5）将摆固定在右侧悬臂上，使摆处于水平释放位置，并把指针拨至右端靠紧摆杆。

（6）用喷水壶浇洒测点，使路面处于湿润状态。

（7）按下右侧悬臂上的释放开关，使摆在路面滑过。当摆杆回落时，用手接住摆杆并读数，但不做记录。

（8）按照（5）~（7）的规定，重复操作 5 次，读记每次测试的摆值。5 个摆值中最大值与最小值的差值不得大于 3。如差值大于 3，应重复上述各项操作，至符合规定为止。

（9）在测点处用温度计测记潮湿路表温度，准确至 1 ℃。

（10）重复（1）~（9），完成一个测试位置 3 个测点的摆值测试。

4. 计 算

（1）计算每个测点 5 个摆值的平均值，作为该测点的摆值 BPN_T，取整数。

（2）摆值的温度修正。

当路面温度为 t（℃）时测得的摆值 BPN_t 应按式（4.6.6）换算成标准温度 20 ℃ 的摆值 BPN_{20}：

$$BPN_{20} = BPN_t + \Delta BPN \tag{4.6.6}$$

摆式仪测试路面摩擦系数方法的结果整理

式中　BPN_{20}——换算成标准温度 20 ℃ 时的摆值；

　　　BPN_t——路面温度 t 时测得的摆值；

　　　ΔBPN——温度修正值按表 4.6.2 采用。

表 4.6.2　温度修正值

温度 t/℃	0	5	10	15	20	25	30	35	40
温度修正值 ΔBPN	-6	-4	-3	-1	0	+2	+3	+5	+7

（3）计算每个测试位置 3 个测点摆值的平均值，作为该测试位置的摆值，取整数。

（4）计算一个测试路段摆值的平均值、标准差、变异系数。

指针式摆式仪的指针归零标定步骤非常重要，但长期以来，因我国多数生产厂家对指针式摆式仪的制造工艺和采用的材料所限，大部分指针式摆式仪指针控制效果不过关，造成测试结果准确性也不能满足要求。为改进指针读数方式的缺陷，近年来国内外已开发出数字式摆式仪，通过电测传感器进行测试摆值结果。数字摆式仪的电测方式既改进了指针结构带来的弊端，也避免了人工读值的误差，大大提高了测试结果的准确性。

（二）数字式摆式仪测试路面摩擦系数方法

数字式摆式仪是在不改变原有指针式摆式仪基本结构和工作原理的基础上，利用计算机、电子、传感器技术，研发的一种集成了自动显示、自动存储、自动温度修正功能的数字化测量系统。数字式摆式仪的测量机构由高精度角度传感器、嵌入式摆值测量系统、温度传感器及算法软件等部分构成。

数字式摆式仪取消了指针和刻度盘，其零位标定和摆值读取均由角度传感器和控制程序自动完成，避免了指针式摆式仪结构零位标定和人工读值方式造成的不稳定性和数据误差，较好地提高了测试结果的稳定性和准确度。

本方法适用于数字式摆式仪测试无刻槽水泥路面和沥青路面的摆式摩擦系数值 BPN。

1. 仪具与材料技术要求

（1）数字式摆式仪：形状及结构如图 4.6.6 所示。数字式摆式仪主机可输入测点编号，自动测量、存储和显示摆值及温度修正后的结果。

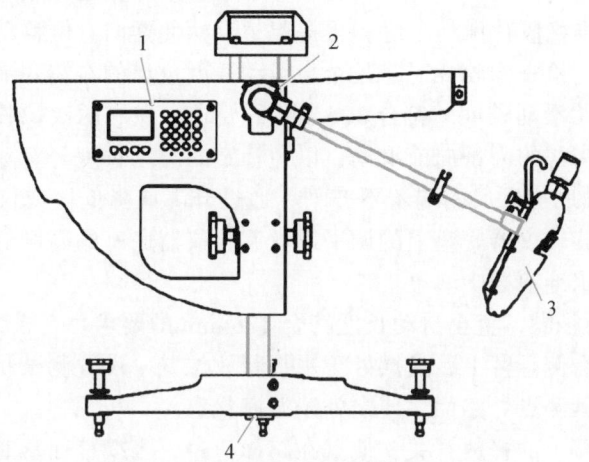

1—主机；2—角度传感器；3—摆；4—温度传感器。

图 4.6.6　数字式摆式仪结构示意图

（2）橡胶片：各项要求与摆式仪测试路面摩擦系数用橡胶片的规定相同。

（3）滑动长度量尺：长 126 mm。

（4）喷水壶。

（5）毛刷。

（6）路面温度计：分度不大于 1 ℃。

（7）其他：扫帚、记录表格等。

2. 准备工作

（1）检查数字式摆式仪的调零灵敏情况，并定期进行滑块压力的标定。

（2）选择测试位置，每个测试位置布设 3 个测点，测点间距离为 3 ~ 5 m，以中心测点的位置表示该测试位置。测试位置应选在车道横断面上轮迹处，且距路面边缘不应小于 1 m。

3. 测试步骤

（1）清洁路面：用扫帚或其他工具将测点处路面上的浮尘或附着物打扫干净。

（2）仪器调平。

① 将仪器置于路面测点上，并使摆的摆动方向与行车方向一致。

② 转动底座上的调平螺栓，使水准泡居中。

（3）零位标定。

① 放松紧固旋钮，转动升降旋钮，使摆升高并能自由摆动，然后旋紧紧固旋钮。

② 将摆固定在右侧悬臂上，使摆处于水平释放位置。

③ 打开数字化摆式仪主机电源，设置测试状态为"标定"，按下释放开关，使摆向左摆

动,当摆达到最高位置后下落时,用手将摆杆接住,此时数字化摆式仪将自动记录空摆时的初始角度,保存此初始角度,完成零位标定。

(4)校核滑动长度。

① 让摆处于自然下垂状态,松开固定旋钮,转动升降旋钮使摆下降,并提起举升柄使摆向左侧移动,然后放下举升柄使橡胶片长边下缘轻轻触地,在边侧紧靠橡胶片摆放滑动长度量尺,使量尺左端对准橡胶片触地下缘;再提起举升柄使摆向右侧移动,然后放下举升柄使橡胶片下缘轻轻触地,检查橡胶片下缘是否与滑动长度量尺的右端齐平。若齐平,则说明橡胶片两次触地的距离(滑动长度)符合 126 mm 的要求。左右两次橡胶片长边边缘应以刚刚接触路面为准,不可借摆的力量向前滑动,以免标定的滑动长度与实际不符。

② 橡胶片两次触地与量尺两端若不齐平,通过升高或降低摆或仪器底座的高度进行调整。微调时,也可用旋转仪器底座上的调平螺丝调整仪器底座的高度的方法,这种方法比较方便,但需注意保持水准泡居中。

③ 重复①~②的步骤,直至滑动长度符合 126 mm 的要求。

(5)将摆固定在右侧悬臂上,使摆处于水平释放位置,设置测试状态为"就绪"。

(6)用喷水壶浇洒测点处路面,使之处于湿润状态。

(7)按下右侧悬臂上的释放开关,使摆在路面滑过,当摆杆回落时,用手接住读数,但不做记录。然后使摆杆重新置于水平释放位置。

(8)按照步骤(5)~(7)的规定,重复操作 5 次,读记每次测试的摆值。5 个摆值中最大值与最小值的差值不得大于 3。如差数大于 3 时,应检查产生的原因,并再次重复上述各项操作,至符合规定为止。

(9)在测点处用温度计测记潮湿路表温度,准确至 1 ℃。

(10)重复步骤(1)~(9),完成一个测试位置 3 个测点的摆值测试。

3. 计　算

(1)计算每个测点 5 个摆值的平均值作为该测点的摆值 BPN_T,取整数。

(2)每个测点的摆值按照摆式仪测试路面摩擦系数方法的规定进行温度修正。

(3)计算每个测试位置 3 个测点摆值的平均值作为该测试位置的摆值,取整数。

(4)计算一个测试路段摆值的平均值、标准差、变异系数。

(三)单轮式横向力系数测试系统测试路面摩擦系数方法

目前我国已普遍使用横向力系数测试系统作为高等级公路抗滑能力的检测设备,我国对该类设备主要结构、工作原理和主要技术参数的规定基本与英国 SCRIM 系统标准保持一致。测试轮胎技术参数通常符合《横向力摩擦系数系统专用测试轮胎》(JT/T 752—2009)的规定。

本方法适用于单轮式横向力系数测试系统在新、改建路面工程质量验收和无严重坑槽、车辙等病害的正常行车条件下连续采集路面的横向力系数。

1. 仪具与材料技术要求

横向力系数测试系统由承载车、距离测试装置、横向力测试装置、供水装置和主控制单元组成见图 4.6.7。主控制单元除实施对测试装置和供水装置的操作控制外,同时还控制数据的传输、记录与计算等环节,其主要技术要求如下:

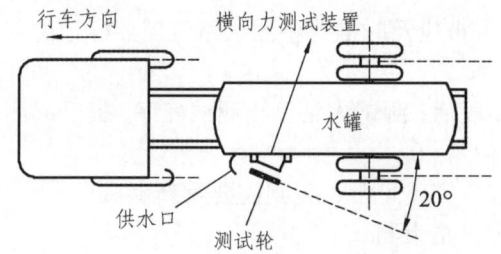

图 4.6.7 单轮式横向力系数测试系统构造示意图

（1）承载车应为能够固定和安装测试、储供水、控制和记录等系统的载重车底盘，具有在水罐满载状态下最高车速大于 100 km/h 的性能。

（2）测试轮胎类型：光面天然橡胶充气轮胎。

（3）测试轮胎规格：3.00-20-4PR。

（4）测试轮胎标准气压：（350±20）kPa。

（5）测试轮偏置角：19.5°～21°。

（6）测试轮静态垂直标准荷载：（2 000±20）N。

（7）拉力传感器非线性误差：＜0.05%。

（8）拉力传感器有效量程：0～2 000 N。

（9）距离标定误差：＜2%。

2. 方法与步骤

（1）准备工作。

① 每个测试项目开始前或连续测试超过 1 000 km 后必须按照设备使用手册规定的方法进行系统应力传感器的标定，记录标定数据并存档。

② 检查测试车轮胎气压，应达到车辆轮胎规定的标准气压。

③ 检查测试轮胎磨损情况，当其直径比新轮胎减小达 6 mm（也即胎面磨损 3 mm）以上或有明显磨损裂口时，必须立即更换新轮胎。新更换的轮胎在正式测试前应试测 2 km。

④ 检测测试轮气压，应达到（350±20）kPa 的要求。

⑤ 检查测试轮固定螺栓必须拧紧。将测试轮放到正常测试时的位置，检查其应能够沿两侧滑柱上下自由升降。

⑥ 根据测试里程向水罐加注足够用量的清洁测试用水。

⑦ 当出水控制为固定式开关时，需将开关设置在对应的测试速度位置，放下测试轮并检查洒水口出水情况和洒水位置；洒水位置应在测试轮接触地面中点沿行驶方向前方（400±50）mm 处，洒水宽度应为中心线两侧各不小于约 75 mm。

⑧ 启动控制单元，检查各项功能和技术参数选择状态均应正常。

（2）测试步骤。

① 正式开始测试前，首先应按规定的时间要求对系统进行通电预热。

② 进入测试路段前，测试人员设置所需的系统技术参数，并将测试轮胎至少提前 500 m 降至路面上进行预跑至少 500 m。

③ 进入测试路段后，驾驶员应保持较为均匀的行车速度，并沿正常行车轨迹行驶。当为固定出水控制方式时，行驶最高速度不得超过出水开关事先设置所对应的速度。

④ 测试过程中,测试人员应及时准确将测试路段需要标记的起终点和其他特殊点的位置输入测试数据记录中。

⑤ 承载车驶出测试路段后,测试人员停止测试程序,提升起测量轮并恢复仪器各部分至初始状态。

⑥ 检查数据文件内容应完整正常,否则需要重新测试。

⑦ 关闭测试系统电源,结束测试。

3. SFC 值的修正

(1) SFC 值的速度修正。

以测试结果使用时所需的速度作为标准测试速度,其他测试速度条件下得到的 SFC 值应通过式 4.6.7 转换至标准速度下的等效 SFC 值。

$$SFC_{标} = SFC_{测} - 0.22(v_{标} - v_{测}) \tag{4.6.7}$$

式中 $SFC_{标}$ ——标准测试速度下的等效 SFC 值;

$SFC_{测}$ ——现场实际测试速度下的 SFC 测试值;

$v_{标}$ ——标准测试速度,km/h;

$v_{测}$ ——现场实际测试速度,km/h。

(2) SFC 值的温度修正。

测试系统的标准现场测试地面温度范围为 (20±5)℃,其他地面温度条件下测试的 SFC 值必须通过表 4.6.3 转换至标准温度下的等效 SFC 值。系统测试要求地面温度控制在 8~60 ℃范围内。

表 4.6.3 SFC 值温度修正

温度/℃	10	15	20	25	30	35	40	45	50	55	60
修正	-3	-1	0	+1	+3	+4	+6	+7	+8	+9	+10

(3) 计算一个测试路段 SFC 值的平均值、标准差、变异系数。

4. 不同类型摩擦系数测试设备间相关关系对比试验

(1) 基本要求。

当制动式摩擦系数测试设备或其他类型横向力式测试设备需换算成 SFC 使用时,应进行相关性试验,建立其他类型测试结果与 SFC 值的相关性关系。

(2) 试验条件。

① 按 SFC 值 0~30、30~50、50~70、70~100 的范围选择 4 段不同摩擦系数的路段,路段长度可为 100~300 m。

② 试验路段地面应清洁干燥,地面温度应在 10~30 ℃内,天气条件宜为晴天无风。

(3) 试验步骤。

① 测试系统和需要进行相关性试验的其他类型设备分别按操作手册规定的程序准备就绪。

② 两套设备分别以 40 km/h、50 km/h、60 km/h、70 km/h、80 km/h 的速度在所选择的 4 种试验路段上各测试 3 次,3 次测试的平均值的绝对差值不得大于 5,否则重测。

③ 两种试验设备设置的采样频率差值不应超过一倍,每个试验路段的采样数据量不应少

于 10 个。

（4）计算。

① 分别计算出各种速度下各路段 3 次测试结果的总平均值和标准差，超过 3 倍标准差的值应予以舍弃。

② 用数理统计的回归分析方法建立试验设备测值与速度的相关关系式，相关系数 R 不得小于 0.95。

③ 建立不同速度下试验设备测值 SFC 的相关关系式，相关系数 R 不得小于 0.95。

（四）双轮式横向力系数测试系统测试路面摩擦系数方法

Mu-meter 摩擦系数测试设备是英国制造的，其测试结果属于横向力系数测试设备的一类，该类设备在欧洲和北美均有制造和使用，我国除保有和使用一定数量的进口设备外，近年亦有国产设备进入市场。根据我国公路工程评价标准的要求，该类设备的测试结果应换算为 SFC 值后方可使用。

本方法适用于双轮式横向力系数测试系统在新建、改建路面工程的质量验收和无严重坑槽、车辙等病害的正常行车条件下测试路面的横向力系数。

1. 仪具与材料技术要求

双轮式横向力系数测试系统主要由牵引车、供水系统、测试单元、主控制单元、标定装置等组成，测试系统见图 4.6.8 和图 4.6.9，其主要技术要求如下：

（1）牵引车最高行驶车速须大于 80 km/h，车辆后部可安装专用拖挂的装置，车辆应配备警灯及相关警示标志。

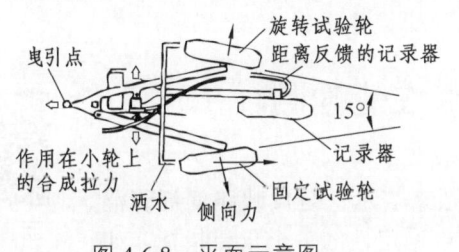
图 4.6.8 平面示意图

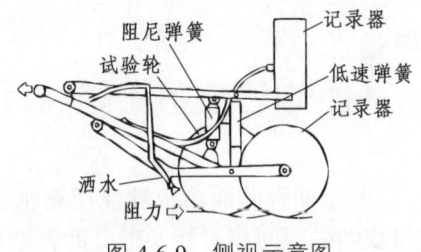
图 4.6.9 侧视示意图

（2）测试单元总重：256 kg。

（3）单轮静态标准荷载：1.27 kN。

（4）测试轮夹角：15°。

（5）横向力系数测试轮气压：(70 ± 3.5) kPa。

（6）距离测试轮气压：(210 ± 13.7) kPa。

（7）测试轮规格：4.00/4.80-8 光面轮胎。

（8）路面洒水厚度：0.5 ~ 1.0 mm。

（9）测试速度范围：40 ~ 60 km/h。

2. 方法与步骤

（1）准备工作。

① 进入现场测试前，应进行应力传感器标定。将设备配套提供的标定板放在地面上，人工将

测试仪从板上按要求拖拉三遍，由系统自动判断标定是否通过，标定通过后才进行路面测试。

② 正式开始测试前设备应预热 10 min 左右，并检查汽油机能否正常工作，机油是否需要更换。

③ 检查横向力系数测试轮、距离测试轮（或水车车轮）的轮胎胎压应满足规定要求，长距离或长时间测试过程中也应补充检查胎压。

④ 降下测试轮，打开水阀检查水流情况，水流应正常且符合要求，检查仪表各项指数应正常，然后升起测试轮。

⑤ 将牵引车与洒水车（可选）、测试单元及控制线路连接线依次连好，启动主控制单元进入测试状态，同时发动汽油机，打开水阀，准备测试。

（2）测试步骤

① 将车辆驶向测试路段，提前约 200 m 处打开水阀，降下测试轮。测试车速保持 40~60 km/h 范围内，且应保持匀速状态。

② 测试过程中，测试人员应及时准确将测试路段需要标记的起终点和其他特殊点的位置输入测试数据记录中。

③ 驶出测试路段后，停止测试过程，存储数据文件。

3. 计算一个测试路段路面摩擦系数的平均值、标准差、变异系数

4. 相关性试验

本试验方法得到的直接数据结果应参照单轮式横向力系数测试系统测试路面摩擦系数的内容转换为标准 SFC 值后，才可进行相关的质量检验和评价。

任务七　沥青路面渗水性能检测

【工作任务】沥青路面渗水性能用渗水系数来表示，是反映路面沥青混合料级配组成的一个间接指标，也是沥青路面水稳定性的一个重要指标。如果整个沥青面层均透水，则水势必进入基层或路基，使路面承载力降低。相反如果沥青面层中有一层不透水，而表层能很快透水，则不致形成水膜，对抗滑性能有很大好处。所以路面渗水系数已成为评价路面使用性能的一个重要指标。

沥青路面渗水系数检测

【预备知识】

一、沥青路面渗水系数测试方法

沥青路面渗水性能检验方法有许多种，我国目前常用的一种是路面渗水仪。路面的渗水性能用渗水仪在一定的初始静压水头作用下，以单位时间渗入一定路面面积内的水量来表示。本方法适用于路面现场测试沥青路面的渗水系数。

沥青路面渗水系数测试方法概述

1. 仪具与材料

（1）路面渗水仪：形状及尺寸如图 4.7.1 所示，上部盛水量筒由透明有机玻璃制成，容积 600 mL，上有刻度，在 100 mL 及 500 mL 处有粗标线，下方通过 ϕ10 mm 的细管与底座

相接，中间有一开关。量筒通过支架联结，底座下方开口内径 ϕ150 mm，外径 ϕ220 mm，仪器附不锈钢圈压重两个，每个质量约 5 kg，内径 160 mm。

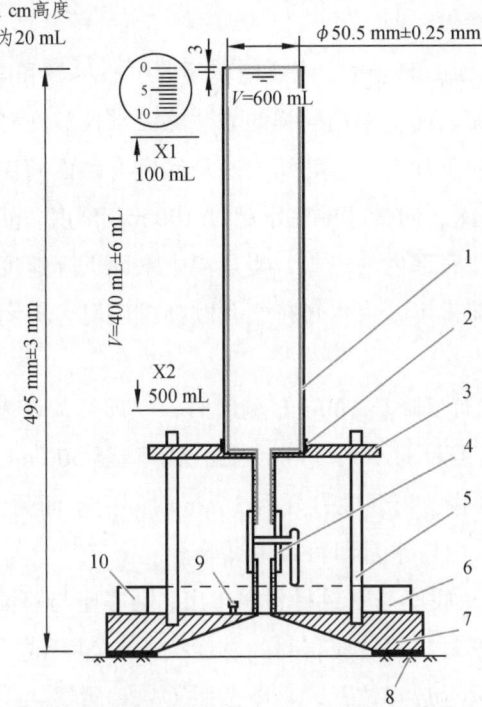

1—盛水量筒；2—螺纹连接；3—顶板；4—阀；5—立柱支架；6—压重钢圈；
7—底座；8—密封材料；9—排气孔；10—套环。

图 4.7.1 渗水仪结构图

（2）套环：金属圆环，宽度 5 mm，内径 145 mm，主要防止密封材料被挤压进入测试面而导致渗水面积不一致。

（3）水筒及大漏斗。

（4）秒表。

（5）密封材料：防水腻子、油灰或橡皮泥。

（6）其他：水、粉笔、塑料圈、刮刀、扫帚等。

2. 方法与步骤

（1）准备工作。

① 每个测试位置，随机选择 3 个测点，并用粉笔画上测试标记。

② 试验前，首先用扫帚清扫表面，并用刷子将路面表面的杂物刷去。

③ 新建沥青路面的渗水试验宜在沥青路面碾压成型后 12 h 内完成。

（2）测试步骤。

① 将塑料圈置于路面表面的测点上，用粉笔分别沿塑料圈的内侧和外侧画上圈，在外环和内环之间的部分就是需要用密封材料进行密封的区域。

沥青路面渗水系数
测试方法的操作步骤

② 用密封材料对环状密封区域进行密封处理，注意不要使密封材料进入内圈，如果密封材料不小心进入内圈，必须用刮刀将其刮走。然后再将搓成拇指粗细的条状密封材料摞在环状密封区域的中央，并且摞成一圈。

③ 将套环放在路面表面的测点上，注意使套环的中心尽量和圆环中心重合，然后略微使劲将套环压在条状密封材料表面；采用同样的方法将渗水仪放在套环上且对中，施加压力将渗水仪压在套环上，再将配重加上，以防压力水从底座与路面间流出。

④ 将开关及排气孔关闭，向量筒中注水超过 100 mL 刻度，然后打开开关和排气孔，使量筒中的水下流排出渗水仪底部内的空气，当量筒中水面下降速度变慢时，用双手轻压渗水仪使渗水仪底部的气泡全部排出，当水自排气孔顺畅排出时，关闭开关和排气孔，并再次向量筒中注水至 100 mL 刻度。

⑤ 将开关打开，待水面下降至 100 mL 刻度时，立即开动秒表开始计时，计时 3 min 后立即记录水量，结束试验；当计时不到 3 min 水面已下降至 500 mL 时，立即记录水面下降至 500 mL 时的时间，结束试验。当开关打开后 3 min 时间内水面无法下降至 500 mL 刻度时，则开动秒表计时测试 3 min 内渗水量即可结束试验。

⑥ 测试过程中，如水从底座与密封材料间渗出，则底座与路面间密封不好，此试验结果为无效。关闭开关，采用密封材料补充密封，重新按④～⑤测试。如果仍然有水渗出，应在同一纵向位置沿宽度方向就近选择位置，重新按照①～⑤测试。

⑦ 测试过程中，如水从外环圈以外路面中渗出，可以人工将密封材料在外环圈之外 5 cm 宽度范围内再次进行密封处理，重新按④～⑤测试，只要密封范围内无水渗出，则认为试验结果为有效。

⑧ 重复①～⑦的步骤，测试 3 个测点的渗水系数。

3. 计 算

按下式计算渗水系数，准确至 0.1 mL/min。

$$C_\mathrm{w} = \frac{V_2 - V_1}{t_2 - t_1} \times 60 \tag{4.7.1}$$

式中 C_w——路面渗水系数，mL/min；

V_1——第一次计时时的水量，mL，通常为 100 mL；

V_2——第二次计时时的水量，mL，通常为 500 mL；

t_1——第一次计时时的时间，s；

t_2——第二次计时时的时间，s。

以 3 个测点渗水系数的平均值作为该测试位置的结果，准确至 1 mL/min。

项目小结

1. 路基路面现场测试内容主要包括几何尺寸、压实度、平整度、弯沉值、抗滑性能等方面。

2. 路面厚度可采用挖坑法或钻芯法取样法进行检测,也可以采用短脉冲雷达进行无损检测。

3. 三米直尺的测试指标是最大间隙 δ_m(mm),连续式平整度仪的测试指标是标准差 σ(mm),颠簸累积仪的测试指标是单向累积值 VBI(cm/km)、激光平整度仪的测试指标是国际平整度指数 IRI(m/km)。国际上广泛采用国际平整度指数 IRI 作为路面平整度的评价指标。

4. 路面抗滑性能一般用轮胎与路面间的摩擦系数和表面宏观构造深度来表征,摩擦系数或构造深度越大,说明抗滑性能越高。摩擦系数测试方法有摆式仪法、单轮式横向力系数测试法、双轮式横向力系数测试法和动态旋转式摩擦系数测定仪法。

复习思考题

1. 简述三米直尺测定路面平整度的要点。
2. 简述摆式仪测定路面抗滑性能的要点。
3. 路面抗滑性能测试方法有几种?各种方法的原理分别是什么?
4. 简述渗水系数测试的必要性及测试要点。

项目五

桥梁检测

【**材料试验员岗位工作标准**】能够对地基承载力、混凝土钻孔灌注桩的完整性、承载力和桥梁荷载进行检测。

【**试验检测工程师职业资格考试要求**】应考人员对桥梁工程专业方面的基础知识完整、系统理解并运用;熟悉相关工程的技术标准、质量检验评定标准、养护检查规范,相关试验、检测标准、规程等;熟悉相关工程原材料、工程制品、结构试验检测技术的相关内容、基本原理和方法,以及试验检测涉及的仪器设备基本知识;要求考生具备较强的实际操作和分析解决问题的能力。

【**教学目标**】熟悉地基承载力和基桩检测,掌握桥梁上部结构检测及桥梁荷载检测,能够对桥梁进行检测及评定。

【**思维导图**】

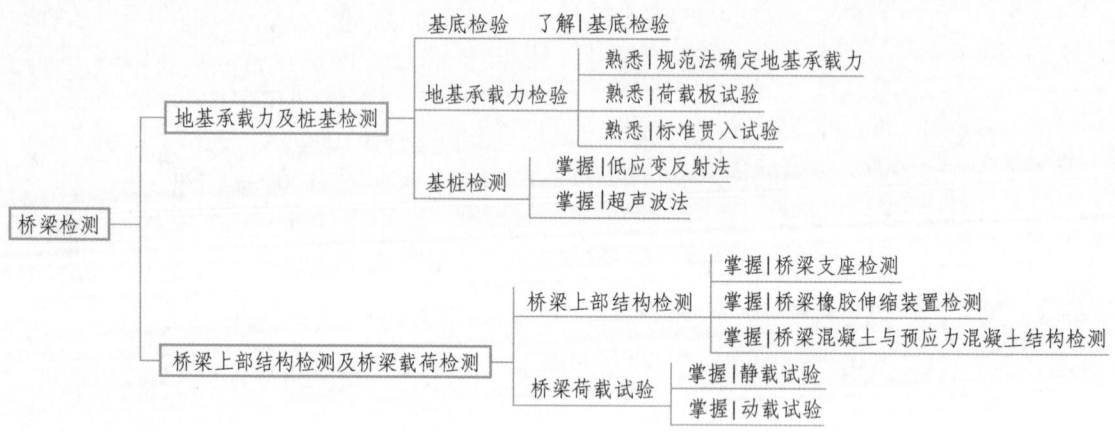

【**思政映射**】在习近平新时代中国特色社会主义思想指引下,具有质量意识、安全意识、工匠精神和创新思维。

【**建议学时**】16学时

桥梁从总体上可以分为上部结构、下部结构、附属结构。上部结构在梁式桥中主要是指主梁,在拱中则还包括主拱肋、拱波、拉索、风撑等等,根据结构形式有所区别;下部结构则包括桥墩、桥台、基础与承台、桩等;附属结构则有桥面铺装、人行道、缘石、栏杆、伸缩缝等。

每个部位都有其自己的受力特征,病害也有一些共性,如果出现的不是常规病害,应当仔细研究找出病因，常规病害在找出病因的同时应根据其损坏程度进行评估，然后确定是否有必要加固或更换构件用以维持正常的运营。

任务一　地基承载力及钻孔灌注桩检测

【工作任务】天然地基上的浅基础，由于埋深较浅，施工一般采用敞开挖基坑修筑基础的方法。基坑挖至基底设计高程，或已按设计要求加固、处理完毕后，需经过基底检验，才可以进行基础圬工施工。基底检验必须及时，以免使待检验基底暴露时间过久而改变原状土的结构或风化变质。

【预备知识】

一、基底检验

（一）检验内容

（1）基底平面位置、尺寸大小、基底高程是否符合设计要求，偏差值是否在现行相关规定内。
（2）基底地质情况和承载力是否与设计资料相符。
（3）基底处理和排水情况是否符合相关规范的要求。
（4）施工记录及有关试验资料。
（5）地基经加固、处理后的效果是否达到实际要求。

（二）检验方法

按结构物大小、地基土质复杂（如溶洞、断层、软弱夹层、易熔岩等）情况及结构对地基有无特殊要求，可采用以下方法检查：
（1）一般地基检验可采用直观或触探方法，必要时可进行土质试验。
（2）大、中桥和地基土质复杂、结构对地基有特殊要求时一般采用触探和钻探（钻深至少 4 m）取样做土工试验，或按设计要求进行荷载试验。
（3）特大桥按设计要求处理。

（三）基底平面位置和高程允许偏差

（1）平面周线位置不小于设计要求。
（2）基底高程，土质地基：± 50 mm；石质地基：+ 50 mm，− 200 mm。

（四）注意事项

（1）如果地基经检验后认为需要加固处理时，加固处理完毕后应再进行检验，合格后才能进行基础施工。
（2）为具有较好的可比性，加固前后两次的测试项目应力求对应，甚至最好由同一组织用同一仪器按同一标准进行。

（3）检验后应按规定格式填写"地基检验表"，由参加检验人员签名，作为竣工验收原始资料。

二、地基承载力检测

地基容许承载力是指在保证建筑物安全可靠并符合正常使用要求的前提下，地基土在单位面积上所能承受荷载的能力，通常用荷载强度（kPa）表示。

地基容许承载力的确定要考虑两方面的要求，即基础沉降量不超过容许值和保证地基有足够的稳定性。

地基容许承载力的确定方法有：野外荷载试验法、理论公式法、邻近旧桥涵调查对比综合分析确定法、贯入试验法以及现行《公路桥涵地基与基础设计规范》推荐的方法。

地基承载力的理论公式法只考虑地基的强度，没有考虑沉降的要求，而且是在作了一定简化假定的条件下导出的，且多数只针对条形荷载而言，因此使用很少；对地质和结构复杂的桥涵地基应根据现场荷载试验确定容许承载力。

（一）规范法确定地基的容许承载力

按规范《公路桥涵地基与基础设计规范》（JTG 3363—2019）提供的经验公式和参数确定地基容许承载力的方法，是根据我国各部门多年的实践经验，收集了大量荷载试验和对已建结构物的观测资料，通过理论和统计分析后制定的，它使确定地基土容许承载力的工作大为简化。我国幅员辽阔，土质变化较复杂，规范仅对一般土质条件做了规定，对一些特殊地基，如疏松状态的砂土、接近流动状态的软弱黏性土、含有大量有机质土和盐渍土等，以及对大的较重要的工程，还应结合具体情况，综合采用荷载试验、现场标贯或静力触探及理论计算等方法研究分析后确定。

按规范法确定地基的容许承载力，首先要确定土的类别名称，通常是把一般地基土根据塑性指数、粒径、工程地质特性等划分为六类，即黏性土、砂土、碎石土、黄土、多年冻土及岩石，然后再确定土的状态，土的状态是指土层所处的天然松密和稠度状况。黏性土的天然状态是按液性指数分为坚硬、半坚硬、硬塑、软塑和流塑状态；砂土根据相对密度分为稍松、中等密实、密实状态；碎石土则按密实度分为密实、中等密实及松散，最后再确定土的容许承载力。

1. 地基土的分类

（1）黏性土。又分为一般黏性土、老黏性土、新近沉积黏性土和残积黏性土。

（2）砂土。根据颗粒级配可分为砾砂、粗砂、中砂、细砂和粉砂。

（3）碎石土。根据粒径与形状又分为：漂石、块石、圆砾、角砾。

（4）黄土。根据沉积年代的不同分为：新近堆积黄土、一般新黄土及老黄土。

（5）岩石。岩石名称根据岩块单轴抗压强度可分为：硬质岩、软质岩与极软岩。

（6）多年冻土。

2. 确定地基容许承载力 $[\sigma_0]$

当基础宽度 b 不超过 2 m，埋置深度 h 不超过 3 m 时，查表确定地基容许承载力。根据地基土的类别查相应的表，实测查表所需指标。

应当注意的是：

（1）当地基土不均匀或土层倾斜较大，易引起建筑物不均匀沉降时，必须通过现场荷载试验来确定容许承载力。

（2）对漂石、块石的$[\sigma_0]$值，可参照卵石碎石的承载力适当提高。

（3）如遇易风化的岩石作为地基时，应特别注意施工后水文地质条件可能发生的变化，慎重选择$[\sigma_0]$值，必要时，应通过荷载试验确定。

（4）多年冻土地基承载力$[\sigma_0]$，只是用于不融沉性土和弱融沉性土。对于干燥的碎石土和砂土或含水量小于10%的黏性土，不论地温高低，其承载力都可按非冻土确定。

当基础宽度 b 超过 2 m，埋置深度 h 超过 3 m，且深宽比（h/b）不超过 4 时，地基的容许承载力应修正。

（二）荷载板试验

荷载板试验是确定天然地基承载能力的一种原位试验方法，它是通过向置于天然地基上的模型基础施加荷载，测量模型在不同荷载等级下的沉降量，根据荷载和沉降量的关系计算地基土的变形模量和评定地基承载能力。

试验时将一块刚性的方形或圆形承压板（根据土层的软硬程度不同，承压板的面积为 2 500～10 000 cm²。目前工程上常用的是 50 cm×50 cm 或 70.7 cm×70.7 cm 的方板）置于欲测定的地基表面（见图 5.1.1）。在承压板上分级施加荷载，测定承压板变形稳定的沉降量，绘制荷载强度 p 与沉降量 s 的关系线，然后确定地基容许承载力。

分析荷载试验由开始加荷使地基变形到破坏的全过程，并结合 p-s 曲线（见图 5.1.2），可以把地基变形分为三个阶段（见图 5.1.3）。

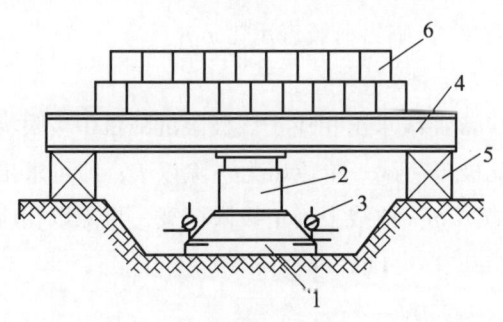

1—荷载板；2—千斤顶；3—百分表；4—反力梁；
5—枕木垛；6—压重。

图 5.1.1　现场荷载试验

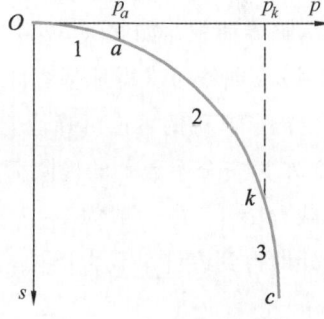

图 5.1.2　p-s 曲线

（1）压密阶段（直线变形阶段）。相当于 p-s 曲线上的 Oa 段，p-s 曲线接近于直线，土中各点的剪应力均小于土的抗剪强度，土体处于弹性平衡状态。这一阶段荷载板的沉降主要是由于土中孔隙的减少引起，土颗粒主要是竖向变位，且随时间渐趋稳定而土体被压密。

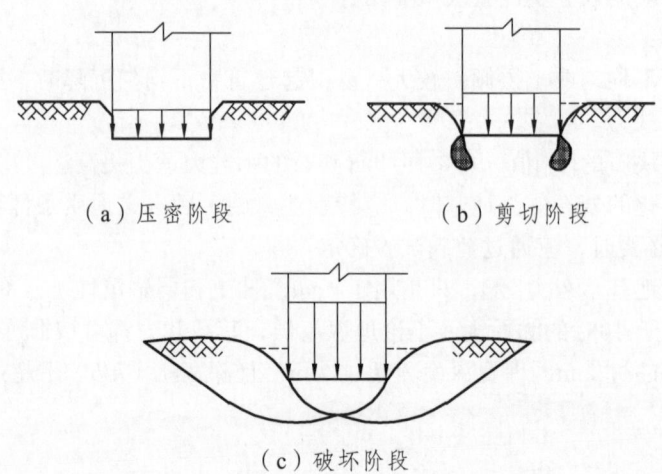

图 5.1.3 地基破坏过程的三个阶段

（2）局部剪切阶段。a 点后 p-s 曲线不再呈直线关系（ak 段），地基中已有局部区域（称为塑性变形区）的剪应力达到土的抗剪强度，首先在基础边缘处出现。随着荷载的持续增加，地基土中塑性区的范围也逐渐扩大，直到出现连续的滑动面，这一阶段是地基中塑性区的发生及发展阶段，基础沉降有较大的增加。

（3）破坏阶段。k 点以后，塑性变形区已经扩大到形成一个连续的剪裂面，促使地基土向基础四周挤出，地面隆起，基础急剧沉陷，一直到完全丧失稳定性。

由此可见，a 点和 k 点是地基变形的两个特征分界点。与 a 点对应的荷载强度 p_a，称为临塑荷载；与 k 点对应的荷载强度 p_k，称为极限荷载。与塑性区最大深度 Z_{max} 相应的荷载强度，称为临界荷载，如 $Z_{max} = b/4$（b 为基础宽度），临界荷载表示为 $p_{1/4}$。

利用 p-s 曲线可求得地基容许承载力，其方法是：

若给出了基础的容许沉降值 $[s]$，则可从 p-s 曲线求出相应于该极限沉降量（极限沉降量 $= K[s]$，K 为安全系数）的极限荷载来，将此极限荷载（单位压力）除以 K，即可求出地基容许承载力 $[\sigma_0]$。K 一般为 $2 \sim 3$。也可以直接从 p-s 曲线上确定极限荷载，再除以相应的安全系数，即得到容许承载力 $[\sigma_0]$。

（三）标准贯入试验

标准贯入试验（SPT）是采用质量为 63.5 kg 的穿心锤，以 76 cm 的落距，将一定规格的标准贯入器先打入土中 15 cm，然后开始记录标准贯入器再打入土中 30 cm 的锤击数，并以此作为标准贯入试验指标 N。标准贯入试验是国内外广泛应用的一种现场原位测试手段，该试验法方便经济，不仅适用于砂土，亦可用于黏性土的测试。标准贯入锤击数 N，可用于判定砂土的密实度、黏性土的稠度、地基土的容许承载力、砂土的振动液化、桩基承载力等，也是检验地基处理效果的重要手段。

1. 试验设备

标准贯入试验设备主要由标准贯入器、触探杆和穿心锤等部件组成，如图5.1.4所示。

贯入器：标准规格的圆筒形探头，是由两个半圆管合成的取土器。

落锤：重63.5 kg，自由落距76 cm。

触探杆：外径42 mm的钻杆；锤垫、导向杆和自动落锤装置等。

2. 试验方法

（1）用钻机先钻到需要进行标准贯入试验的土层，清孔后，换用标准贯入器，并量得深度尺寸。

（2）将贯入器垂直打入试验土层中，先打入15 cm，然后继续贯入土中30 cm，记录其锤击数，此数即为标准贯入击数N。

如锤击数超过50次，则按下式换算锤击数N'：

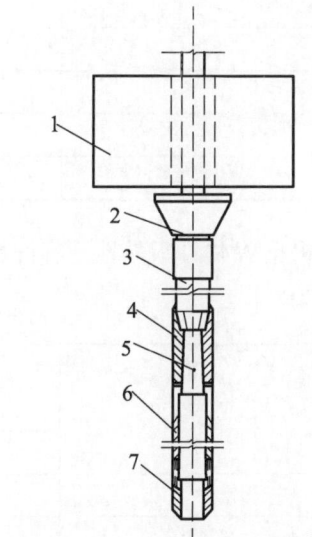

1—穿心锤；2—锤垫；3—触探杆；4—贯入器头；
5—出水口；6—由两半圆管合成的贯入器身；
7—贯入器靴

图 5.1.4 标准贯入设备

$$N' = 30N/\Delta s \tag{5.1.1}$$

式中　N——所选取的锤击数；

Δs——相应于N的锤击量，cm。

（3）提出贯入器，取出贯入器中土样进行鉴别描述，必要时送试验室分析。

（4）由于钻杆的弹性压缩会引起功能损耗，钻杆过长时传入贯入器的功能降低，因而需要根据杆长对锤击数进行修正：

$$N = aN' \tag{5.1.2}$$

式中　N'——实际记录的锤击数；

a——修正系数，根据钻杆长度对应表5.1.1的相应值选用；

N——修正后的锤击数。

表5.1.1　标准贯入试验触探杆长度修正系数

钻杆长度/m	≤3	6	9	12	15	18	21
a	1.00	0.92	0.86	0.81	0.77	0.73	0.70

3. 标准贯入试验的应用

标准贯入试验国内外已积累了大量的实践资料，可供工程使用。

（1）根据N估计砂土的密实度，如表5.1.2所示。

表 5.1.2 砂土的密实度表

分 级		相对密实度 D_r	实测平均锤击数 $N_{63.5}$
密 实		$D_r \geq 0.67$	30～50
中 密		$0.67 > D_r \geq 0.33$	10～29
松散	稍松	$0.33 > D_r \geq 0.20$	5～9
	极松	$D_r < 0.20$	<5

（2）根据 N 估计天然地基容许承载力 $[\sigma_0]$，见表 5.1.3 和表 5.1.4。

表 5.1.3 砂土的容许承载力 $[\sigma_0]$

土 类	N			
	10	15	30	50
	σ_0/kPa			
中、粗砂	180	250	340	500
粉、细砂	140	180	250	340

表 5.1.4 一般黏性土和老黏性土的容许承载力 $[\sigma_0]$

N	3	5	7	9	11	13	15	17	19	21	23
$[\sigma_0]$/kPa	120	160	200	240	280	320	360	420	500	580	660

此外，通过对大量标准贯入试验累及资料的分析，可以得到砂土和黏性土的一些物理性质（如黏性土的状态和土的内摩擦角 φ 等）和标准贯入试验锤击数的经验关系，也可在工程应用中参考使用。

4. 注意问题

（1）重视钻进工艺及清孔质量，对贯入器开始贯入 15 cm 的击数应记录，以判断孔底是否有残土或土的扰动程度。

（2）注意钻杆及导向杆垂直，防止在孔内摇晃。

（3）对试验段（即贯入 15～45 cm 部分）要求测定每锤击一次后的累计贯入量。一次贯入量不足 2 cm 时，记录每贯入 10 cm 的锤击数。绘制锤击数与累计贯入量的关系曲线，以分析土层是否均匀，最后选取 30 cm 试验段的锤击数作为 N 值记录下来。

三、基桩检测

钻（挖）孔灌注桩是桥梁结构常用的一种有效且安全可靠的基桩形式。但是，灌注桩的成桩过程是在桩位处的地面下或水下完成，施工工序多，质量控制难度大，稍有不慎极易产生断桩等严重缺陷。据统计，国内外钻孔灌注桩的事故率高达 5%～10%。灌注桩的质量检测就显得格外重要。钻（挖）孔灌注桩的检测主要包括三个方面：一是施工前的检验（原材料的检验、配合比检验、施工机具检验）；二是施工过程检验；三是桩完整性、承载力检验。本任务重点介绍施工过程的一些检测项目与方法及桩完整性检测。

（一）施工过程检验

由于钻（挖）孔灌注桩可采用不同的钻孔（或挖孔）方法，虽然比较成熟，但是由于地质复杂或其他原因，容易出现质量事故，因此其检测项目较多。

1. 检验项目

（1）筑岛：筑岛的面积应按钻孔方法、机具大小等要求决定；高度应高于最高施工水位 0.5~1.0 m；筑岛材料及岛面与地基承载力应满足设计要求；岛体应稳定。

（2）护筒：应检验护筒内径、护筒中心竖直线、护筒高度、埋置深度及护筒的连接处。

（3）泥浆：对泥浆的要求与检验后述。

（4）灌注混凝土质量：应特别注意水下混凝土的质量。

（5）成孔质量、清孔及灌注桩质量检验。

此外，还有钢筋笼与导管检验。

2. 泥浆性能指标检测

（1）相对密度 γ_x。

泥浆的相对密度是泥浆与 4 ℃时同体积水的质量之比。相对密度可用泥浆相对密度计测定。将泥浆装满泥浆杯，加盖并洗净从小孔溢出的泥浆，然后置于支架上，移动游码，使杠杆呈水平状态（即气泡处于中央），读出游码左侧所示刻度，即为泥浆的相对密度。

如工地无以上仪器，可用一个口杯先称其质量，设为 m_1，再装满清水称其质量为 m_2，再倒去清水，装满泥浆并擦去杯周溢出的泥浆，称其质量为 m_3，则 $\gamma_x = (m_3 - m_1)/(m_2 - m_1)$。

（2）黏度 η。

黏度是液体或混合液体运动时各分子或颗粒之间产生的内摩阻力。工地用标准漏斗黏度计测定，黏度计如图 5.1.5 所示。用两端开口量杯分别量取 200 mL 和 500 mL 泥浆，通过滤网滤去大砂砾后，将泥浆 700 mL 均注入漏斗，然后使泥浆从漏斗流出，流满 500 mL 量杯所需时间（s），即为所测泥浆的黏度。

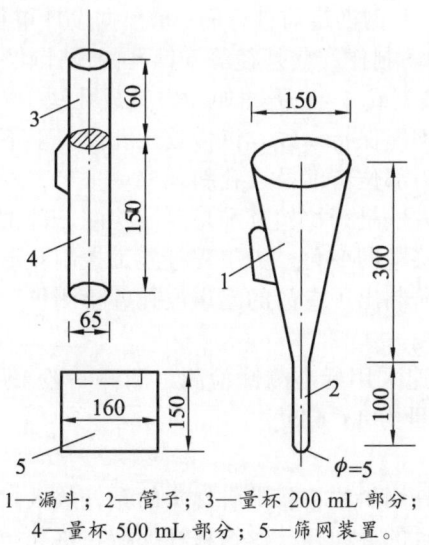

1—漏斗；2—管子；3—量杯 200 mL 部分；
4—量杯 500 mL 部分；5—筛网装置。

图 5.1.5　黏度计（单位：mm）

校正方法：漏斗中注入 700 mL 清水，流出 500 mL，所需时间应是 15 s，其偏差如超过 ±1 s，测量泥浆时应校正。

（3）含砂率（%）。

含砂率是泥浆内所含的砂和黏土颗粒的体积百分比。工地用含砂率计（见图 5.1.6）测定。测量时，把调制好的泥浆 50 mL 倒入含砂率计，然后再倒 450 mL 清水，使总体积为 500 mL，将仪器口塞紧，摇动 1 min，使泥浆与水混合均匀，再将仪器竖直静放 3 min，仪器下端沉淀物的体积（由仪器上刻度读出）乘 2 即为含砂率（%）（有一种大型的含砂率计，容积 1 000 mL。从刻度读出的数不乘 2 即为含砂率）。

（4）胶体率（%）。

胶体率是泥浆静止后，其中呈悬浮状态的黏土颗粒与水分离的程度，以百分比表示。反映泥浆中土粒保持悬浮状态的性能。测定方法为将 100 mL 的泥浆放入干净的量杯中，用玻璃板盖上，静置 24 h 后，量杯上部的泥浆可能澄清为透明的水，量杯底部可能有沉淀物。假如测量出透明水的体积为 5 mL，则胶体率为 100 − 5 = 95，即 95%。

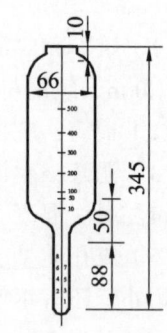

图 5.1.6 含砂率计
（单位：mm）

（5）失水量（mL/30 min）和泥皮厚（mm）。

失水量是泥浆在钻孔内受内外水头压力差的作用在一定时间内渗入地层的水量，以 mL/30 min 为单位。工地可用滤纸法测定，用一张 120 mm × 120 mm 的滤纸，置于水平玻璃板上，中央画一个直径 30 mm 的圆圈，将 2 mL 的泥浆滴于圆圈中心，30 min 后，量算湿润圆圈的平均半径，减去泥浆坍平成为泥饼的平均半径（mm）即失水量。在滤纸上量出泥饼厚度（mm）即为泥皮厚。泥皮愈平坦、愈薄，则泥浆质量愈高，一般不宜厚于 2 ~ 3 mm。

3. 成孔质量检验及标准

钻、挖孔桩在终孔和清孔后，应进行孔位、孔深、孔径、孔形和倾斜度等检查。

（1）孔径和孔形检测。

孔径检测是在桩成孔后、下钢筋笼前进行的，是根据设计桩径制作笼式井径器入孔检测。笼式井径器用 $\phi 8 \sim \phi 12$ 的钢筋制作，其外径等于钻孔的设计孔径，长度等于孔径的 2 ~ 3 倍（如正、反循环回转钻成孔法）或 4 ~ 6 倍（如冲击钻成孔法）。检测时，将井径器吊起，使笼的中心、孔的中心与起吊钢绳保持一致，慢慢放入孔内，上下通畅无阻表明孔径大于给定的笼径，遇阻则有可能在遇阻部位有缩径或孔斜现象。

孔形检测目前常采用的方法是开挖检查和超声波检测。开挖检测一般在工程试桩结束，直接观察桩身形状在相应土层中的变化，为工程桩施工控制孔形提供直观依据。超声波检测是近年来采用的新方法，已研制出了专门的超声波孔壁检测仪。

（2）孔深和孔底沉渣检测。

孔深和孔底沉渣检测普遍采用标准测锤检测，测锤一般采用锥形锤，锥底直径为 13 ~ 15 cm，高为 20 ~ 22 cm，质量为 4 ~ 6 kg。

（3）桩孔竖直度检测。

竖直度检测方法常用钻杆测斜法，将带有钻头的钻杆放入孔内到底，在孔口处的钻杆上装一个与孔径或护筒内径一致的导向环，使钻杆柱保持在桩孔中心线位置上。然后将带有扶正圈的钻孔测斜仪下入钻杆内，分点测斜，并将各点数值在坐标纸上描点作图，检查桩孔偏斜情况。也可以用圆球检测法和电子水平仪测斜法。

（4）桩位检测。

复测桩位时，桩位测点选在新鲜桩头面的中心点，然后测量该点偏移设计桩位的距离，并按坐标位置，分别标明在桩位复测平面图上。测量仪器选用精密经纬仪或红外测距仪。

钻、挖孔成孔的质量标准如表 5.1.5 所示。

表 5.1.5　钻、挖孔成孔质量标准

项　目	允　许　偏　差
孔的中心位置	群桩：不大于 100 mm；单排桩：不大于 50 mm
孔径	不小于设计桩径
倾斜度	钻孔：小于 1%；挖孔：小于 0.5%
孔　深	摩擦桩：不小于设计规定 支承桩：比设计深度超深不小于 50 mm
沉淀土厚度	摩擦桩：符合设计要求，当设计无要求时，对于直径不大于 1.5 m 的桩：应不大于 300 mm；对于直径大于 1.5 m 或桩长大于 40 m 或土质较差的桩：应不大于 500 mm； 支承桩：不大于设计要求
清孔后泥浆指标	相对密度：1.03～1.10；黏度：17～20 Pa·s；含砂率：小于 2%；胶体率：大于 98%

注：清孔后的泥浆指标，是从桩孔的顶、中、底部分别取样检验的平均值。本项指标的测定，限指大直径桩或有特定要求的钻孔桩。

4. 清孔的质量要求和检查方法

（1）清孔的质量要求。

摩擦桩：孔底沉淀土的厚度不大于设计规定；清孔后的泥浆性能指标应满足表 5.1.5 中的规定。

支承桩：灌注混凝土前，孔底沉淀土的厚度不大于设计规定。

（2）沉淀土厚度的检测方法。

沉淀土厚度的测算基准面：用平底钻锥和冲击、冲抓锥时，沉淀土厚度从锥头或冲抓锥底部所达到的孔底平面算起；用底部带圆锥的笼式锥头时，沉淀土厚度从锥头下端的圆锥体高度的中点标高算起。

沉淀土厚度的检测方法有如下几种：

① 取样盒检测法。这是较为通行的方法。具体做法是在清孔后用取样盒（即开口铁盒）吊到孔底，待到灌注混凝土前取出，测量沉淀在盒内的渣土厚度。

② 测锤法。测锤法是惯用的简单方法。使用测量水下混凝土灌注高（深）度的测锤，慢慢地沉入孔内，凭人的手感探测沉渣顶面的位置，其施工孔深和测量孔深之差，即为沉淀土厚度。

比较先进的检测方法还有声纳法、电阻率法、电容法等。

5. 钻、挖孔灌注桩的混凝土质量检测

（1）桩身混凝土抗压强度应符合设计要求；每根桩取混凝土抗压强度试件组数为 2～4 组，检验结果应满足混凝土质量检验要求。

（2）检验方法和数量应符合设计要求。

6. 钻、挖孔灌注桩质量评定

钻、挖孔灌注桩质量评定实测项目与评分见表5.1.6和表5.1.7。

表5.1.6 钻孔灌注桩实测项目

项次	检查项目			规定值或允许偏差	检查方法和频率	权值
1	混凝土强度/MPa			在合格标准内	同结构混凝土检测方法	3
2	桩位/mm	群桩		100	全站仪或经纬仪：每桩检查	2
		排架桩	允许	50		
			极值	100		
3	孔深/m			不小于设计值	测绳量：每桩测量	3
4	孔径/mm			不小于设计值	探孔器：每桩测量	3
5	钻孔倾斜度/mm			1%桩长，且不大于500	用测壁（斜）仪或钻杆垂线法：每桩检查	1
6	沉淀土厚度/mm	摩擦桩		设计规定，设计未规定时按施工规范要求	沉淀盒或标准测锤：每桩检查	2
		支承桩		不大于设计规定		
7	钢筋骨架底面高程/mm			±50	水准仪：测每桩骨架顶面高程后反算	1

表5.1.7 挖孔桩实测项目

项次	检查项目			规定值或允许偏差	检查方法和频率	权值
1	混凝土强度/MPa			在合格标准内	同结构混凝土检测方法	3
2	桩位/mm	群桩		100	全站仪或经纬仪：每桩检查	2
		排架桩	允许	50		
			极值	100		
3	孔深/m			不小于设计值	测绳量：每桩测量	3
4	孔径/mm			不小于设计值	探孔器：每桩测量	3
5	孔的倾斜度/mm			0.5%桩长，且不大于200	垂线法：每桩检查	1
6	钢筋骨架底面高程/mm			±50	水准仪测骨架顶面高程后反算：每桩检查	1

（二）灌注桩完整性检验

灌注桩成桩质量通常存在两方面问题：一是桩身完整性，常见的缺陷有夹泥、断裂、缩径、扩径、混凝土离析及桩顶混凝土密实性较差等；二是嵌岩桩因灌注混凝土前清孔不彻底，孔底沉淀土厚度超过规定极限等质量问题影响了桩的承载能力。桩基础施工质量的检验，随着长、大桩径及高承载力桩基础迅速增加，传统的静压桩试验已很难实施。目前，常用的钻孔灌注桩质量的检测方法有以下几种：

1. 钻芯检验法

由于大直径钻孔灌注桩的设计荷载一般较大，用静力试桩法有很多的困难，所以常用地质钻机在桩身上沿长度方向钻取芯样，通过对芯样的观察和测试确定桩的质量。但这种方法只能反映钻孔范围内的小部分混凝土质量，而且设备庞大、费工费时、价格昂贵。不宜作为大面积检测方法，只能用于抽样检查，一般抽检总桩量的3%~5%，或作为对无损检测结果的校核手段。

2. 振动检验法

所谓振动检验法又称动测法。它是在桩顶用各种方法（如锤击、敲击、电磁激振器、电水花等）施加一个激振力，使桩体乃至桩土体系产生振动，或在桩内产生应力波，通过对波动及振动参数的种种分析，以推定桩体混凝土质量及总体承载力的一类方法。这类方法主要有以下四种：

（1）敲击法和锤击法。

用力棒或锤子打击桩顶，在桩内激励振动，用加速度传感器接收桩头的响应信号，信号经处理后被显示和记录，通过对信号的时域及频域分析，可确定桩尖或缺陷的反射信号，据此可判断桩内是否存在缺陷。当锤击力足以引起桩土体系的振动时，根据所测得的振动参数，可计算桩的动刚度和承载力。

（2）稳态激振机械阻抗法。

在桩顶用电磁激振器激振，该激振力是一幅值恒定、频率从 20~1 000 Hz 变化的简谐力。量测桩顶的速度响应信号。作用在简谐振动体系上的作用力 F 与该体系上某点的速度 v 之比，称为机械阻抗，机械阻抗的倒数成为导纳，因此，可用所谓记录的力和速度经仪器合成，描绘出导纳曲线，还可求得应力波在桩身混凝土中的波速、特征导纳、实测导纳计动刚度等动参数。据此，可判断是否有断桩、缩径、鼓肚、桩底沉渣太厚等缺陷，并可由动刚度估算单桩容许承载力。

（3）瞬态激振机械阻抗法。

用力棒等对桩顶施加一个冲击脉冲力，这个脉冲力包含了丰富的频率成分。通过力传感器和加速度传感器，记录力信号和加速度信号，然后把两种信号输入信号处理系统，进行快速傅立叶变换，把时域变成频域，信号合成后同样可得到桩的导纳曲线，从而判断桩的质量。

（4）水电效应法。

在桩顶安装一高约 1 m 的水泥圆筒，桶内充水，在水中安放电极和水听器。电极高压放电，瞬时释放大电流产生声学效应，给桩顶一冲击能量，由水听器接受桩土体系的响应信号，对信号进行频谱分析，根据频谱曲线所含的桩基质量信息，判断桩的质量和承载力。

3. 超声脉冲检验法

该法是在检测混凝土缺陷技术的基础上发展起来的。其方法是在桩的混凝土灌注前沿桩的长度方向平行预埋若干检测用管道，作为超声发射和接收换能器的通道。检测时探头分别在两个管子中同步移动，沿不同深度逐点测出横截面上超声脉冲穿过混凝土时的各项参数，并按超声测缺原理分析每个断面上混凝土的质量。

4. 射线法

该法是以放射性同位素辐射线在混凝土中的衰减、吸收、散射等现象为基础的一种方法。当射线穿过混凝土时，因混凝土质量不同或因存在缺陷，接收仪所记录的射线强弱发生变化，据此来判断桩的质量。

由于射线的穿透能力有限。一般用于单孔测量，采用散射法，以便了解孔壁附近混凝土的质量，扩大钻芯法检测的有效半径。

从以上所列的常用检测方法可见，桩基检测方法的研究和应用是一个十分活跃的领域。国家建设部、地矿部早在1995年12月就颁布了《基桩低应变动力检测规程》(JGJ/T93—95)，1997年颁布了《基桩高应变动力检测规程》(JGJ/T106—97)。近年来，公路桥梁基桩检验多数地区实行普查，交通运输部于2020年05月发布了新版《公路工程基桩检测技术规程》(JTG/T 3512—2020)，其基桩完整性检验的基本方法主要有低应变反射波法和超声波法等。

5. 常用方法介绍

（1）低应变反射波法。

低应变反射波法源于应力波理论，基本原理是在桩顶进行竖向急振，弹性波沿着桩身向下传播，在桩身存在明显波阻抗界面（如桩底、断桩或严重离析等部位）或桩身截面积变化（如缩径或扩径）部位，将发生反射波。经接收、放大滤波和数据处理，可识别来自桩身不同部位的反射信息，据此计算桩身波速、判断桩身完整性。反射波法是通过分析实测桩顶速度响应信号的特征来检测桩身的完整性，判定桩身缺陷位置及影响程度，判断桩端嵌固情况。反射波法适用于混凝土灌注桩和预制桩等刚性材料的桩身完整性检测。使用反射波法时，被检桩的桩端反射信号应能有效识别。反射波法检测系统由传感器、激振锤、一体化检测仪和打印机等组成，其中一体化检测仪由信号采集及处理仪和相应的分析软件等组成，如图5.1.7所示。

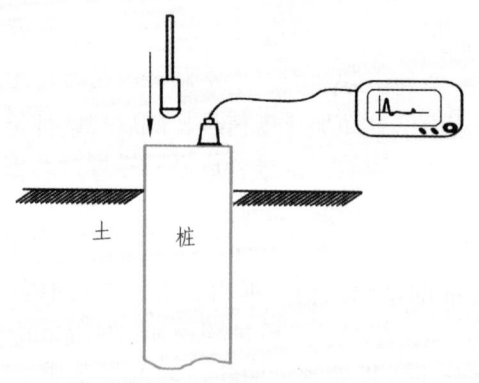

图 5.1.7 低应变反射波法检测系统现场测试示意图

假设桩中某处阻抗发生变化，当应力波从介质Ⅰ（阻抗为Z_1）进入介质Ⅱ（阻抗为Z_2）时，将产生速度反射波和速度透射波。令桩身质量完整性系数$\beta = Z_2/Z_1$，反射系数为α，由下式则有

$$\alpha = \frac{v_2\downarrow}{v_2\uparrow} = \frac{Z_2 \cdot v_2\downarrow}{Z_2 \cdot v_2\uparrow} = \frac{P_2\downarrow}{P_2\uparrow} = \frac{Z_1 - Z_2}{Z_1 + Z_2} = \frac{1 - \frac{Z_2}{Z_1}}{1 + \frac{Z_2}{Z_1}} = \frac{1 - \beta}{1 + \beta} \tag{5.1.3}$$

令 $\Delta Z = Z_1 - Z_2$，$Z = \rho c A$（ρ 桩密度、c 波速、A 截面积）

若 $\beta = 1$，$\Delta Z = 0$ 时，$\alpha = 0$ 说明界面无阻抗差异，即没有反射波。

若 $\beta < 1$，$\Delta Z > 0$ 时，$\alpha > 0$ 说明界面阻抗变小，出现与入射波同向的反射波。

若 $\beta > 1$，$\Delta Z < 0$ 时，$\alpha < 0$ 说明界面阻抗变大，出现与入射波反向的反射波。

图 5.1.8 为完整桩，已知桩长 L，桩底一次反射时间为 t，应力波在桩身中传播的纵波波速为 c，则三者之间的关系为

$$c = \frac{2L}{t} \tag{5.1.4}$$

该式即为判断桩长或波速的简单关系式。在实际测试分析中，c 和 L 其中一个量必须知晓。

图 5.1.9 为缺陷桩，桩体缺陷而导致的波事实上是在变截面介质中传播。图 5.1.10 给出了桩体出现离析、夹泥、缩径等形式的缺陷波的传播路径，图 5.1.11 给出了不同桩身阻抗变化情形下的桩顶速度响应的波形。缺陷的程度根据缺陷反射的幅值定性确定，缺陷位置根据反射波的时间 t_x 由下式确定：

$$L_x = c \frac{t_x}{2} \tag{5.1.5}$$

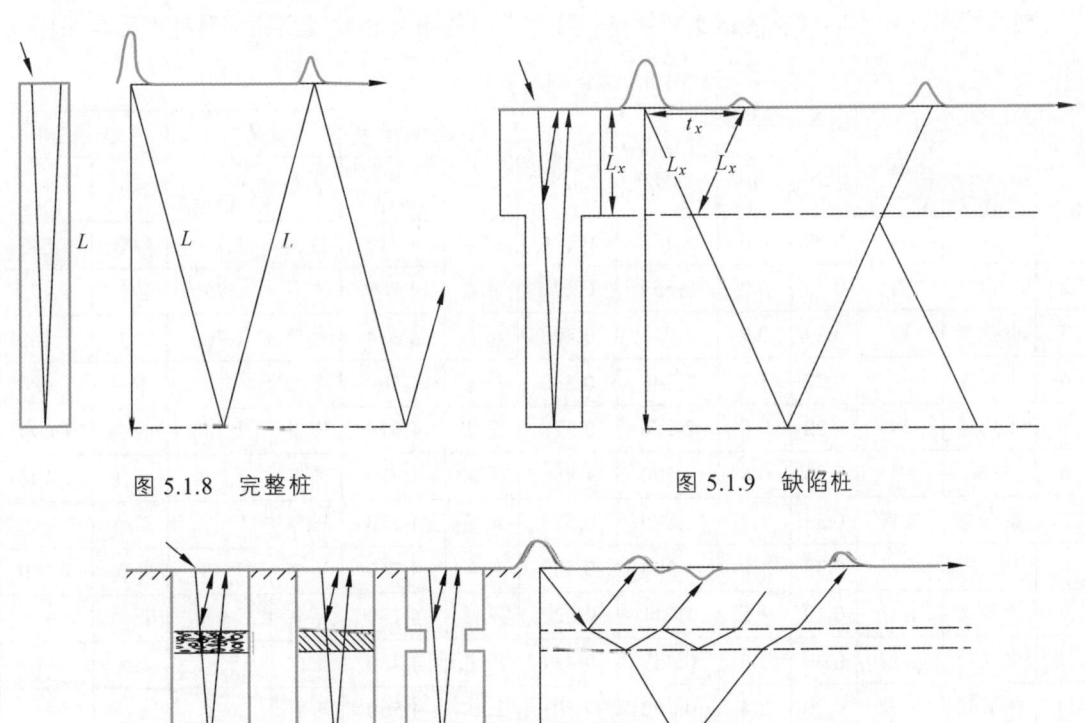

图 5.1.8　完整桩　　　　　　　图 5.1.9　缺陷桩

图 5.1.10　离析、夹泥、缩径等形式的缺陷波的传播途径

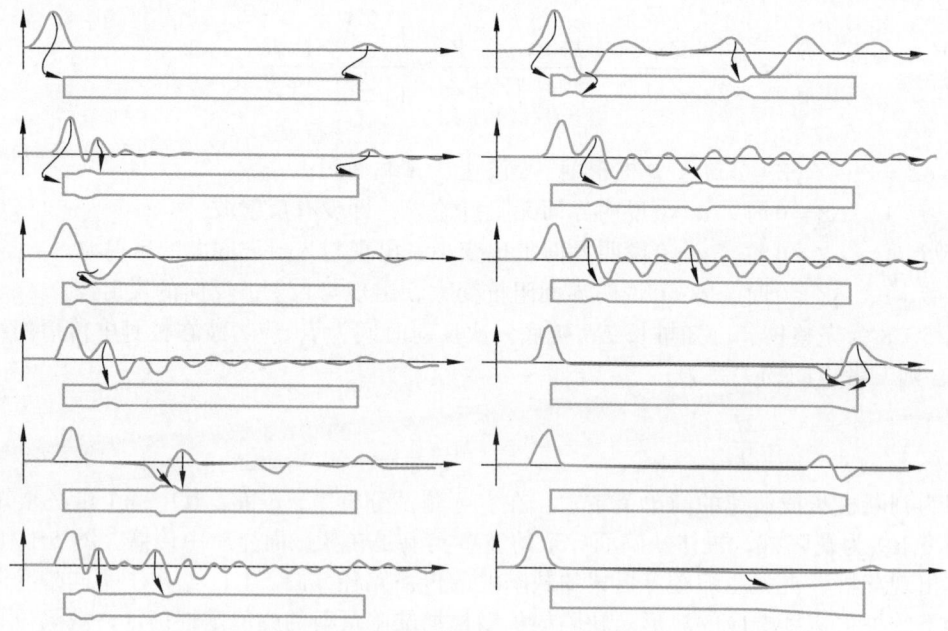

图 5.1.11 不同桩身阻抗变化情形下的桩顶速度响应的波形

① 低应变现场测试前准备工作。

a. 选锤。

现场检测选择不同材质的锤头或锤垫,可激发出低频宽脉冲或高频窄脉冲(见表5.1.8)。

表 5.1.8 激振锤激发效果一览表

编号	锤型	材质	重量 /kN	脉宽 /ms	主瓣宽 /kHz	力值 /kN	加速度计		速度计		检波器	
							波形	谐振峰 /kHz	波形	谐振峰 /kHz	波形	谐振峰 /kHz
1	小钢管	钢	0.09	0.6	3.281	0.136	微荡	4.717	微荡	1.760	轻荡	1.543
2	小钢杆	钢	0.13	0.7	2.559	0.272	微荡	4.707	微荡	1.750	轻荡	1.475
3	小钢钎	钢	0.27	0.9	2.021	0.408	正常	4.814	微荡	1.760	轻荡	1.480
4	小板斧	铁	0.22	1.1	1.748	0.332	正常	4.500	正常	/	微荡	1.484
5	小钢锤	钢	0.22	0.8	2.266	0.378	正常	4.510	微荡	1.760	轻荡	1.494
6	铁锤	钢	1.23	0.8	2.500	1.888	正常	4.770	微荡	1.770	轻荡	1.494
7	装修锤	塑料	0.33	1.2	1.885	0.526	正常	4.710	正常	—	正常	—
8	木锤	杂木	0.39	1.0	1.924	0.589	正常	4.760	正常	—	轻荡	1.500
9	橡胶锤	生胶	0.19	1.5	1.211	0.227	正常	4.790	正常	—	正常	—
10	橡胶锤	生胶	0.30	2.0	0.859	0.434	正常	4.730	正常	—	正常	—
11	橡胶锤	生胶	0.70	2.4	0.752	0.501	正常	4.500	正常	—	正常	—
12	橡胶锤	熟胶	0.66	2.7	0.771	0.807	正常	4.500	正常	—	正常	—

注:1. 安装方式:加速度计——高级橡皮泥;速度计——高级橡皮泥;检波器——钻孔全埋。
   2. 敲击对象:预制桩。

低频脉冲有利于检测桩深部缺陷、高频脉冲有利于检测桩浅部缺陷。当遇到大直径长桩时，应选择力棒等激发能量稍大一点的重锤（如桩长超过 20 m，桩直径大于 800 mm）。

当遇到小直径短桩时，应选择小铁锤或小扳手敲击，注意掌握力度。（如桩长小于 5 m，桩直径小于 300 mm）。

其他情况，采用尼龙锤可满足要求。

b. 桩头处理。

桩头条件处理的好坏直接影响到测试信号的质量。桩顶表面应平整干净且无积水；应将敲击点和传感器安装点部位磨平，多次敲击信号一致性较差时，多与上述条件未达到有关。

当桩头与承台或垫层相连时，相当于桩头处存在很大的截面阻抗变化，对测试信号会产生影响。因此，测试时桩头应与混凝土承台断开；当桩头侧面与垫层相连时，除非对测试信号没有影响，否则应断开。

c. 耦合剂的选择。

较好的耦合剂有：石膏、蜡烛、黄油及其他固态油、凡士林等等。

② 确定混凝土波速 c。

国内外大多数专家学者都认为，混凝土强度与波速之间无固定的相关关系，不同场地、不同配合比、不同龄期、采用不同厂家生产的水泥，其波速与混凝土强度的关系都不一样，但这并不意味着二者的关系完全不可知，事实上，有一点大家的观点相当一致，即同一场地，相同配合比的情况下波速越高，混凝土的弹性模量和强度也越大。

根据波动理论，混凝土的动弹性模量 E_d 可由下式得到：

$$E_d = \rho c^2 \tag{5.1.6}$$

式中　c——混凝土中弹性波纵波波速，km/s；

　　　ρ——混凝土的密度（一般在 2 400 kg/m³ 左右）。

其中混凝土的静弹性模量 E_c 和动弹性模量 E_d 之间有良好的相关关系：

$$E_c = 9.0 e^{0.033 E_d} \tag{5.1.7}$$

进而混凝土的立方体抗压强度 σ_{cu}（MPa）可以用下式推算：

$$\frac{\sigma_{cu}}{\text{MPa}} = 0.702 e^{0.129\left(\frac{E_c}{\text{GPa}}\right)} \tag{5.1.8}$$

不同强度混凝土的波速范围及波速特征值如表 5.1.9 所示。

表 5.1.9　不同强度混凝土的波速范围及波速特征值

混凝土强度	混凝土	C15	C20	C25	C30	C35	C40～
波速范围	2 500～4 500	2 500～3 100	3 000～3 500	3 500～3 800	3 700～4 000	3 900～4 200	4 100～4 500
波速特征值	2 500	2 800	3 200	3 650	3 950	4 100	4 300

但更具体可信的波速还是要根据不同地区的大量检测数据的结果统计来完成（在确定的桩长、确定的混凝土标号、明显的桩底反射等的条件下）。

另外，不同龄期，混凝土强度不一样，混凝土强度随时间的变化曲线因水泥特性不同而不同，速效水泥几天即可达到预期强度，普通水泥超过14天，强度可达到预期值的80%以上，只有满28天龄期其强度值才能完全达到要求，有下列关系式可供参考：

$$[\sigma]=[\sigma]_{28}\cdot\log_{28}^{n} \quad (5.1.9)$$

式中　n——施工后的天数；

　　　$[\sigma]$——当天抗压强度；

　　　$[\sigma]_{28}$——预期强度。

此外需要注意的是，弹性波在材料中传播时具有一定的色散性，即波速随着振源频率的变化而变化。一般来说，频率越高，信号衰减越快，波速越高。频率越低，信号衰减越慢而波速也越低。对于冲击弹性波，由于波长相对较长，频率对波速的影响较小，一般可以忽略。但对于超声波而言，由于波长较短，接近骨料的尺寸，频率对波速的影响就很大。

③ 低应变反射波法的局限。

低应变反射波法是利用桩身阻抗变化产生波的反射原理来判断桩身质量。但实际情况除了桩身阻抗变化会影响信号曲线的因素以外，对基桩测试曲线进行分析时，要充分考虑到桩周土层对所采集波形曲线的影响。桩周土阻力对波形曲线的影响表现为：a.导致应力波迅速衰减，检测时有效测试深度减少；b.影响缺陷反射波的幅值，使缺陷分析时的误差加大；c.在软硬上层交界处及附近产生土阻力波，干扰桩身反射波，土阻力反射波与桩身缺陷反射波易混淆，从而造成误判。

低应变反射波法检测方便、成本低，能够反映的项目较多。但另一方面，测试结果受到的影响因素较多，人为因素较大。所以用此法对桩身缺陷程度只做定性判定，对桩身不同类型的缺陷，反射波测试信号中主要反映该处桩身阻抗减小的信息，缺陷性质较难区分，如混凝土灌注桩出现的缩径与局部松散、夹泥、空洞等，只凭测试信号就很难区分。应结合地质条件、施工情况，采取钻芯、声波透射等综合分析。尤其是当桩身上部出现较大幅度的扩缩径等引起桩身阻抗变化较大时，则下部缺陷会因能量叠加、衰减而无法准确判别；这时，可结合超声波法或抽芯法补充。

低应变能够检测的现象及低应变不能检测的现象如图5.1.12和图5.1.13所示。

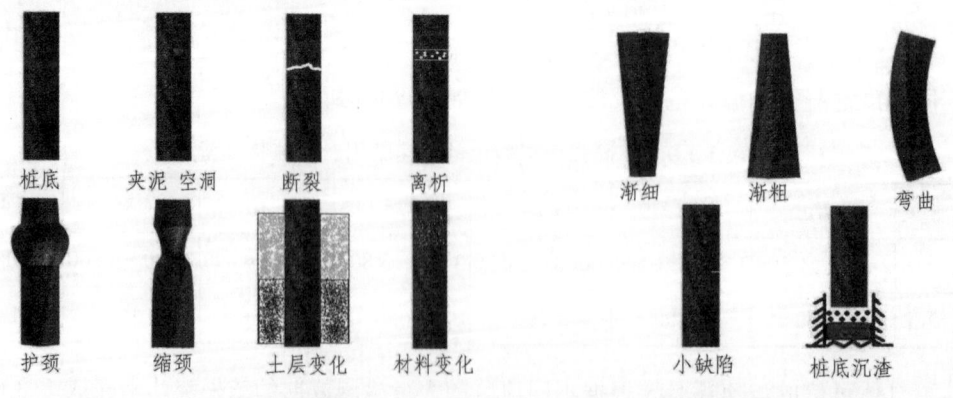

图 5.1.12　低应变能够检测的现象　　　　图 5.1.13　低应变不能检测的现象

（2）超声波法。

超声波检测法是在桩内预埋几根声测管作为检测通道，将超声脉冲发射换能器（又称发射探头）和超声脉冲接收换能器（又称接收探头）置于声测管中，管中需充满清水，作为耦合剂。由仪器中的脉冲发生器发生一系列周期性电脉冲，加在发射换能器的压电体上，转换成超声脉冲。该脉冲穿过待测的桩体混凝土，为接收换能器所接收，再转换成电信号。由仪器中的测量系统测出超声脉冲穿过混凝土所需的时间、接收波幅值（或衰减值）、接收脉冲主频率、接收波波形和频谱等参数。然后由数据处理系统，按判断软件对接收信号的各种参数进行综合判断和分析，即可对混凝土各种内部缺陷的性质、大小、位置做出判断，并给出混凝土总体均匀性和强度等级的评价指标。此方法根据声测管埋置的不同情况，可分为双孔检测、单孔检测和桩外孔检测，其中双孔检测是桩基超声波检测的基本形式，其他两种方法在检测和结果分析上都比较困难，只能作为特殊情况下的补救措施。目前常用的超声波检测装置有两种，一种是由一般超声检测仪和发射及接收探头所组成检测装置；另一种是全自动智能化测桩专用的检测装置。

① 超声波透射法类型。

按照超声波换能器通道在桩体中的不同的布置方式，超声波透射法基桩检测主要有3种方法：

a. 桩内单孔透射法。

在某些特殊情况下只有一个孔道可供检测使用，例如在钻孔取芯后，我们需进一步了解芯样周围混凝土质量，作为钻芯检测的补充手段，这时可采用单孔检测法，此时，换能器放置于一个孔中，换能器间用隔声材料隔离（或采用专用的一发双收换能器）。超声波从发射换能器出发经耦合水进入孔壁混凝土表层，并沿混凝土表层滑行一段距离后，再经耦合水分别到达两个接收换能器上，从而测出超声波沿孔壁混凝土传播时的各项声学参数。需要注意的是，运用这一检测方式时，必须运用信号分析技术，排除管中的影响干扰，当孔道中有钢质套管时，由于钢管影响超声波在孔壁混凝土中的绕行，故不能用此法。

b. 桩外孔透射法。

当桩的上部结构已施工或桩内没有换能器通道时，可在桩外紧贴桩边的土层中钻一孔作为检测通道，检测时在桩顶面放置一发射功率较大的平面换能器，接收换能器从桩外孔中自上而下慢慢放下，超声波沿桩身混凝土向下传播，并穿过桩与孔之间的土层，通过孔中耦合水进入接收换能器，逐点测出透射超声波的声学参数，根据信号的变化情况大致判定桩身质量。由于超声波在土中衰减很快，且桩体外壁并不平整，使得这种方法的可测桩长十分有限，且只能判断夹层、断桩、缩径等。

c. 桩内跨孔透射法。

此法是一种较成熟可靠的方法，是超声波透射法检测桩身质量的最主要形式，其方法是在桩内预埋两根或两根以上的声测管，在管中注满清水，把发射、接收换能器分别置于两管道中。检测时超声波由发射换能器出发穿透两管间混凝土后被接收换能器接收，实际有效检测范围为声波脉冲从发射换能器到接收换能器所扫过的面积。根据不同的情况，采用一种或多种测试方法，采集声学参数，根据波形的变化，来判定桩身混凝土强度，判断桩身混凝土质量，跨孔法检测根据两换能器相对高程的变化，又可分为平测、斜测、交叉斜测、扇形扫描测等方式，在检测时视实际需要灵活运用。

② 声测管的选择及布置。

为了使换能器能达到检测部位，需预先埋设若干检测通道，因此，在采用超声检测时，必须在灌注混凝土前预埋声测管，混凝土硬化后无法抽出，该管道即成为桩的一部分，也是声通道的一部分，它会影响接收信号的分析。而且它在桩的横截面上的布局，决定了检测的有效面积和探头提拉次数，所以声测管的预埋是影响检测方式和信号分析判断的基本问题。

a. 声测管的选择。

当桩径小于 1 000 mm 时，应埋设 2 根管；当桩径大于或等于 1 000 mm 且小于或等于 1 600 mm 时，应埋设 3 根管；当桩径大于 1 600 mm 且小于 2 500 mm 时，应埋设 4 根管；当桩径大于或等于 2 500 mm 时，应增加声测管的数量。

声测管应采用金属管，壁厚不应小于 2 mm，其内径应比换能器外经大不小于 15 mm，金属管宜采用螺纹连接或套管焊接等工艺，且不渗漏。

声测管应牢固焊接或绑扎在钢筋笼的内侧，均匀布置，且互相平行、定位准确，并埋设至桩底，管口宜高出混凝土顶高程 100 mm。

声测管管底应封闭，管口应加盖。管底、管口及各连接部位应密封。

b. 声测管的布置方式。

在声波透射法检测中，超声波特征值与收、发声测管间连线两边窄带区域（声测剖面）的混凝土质量密切相关。当灌注桩的直径增大时，每组声测管间超声波的混凝土检测范围占桩截面积比例减小，不能反映桩身截面混凝土的整体质量状况，因此，声测管的数量及布置方法决定了桩身混凝土设计的检测面积和检测范围，对直径大的桩应增加声测管的数量，当直径大于 2 500 mm 时，建议埋设的声测管数量使得声测管理论中心距不大于 1 800 mm。

声测管的内径一般比换能器外径大，且不小于 15 mm，是为了便于换能器在管中上下移动。当对换能器加设定位器时，声测管内径可比换能器外径大 20 mm。

声测管布置的示意图如图 5.1.14 所示。

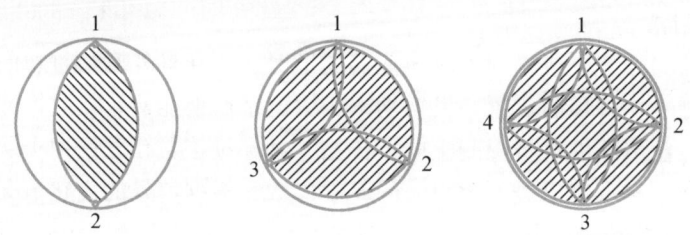

图 5.1.14　声测管布置示意图

③ 检测结果的数据分析和判断。

基桩的超声波透射法检测需要分析和处理的主要声学参数是声速、波幅、主频，同时要注意对实测波形的观察和记录，如何在这些数据的基础上，对桩的完整性、连续性、强度等级等做出判断，是超声法检测的关键。根据《公路工程基桩检测技术规程》（JTG/T 3512—2020）的规定，目前，常用的桩身缺陷判断方法有两大类，第一类是数值判据法，即根据测试值经适当的数字处理后找出一个存在缺陷的临界值作为依据，这种方法能对大量测试数据做出明确的分析和判断，通常用于全面扫测时缺陷的初步判断；第二类是声场阴影区重叠法，这类方法通常用于数值判据法确定缺陷位置后的细测判断，以便详细划定缺陷的位置、大小和性质等，在桩身缺陷的超声检测中这两类方法必须联合使用，过分偏重任何一种方法都是不合理的。

a. 概率法。

正常情况下，由随机误差引起的混凝土的质量波动是符合正态分布的，这可以从混凝土试件抗压强度的试验结果得到证实，由于混凝土质量（强度）与声学参数存在相关性，可大致认为正常混凝土的声学参数的波动也服从正态分布规律。混凝土构件在施工过程中，可能因外界环境恶劣及人为因素导致各种缺陷，这种缺陷由过失误差引起，缺陷处的混凝土质量将偏离正态分布，与其对应的声学参数也同样会偏离正态分布。所以，只要检测出声学参数的异常值，其对应的位置即为缺陷区。

b. PSD（Pile of Slope and Difference）判据法。

对于由声时、波幅衰减确定的异常区，结合 PSD 曲线进行综合分析，采用斜率法作为辅助异常判据，当 PSD 值在某测点附近明显变化时，应将其作为可疑缺陷区。PSD 判据的物理意义为：声时-深度曲线相邻两点的斜率与相邻时差值的乘积，根据 PSD 值在某深度处的突变结合波幅变化情况，进行异常点判定，该判据对声时具有指数放大作用。因此，缺陷区 PSD 值较声时反应明显，而且运用 PSD 判据基本上消除了声测管不平行或混凝土不均匀等因素所造成的声时变化对缺陷判断的影响，但如果声时读数有错误，那么 PSD 会将错误数据进行放大，造成误判。

c. 声阴影重叠法。

所谓声阴影重叠法，就是当超声脉冲束穿过桩体并遇到缺陷时，在缺陷背面的声强减弱，形成一个声辐射阴影区，在阴影区内，接收信号波高明显下降，同时声时增大，甚至波形出现畸变。若采用两个方向检测，分别划出阴影区，则两个阴影区边界线交叉重叠所围成的区域，即为缺陷的确切范围。其基本方法是：一个换能器固定不动，另一个换能器上下移动，找出声阴影的边界位置，然后交换测试，找出另一面的阴影边界。边界线的交叉范围内的重叠区，即为缺陷区。在混凝土中，由于各界面的漫反射及低频声波的绕射，使声场阴影的边界十分模糊。因此，需综合运用声时、波幅、频率等参数进行判断，在这些参数中波幅是对阴影区最敏感的参数，在综合判断时应赋予较大的"权数"。当需要确定局部缺陷在桩的横截面上的准确位置时，可用多测向叠加法，即根据几个测向的测量结果通过作图法进行叠加，交叉重叠区即为缺陷区。

④ 超声波法检测的局限。

与低应变法、钻芯法比较，超声波透射法具有其鲜明的特点：检测全面、细致；检测范围可覆盖全桩长的各个段截面，信息量相对丰富，结果准确可靠；且现场操作简便、迅速，不受桩长、长径比的限制等，但采用该方法需要提前埋设好测管，并封测管口以确保测管不会被堵塞；现场检测时，经常出现桩身上部因钢管锈蚀导致换能器接收的能量减弱的情况，可采用高压水枪等工具冲刷管壁后复测；有时也可能是由于管壁与混凝土没有密切接触，存在空隙(空气)，可在桩头多浇水泅湿、冲洗管壁，使空隙充满水，然后再复测。

此外，对于桩底存在薄弱沉渣或个别管堵塞等情况，限于换能器本身局限性及无法通过换能器等原因，无法准确检测，这时，可采用钻芯或低应变反射波法进行验证。另外，测管位置的偏移也会给测试带来很大的困难，因此，对测管的固定一定要注意。

任务二 桥梁上部结构检测及桥梁荷载试验

桥梁上部结构检测及桥梁荷载检测

【工作任务】在我国社会经济水平不断提高的现阶段,桥梁建设也实现了较大程度的发展,给人们生活带来了较大的便利,但是桥梁在长时间的使用中会出现一些不可避免的问题,特别是在城市交通数量不断增加的当下,桥梁安全问题已经受到了社会各界的广泛关注。本任务以某桥梁为案例,对桥梁上部结构病害与检测内容进行简要分析,探讨桥梁上部结构检测要点,以保证桥梁的使用寿命。

【预备知识】

一、桥梁上部结构检测

(一)桥梁支座检测

桥梁支座设置在梁板式体系中主梁与墩台之间,其主要功能是将上部结构的各种荷载传递给墩台,并能适应上部结构的荷载、温度变化,以及混凝土收缩等各种因素所产生的变形(水平位移及转角),使上部结构的实际受力情况符合设计计算图式。目前桥梁工程常用的支座有以下几种:

(1)油毛毡或平板支座(石棉板或铅板支座):一般用于低等级道路中标准跨径 10 m 以内的简支梁(板)桥。

(2)板式橡胶支座:一般用于中、小跨径($L < 40$ m)梁(板)桥。

(3)盆式橡胶支座:常用于大跨径、大吨位的箱梁桥、斜拉桥和悬索桥。

(4)球形支座:常用于大跨径、大吨位的箱梁桥,特别适用于曲线桥、宽桥和坡道上斜桥。

(5)钢支座:适用于标准跨径等于或大于 25 m 的梁桥。现已基本被板式橡胶支座取代,目前多用于钢结构桥梁上。

此外,还有钢筋混凝土摆式支座等。

橡胶支座结构简单,成本低,目前已实现产品的标准化、系列化,是我国桥梁支座的发展方向。本任务主要介绍梁板式桥梁橡胶支座的检测方法。

1. 板式桥梁橡胶支座构造特性

板式桥梁橡胶支座(见图 5.2.1)通常由若干层橡胶片与以薄钢板为刚性的加劲物组合而成,各层橡胶与上下钢板经加压硫化牢固的粘接成为一体。支座在竖向荷载作用下,具有足够的刚度,主要是由于嵌入橡胶片之间的钢板限制橡胶的侧向膨胀。在水平力作用下,支座的水平位移量取决于橡胶的净厚度。在运营期间防止嵌入钢板的锈蚀,支座的上下面及四边都有橡胶的保护层。

图 5.2.1 板式桥梁橡胶支座

2. 板式桥梁橡胶支座的技术要求

《公路桥梁板式橡胶支座》(JT/T 4—2004)规定了桥梁板式支座标准系列规格,其参数、支座产品力学性能指标及质量要求应符合相关规定,标准系列规格之外形式的支座应根据试验结果自行确定设计参数。

3. 板式桥梁橡胶支座检验方法

桥梁橡胶支座检验有形式检验、出厂检验和使用前抽检3种质量控制环节。形式检验是指厂家在投产、胶料配方改变、工艺和结构形式改变及正常生产中质检部门或国家监督机构定期检测。出厂检验必须由厂家质量管理部门进行检验,确认合格后才可出厂,供货时必须附有产品质量合格证。而桥涵工程使用前抽检是指针对具体支座的设计要求,以行业标准为依据,进行常规性检验、支座成品解剖检验和外观、几何尺寸检验等。

试样数量要求如下:

抗压弹性模量试验数量为3块;抗剪弹性模量试验的试样每2块组成1组,数量为3对;极限抗压强度试验的试样数量不少于3块;容许剪切角试验的试样每2块组成1对,数量为3对;摩擦系数试验的试样数量为2块;容许转角试验的试样每2块组成1对,数量为3对。

(1)抗压弹性模量检验。

试验方法为通过中心受压试验,得出橡胶支座的应力-应变曲线,并据此求出支座的抗压弹性模量,实测出使用应力下支座的最大压缩量并观察支座在受压情况下的工作状态。

大量的试验研究表明,橡胶支座在受压荷载作用下,在压应力不大时,支座的应力-应变是非线性关系,即 σ-ε 关系开始有一曲线段;其后随着荷载的逐步加大,压缩变形几乎成比例增加,则 σ-ε 曲线呈线性关系,卸载后变形基本上可完全恢复原位。橡胶支座抗压弹性模量就是根据上述曲线中的直线确定的。

(2)极限抗压强度检验。

由于桥梁橡胶支座极限抗压强度很大,因此部颁标准规定了橡胶支座的极限抗压强度为70 MPa(矩形支座)和75 MPa(圆形支座),极限抗压强度检验可在抗压弹性模量试验完成后按每分钟 1.0 MPa 的加载速率加载至压应力达到极限抗压强度为止,并随时观察,支座完好无损,其指标为合格。

(3)抗剪弹性模量检验。

由于梁体受温度、收缩徐变以及车辆制动力等环境条件的影响产生的水平位移将使支座产生剪切变形,而橡胶支座水平位移量的大小主要取决于橡胶片的净厚度,也就是说支座的剪切位移是靠胶层的变形产生的。

橡胶支座抗剪弹性模量试验是以正压力为容许压应力,并在抗剪过程中保持不变的情况下,采用两块支座用中间钢拉板推或拉组成双剪装置,橡胶支座的顶面或底面必须与实桥设计(钢筋混凝土梁、钢梁)图纸一致,而且中间钢拉板的对称轴应和加压设备中轴处在同一垂直面上。

每两个检验支座所组成试样的综合抗剪模量 G 为这组试件3次加载所得到的3个结果的算术平均值。但各项结果与算术平均值之间的偏差不应大于算术平均值的10%,否则该试样应持续进行一次试验。

(4)容许剪切角检验。

容许剪切角试验方法同抗剪模量试验一样，并可与抗剪弹性模量试验同时完成。

(5)摩擦系数检验。

除要求必须对四氟板与不锈板进行检验外，对橡胶与混凝土、橡胶与钢板间摩擦系数试验可按需要或用户要求进行检验。

(6)允许转角检验。

在外荷载作用下，支座在发生竖向压缩的同时，由于梁体的挠曲作用使支座产生转动。支座转动时，试样边缘产生压缩与回弹两个相反的变形。由转动产生的支座边缘的变形必须小于由垂直荷载和强制转动共同影响下的压缩变形。

(7)判定规则。

试样的抗压弹性模量与规定值的偏差在±20%范围之内时，则认为是满足要求的。

试样的抗剪弹性模量与规定值的偏差在±15%范围之内，容许剪切角正切值符合规定，则认为是满足要求的。

在70 MPa（矩形支座）或75 MPa（圆形支座）的压应力时，橡胶层未被破坏，中间层钢板未断裂，四氟板与橡胶为发生剥离，则认为试样的极限抗压强度是满足要求的。

试样的摩擦系数符合规定时，则认为是满足要求的。

试样的容许转角正切值，混凝土、钢筋混凝土桥在1/300，钢桥在1/500时，试样边缘最小变形值大于或等于零时，认为试样容许转角是满足要求的。

3块（或3组）试样中，有2块（或2组）不能满足要求时，则认为该批产品不合格。若有1块（或1组）试样不能满足要求时，则应重新抽取3块（或3组）试样进行试验，若仍有1块（或1组）不能满足要求时，则认为该批产品不合格。

(二)桥梁橡胶伸缩装置检测

桥梁橡胶伸缩装置的主要作用是满足桥梁上部结构变形的需要，并保证车辆通过桥面时平稳。桥梁橡胶伸缩装置按照伸缩体结构不同可划分为4类。

1. 桥梁橡胶伸缩装置分类

(1)纯橡胶式伸缩装置。

伸缩体完全由橡胶组成的（包括异型钢梁高度不大于50 mm与密封橡胶带组成单缝）称为纯橡胶式伸缩装置。它适用伸缩量不大于60 mm的道路桥梁工程。

(2)板式伸缩装置。

伸缩体由橡胶、钢板或角钢硫化为一体的称为板式伸缩装置。它适用伸缩量小于60 mm的道路桥梁工程，不适用于高速公路桥梁工程。

(3)组合式伸缩装置。

伸缩体由橡胶板和钢托板组合而成的称组合式伸缩装置。它适用于伸缩不大于120 mm的道路桥梁工程，不适用于高速公路桥梁工程。

(4)模数式伸缩装置。

伸缩体由异型钢梁与单元橡胶密封带组合而成的称为模数式伸缩装置。它适用于伸缩量为80~1 200 mm的道路桥梁工程。

2. 桥梁橡胶伸缩装置技术要求

桥梁橡胶伸缩装置的检测项目有：橡胶与钢材的质量，成品尺寸偏差，外观质量，成品力学性能试验，解剖检验等。各项指标应符合相关规定。

3. 桥梁橡胶伸缩装置试验

（1）试样。

试验设备应能对整体组装后的伸缩装置进行力学性能试验。如果受试验设备限制，不能对整体伸缩装置进行试验时，则对模数式伸缩装置的新产品或老产品转厂生产的式制型鉴定可取不小于 4 m 长并具有 4 个单元变位、支承横梁间距等于 1.8 m 的组装试样进行试验；梳齿板式伸缩装置应取单元加工长度不小于 2 m 组装试样进行试验；橡胶伸缩装置应取 1 m 长的试样进行试验；异型钢单缝伸缩装置应取装置试样进行试验。

（2）试验设备。

成品力学性能试验需在专用的试验台架上进行，试验台可边固定边移动。伸缩装置试样用定位螺栓或其他有效方法与锚固板连接。试验的拉伸和压缩，可用千斤顶施加荷载，荷载大小通过荷载传感器进行控制。试验台座设导向装置，并用刚度较大的钢梁把位移控制箱连成整体。在加载台架上可以模拟伸缩装置的拉伸、压缩与纵向、竖向、横向错位，实测拉压过程中的水平摩阻力和变位均匀性。

（3）检测项目。

① 模数式伸缩装置应进行拉伸、压缩，纵向、竖向、横向错位试验，测定水平摩阻力、变位均匀性。应按实际受力荷载测定中梁、支承横梁以及其连接部件应力、应变值。并应对试样进行振动冲击试验，对橡胶密封带进行防水试验。

② 梳齿板式伸缩装置应进行拉伸、压缩试验，测定水平摩阻力、变位均匀性。

③ 橡胶伸缩装置应进行拉伸、压缩试验，测定水平摩阻力及垂直变形；且试验应在 15～28 °C 温度下进行。

④ 异型钢单缝伸缩装置应进行橡胶密封带防水试验。

⑤ 尺寸偏差，应采用标定的钢直尺、游标卡尺、平整度仪、水准仪等量测。橡胶伸缩装置平面尺寸除量测四边长度外，还应量测对角线尺寸，厚度应在四边量测 8 点取其平均值。模数式和梳齿式板式伸缩装置应每 2 m 取其平均值。

⑥ 外观质量，应用目测方法和相应精度的量具逐步进行检测，不合格产品可进行一次修补。

⑦ 内在质量。橡胶板式伸缩装置解剖检验每 100 块取 1 块，沿中横向锯开进行规定项目检验。

⑧ 原材料。伸缩装置中使用的钢材、橡胶、不锈钢板、聚四氟乙烯板、硅脂等应按《公路桥梁伸缩装置》（JT/T327—2004）中规定的方法进行试验。

（4）判定规则。

① 进厂原材料检验应全部项目合格后方可使用，不合格材料不能用于生产。

② 出厂检验时，若有一项指标不合格，则应从该批产品中再随机抽取双倍数目的试样，对不合格项目进行复检，若仍有一项不合格则判定该批产品不合格。

③ 形式检验时，整体性能试验全部项目满足相关要求为合格。若检验项目中有一项不合格，则从该批产品中再随机抽取双倍数目的试样，对不合格项目进行复检；若复检仍有一项

目不合格,则判定该批产品不合格。

（三）桥梁混凝土与预应力混凝土结构检测

桥涵混凝土结构、钢筋混凝土结构或预应力混凝土结构或构件的检测,主要包括以下内容:一是原材料与配合比的检测;二是施工阶段质量控制;三是外观质量检测;四是构件混凝土强度评定。本项目只讲述施工阶段质量控制。

1. 检测项目与频率

（1）拌制和浇注混凝土时的检验。

① 混凝土及组成材料的外观检测,每拌制一工作班至少2次,必要时随时抽样试验。

② 混凝土的和易性（坍落度）检测每工作班至少2次。

③ 砂石材料的含水量检测,每日开工前1次,气候或含水量变化较大时随时检测调整。

④ 钢筋、模板、支架等的稳固性和安装位置。

⑤ 混凝土的运输、浇注方法和质量。

⑥ 外加剂的使用效果。

⑦ 制取混凝土试件。

（2）浇注混凝土后的检验。

① 养护情况。

② 混凝土强度、拆模时间。

③ 混凝土外露面及装饰质量。

（3）混凝土强度检测频率。

① 不同强度及不同配合比的混凝土应分别制取试件,试件应在浇注地点或拌和地点随机制取。

② 浇注一般体积的结构物（如基础、墩台）时每一单元结构物应制取2组。

③ 连续浇注大体积结构物混凝土时,每 80~20 m² 或一工作班应制取2组。

④ 每片梁长 16 m 以下应制取1组,16~30 m 制取2组,31~50 m 制取3组,50 m 以上者不少于5组。

⑤ 就地浇注混凝土小桥涵,每一座或每一工作班制取不少于2组;原材料和配合比相同,并由同一个拌和站拌制时,可几座合并制取2组。

如施工需要,可制取与结构物同条件养护的试件作为考核结构混凝土在拆模、出池、吊装、预施应力、承受荷载等阶段强度的依据。

2. 结构外形尺寸与位置的检查

混凝土、钢筋混凝土部分结构构件的外形尺寸、位置的检测与评定包括:混凝土基础实测项目,承台实测项目,墩、台身实测项目,柱或双壁墩身实测项目,梁（板）预制实测项目及钢筋安装实测项目的检测与评定。其检查项目应符合相关规范规定。

3. 焊接钢筋的质量检测

钢筋的连接方式有焊接与绑扎接头。轴心受拉和小偏心受拉构件中的钢筋接头不宜绑扎,普通混凝土中直径大于 25 mm 的钢筋宜采用焊接。

钢筋的焊接方式有闪光对焊和搭接电弧焊。钢筋接头采用闪光对焊前，必须根据施工条件进行试焊，合格后方可正式施焊。钢筋接头采用搭接电弧焊时，两钢筋搭接端部应预先折向一侧，使两接合钢筋轴线一致。接头双面焊缝的长度不应小于 $5d$，单面焊缝的长度不应小于 $10d$（d 为钢筋直径）。焊接质量应符合下列要求：

1）钢筋闪光对焊接头

（1）批量规定。

在同一台班内，由同一焊工按同一焊接参数完成的 300 个类型（指钢筋级别和直径均相同）接头作为一批。一周内连续焊接时可以连续计算，一周内不足 300 个接头时按一批计算。

（2）外观检查、抽检频率与判定。

每批抽检 10% 的接头，并不得少于 10 个。

焊接等长的预应力钢筋（包括螺纹端杆与钢筋）时，可按生产同条件制作模拟试件。螺纹端杆接头可只做拉伸试验。

外观检查要求如下：

① 接头处不得有横向裂缝。

② 与电极接触处的表面，对Ⅰ级钢筋、HRB335、HRB400 钢筋，不得有明显烧伤；HRB500 钢筋不得有烧伤；低温对焊时，对 HRB335、HRB400、HRB500 钢筋，不得有烧伤。

③ 接头处的弯折不得大于 4°。

④ 接头处的钢筋轴线偏移不得大于 0.1 倍的钢筋直径，同时不得大于 2 mm。

当有一个接头不符合要求时，应对全部接头进行检查，剔出不合格品。不合格接头切除重焊后，可再次提交验收。

（3）力学性能试验与评定。

包括拉伸与弯曲试验。应从每批产品中切取 6 个试件，3 个进行拉伸试验、3 个进行弯曲试验。

拉伸试验结果应符合下列要求：

① 3 个热轧钢筋接头试件的抗拉强度均不得低于该级别钢筋规定的抗拉强度，余热处理Ⅲ级钢筋接头试件的抗拉强度均不得低于 HRB400 钢筋的抗拉强度。

② 应至少有 2 个试件断于焊缝之外，并呈延性断裂。当试验结果有 1 个试件的抗拉强度小于上述规定，或有 2 个试件在焊缝或热影响区发生脆性断裂时，应再取 6 个试件进行复验，复验结果，如仍有 1 个试件的抗拉强度小于规定值，或有 3 个试件断于焊缝或热影响区，呈脆性断裂，应确认该批接头为不合格品。

③ 预应力钢筋与螺丝端杆的闪光对焊接头拉伸试验结果，3 个试件应全部断于焊缝之外，呈延性断裂。当试验结果有 1 个试件在焊缝或热影响区发生脆性断裂，应从成品中再切取 3 个试件进行复验，复验结果如仍有 1 个试件在焊缝或热影响区发生脆性断裂，应确认该批接头为不合格品。

④ 模拟试件的试验结果不符合要求时，应从成品中再切取试件进行复验，其数量和要求应与初始时相同。

弯曲试验结果应符合下列要求：

焊缝要处于弯曲中心点，弯曲角度为90°，弯心直径为2d（Ⅰ级钢筋）；4d（HRB335）；5d（HRB400）；7d（HRB500）。

试验结果至少有2个试件不得发生破裂。否则，应再取6个试件进行复验，复验结果，如仍有3个试件发生断裂，应确认该接头为不合格品。

2）钢筋搭接电弧焊接头

（1）批量规定。

以300个同类型接头为一批，不足300个时仍作为一批。

（2）外观检查。

应在接头清渣后逐个进行目测和量测，检查结果应符合尺寸偏差及缺陷允许的要求：

① 焊缝表面平整，不得有较大的凹陷、焊瘤。

② 接头处不得有裂纹。

③ 咬边深度、气孔、夹渣的数量和大小以及接头偏差，不得超过相关要求。

④ 坡口焊及熔槽帮条焊接头，其焊缝加强该度不大于3 mm。

（3）强度检验与评定。

从成品中每批切取3个接头做拉伸试验，试验结果应符合下列要求：

① 3个热轧钢筋接头试件的抗压强度均不得低于该级别钢筋的规定抗拉强度值，余热处理Ⅲ级钢筋接头试件抗拉强度均不得小于HRB400钢筋规定的抗拉强度。

② 至少有2个试件呈塑性断裂，3个试件均断于裂缝之外。

当检验结果有1个试件的抗拉强度低于规定指标或2个试件发生脆性断裂时，应取双倍数量的试件进行复验，复验结果如仍有1个试件的抗拉强度低于规定指标，或有1个试件断于焊缝或有3个试件呈脆性断裂时，则该批接头即为不合格品。

③ 模拟试件数量和要求应与从成品中切取时相同，当模拟试件结果不符合要求时，复验应从成品中切取，其数量和要求应与开始相同。

4. 预应力混凝土结构构件检测

预应力混凝土结构构件检测项目中，原材料与配合比的检测、施工中的一些检测与钢筋混凝土的检测相同，钢丝钢绞线的性能与检测在建筑钢材中讲述。除此之外，还应包括锚具和连接器、张拉设备与水泥浆的检测。限于篇幅，本章不做累述。

二、桥梁荷载试验

桥梁荷载试验分静载试验和动载试验，进行桥梁荷载试验的目的是检验桥梁整体受力性能和承载力是否符合设计要求；对于新桥型及桥梁中运用新材料、新工艺的应验证计算图式，为完善结构分析理论积累资料；对于旧桥通过荷载试验可以评定其运营荷载等级。

桥梁结构载荷在作用下所产生的变形可以分为两大类：一类变形能反映结构的整体工作状态，如梁的挠度、转角、支座位移等，称为整体变形；另一类变形能反映结构的局部工作状态，如纤维变形、裂缝、钢筋的滑动等，称为局部变形。

测定挠度，可以了解结构的刚度并分析结构的弹性和非弹性性质。挠度的不正常发展还能说明结构中的局部现象；测定转角可以用来分析超静定结构；控制断面的最大应变和应变沿断面的分布规律是我们推断结构极限强度的重要指标。

桥梁结构动载试验的基本任务是：测定动荷载的动力特性，即引起结构产生振动的作用力的数值、方向、频率和作用规律；测定结构的动力特性，即结构或构件的自振频率、阻尼特性及固有振型；测定结构在动荷载作用下的强迫震动响应，如振幅、动应力、冲击系数及疲劳性能等。

桥梁荷载试验可大致分为 3 个阶段：桥梁结构的考察、试验方案设计及试验准备阶段；加载试验与观测阶段；试验结果的分析与总结阶段。

（一）桥梁结构的考察、试验设计与准备

荷载试验正式进行之前应做好以下准备工作。

1. 试验孔（或墩）的选择

对多孔桥梁中跨径相同的桥孔（或墩）可选 1~3 孔具有代表性的桥孔（或墩）进行加载试验。选择时应综合考虑以下因素：

（1）该孔（或墩）计算受力最不利。
（2）该孔（或墩）施工质量较差，缺陷较多或病害较严重。
（3）该孔（或墩）便于搭设脚手架，便于实测。

2. 搭设脚手架和测试支架

搭设脚手架和测试支架应分开搭设互不影响，并应具有足够的强度、刚度和稳定性。

3. 静载试验加载位置的放样和卸载位置安排

静载试验前应在桥面上对加载位置进行放样，并预先安排卸载的安放位置，以便与加载试验的顺利进行。

4. 试验人员组织及分工

桥梁的荷载试验是一项技术性较强的工作，最好组织专门的桥梁试验队伍来承担。试验人员应能熟练掌握所分管的仪器设备，读数快速而精确。试验队伍应设总指挥 1 人，其他人员的配备视具体情况而定。

5. 其他准备工作

加载试验的安全设施、供电照明设施、通信联络设施、桥面交通管制等工作应根据荷载试验的需要进行准备。

（二）试验对象的考察

在确定试验方案之前，必须对试验结构进行实地考察和了解，做到情况清楚、心中有数。

1. 技术文件和资料的收集

收集桥梁资料的设计资料，如设计标准、设计主要荷载类型、结构特点、计算书及设计原始资料；收集施工资料，如材料性能试验报告、隐蔽工程验收资料、施工观测记录、施工阶段质量检查验收记录、事故记录及竣工图纸等；收集桥梁结构的使用资料，如养护情况，

运营情况及结构损伤与破损阶段报告。

2. 桥梁结构现状调查

用直观或量测的方法确定结构各部分的几何形状及位置偏差,确定墩台的空间位置和距离、记录有无沉降、隆起、倾斜和转动等;观察圬工体的外表质量;考察现有的损伤、裂缝、蜂窝、麻面、钢筋外露、混凝土保护层厚度不够的地方、漏水的地方等;用非破损检验的方法确定结构或构件混凝土实际强度是否与设计文件相符。

以上工作中,重点应考查混凝土的强度、墩台和上部结构的裂缝;混凝土保护层厚度不够的地方;钢筋外露和锈蚀的区段;易发生应力集中的部位;圬工桥梁注意测量拱圈尺寸、拱轴线位置以及拱圈上有无横向裂缝。

考察支座的位置、尺寸,有无损伤,活动支座是否灵活,排水是否符合要求,伸缩缝工作情况是否良好

实测结构材料的实际强度及弹性模量等重要的物理力学性能指标。可以通过原配合比制试件实测、或从结构非重要部位挖取试件实测、也可以用非破损法实测。

(三) 加载方案设计

1. 确定试验荷载

为保证荷载试验的效果,必须首先确定试验荷载。试验荷载可以取控制荷载。依据汽车和人群(标准设计荷载)、挂车或履带车(标准设计荷载)及需要通行的特殊重型车辆分别对结构截面产生的内力(或变形)的最不利值对应的荷载作为控制荷载。而动荷载试验以汽车荷载作为控制荷载。当客观条件所限,采用的试验荷载与控制荷载有差别时,为保证试验效果,在选择试验荷载的大小和加载的位置时采用荷载试验效率 η_q(静荷载试验效率或动荷载试验效率)进行控制。

η_q 值可采用 0.80~1.05,当桥梁的调查、检算工作比较完善而又受加载设备能力所限,η_q 可采用低限,反之取高限,一般情况下 η_q 值不宜小于 0.95。

荷载试验宜选择温度内力较不利的季节和天气进行。当温度变化对桥梁结构内力影响较大时,应选择温度内力较不利的季节进行荷载检验,否则适当增大 η_q 值来弥补温度对结构控制截面产生的不利内力。

当控制荷载为挂车和履带车而采用汽车荷载加荷时,考虑到汽车荷载的横向应力增大系数较小,为了使截面的最大应力与控制荷载作用下截面最大应力相等,可适当增大静荷载试验效率 η_q。

η_q 值一般采用 1。动载试验的效率不仅取决于试验车型及车重,而且取决于实际跑车时的车间距。因此,应采用实际测定跑车时的车间距作为修正动荷载试验效率 η_q 的计算依据。

2. 加载形式与控制

试验荷载位有两种形式:一种是沿桥轴方向加载;一种是垂直于轴方向加载。设计加载

时除注意试验荷载纵向加载位置外，同时还要注意横向加载图式，横向加载图式有对称和偏心加载两种方式。

为了加载安全和了解结构应变和变位随荷载增加的变化关系，桥梁静荷载试验的各荷载工况的加载应分级进行，分级控制的原则如下：

（1）当加载分级较为方便时，可按最大控制截面内力荷载工况均分为 4~5 级。

（2）使用载重车加载，车辆称重有困难时也可分成 3 级加载。

（3）如果桥梁的检查和验算工作不充分，或桥况较差，应尽量增多加载分级，使车辆荷载逐辆驶入预定加载位置，以确保试验安全。

（4）在安排加载分级时，应注意加载过程中其他内力亦应逐渐增加，且最大内力不应超过控制荷载作用下的最不利内力。

最好每级加载后卸载，也可逐级加载，达到最大荷载后逐级卸载。车辆荷载加载分级的方法可采用先上轻车后上重车，逐渐增加加载车数量；加载车分次装载重物；加载车位于内力影响线的不同部位。

加载试验时间以 22:00 至 6:00 为宜，如采用车辆等加卸载迅速的试验方法，也可安排在白天试验，但进行加载试验时每一加卸载周期所花费的时间不宜超过 20 min。

加载设备可选用可行式车辆及重物直接加载。

动加载试验一般安排标准汽车车列（对小跨径桥也可用单车）在不同车速时的跑车试验，跑车时速一般为 5 km、10 km、20 km、30 km、50 km，此外，如需测定桥梁承受活载水平力性能时要做车辆制动试验，为测定桥梁自振频率要做跳车后的余振观测，并在无荷载时进行脉动观测。

（四）测点设置

主要测点的布设应能控制结构的最大应力（应变）和最大挠度（或位移），测点的布设不宜过多，但要保证观测质量，几种常用桥梁体系的主要测点布设如下：

简支梁桥——跨中挠度、支点沉降、跨中截面应变。

连续梁桥——跨中挠度、支点沉降、跨中和支点截面应变。

悬臂梁桥——悬臂端部挠度、支点沉降、支点截面应变。

拱桥——跨中与 $L/4$ 处挠度、拱顶 $L/4$ 和拱脚截面应变。

挠度观测点一般布置在桥中轴线位置。截面抗弯应变测点应设置在截面横桥向应力可能分布较大的部位，沿截面上下缘布设，横桥向测点设置一般不少于 3 处，以控制最大应力的分布。

根据桥梁调查和检察工作的深度，综合考虑结构特点和桥梁状况等可按需要加设测点。

在与大多数测点较近的部位设置 1~2 处气温观测点，此外可根据需要在桥梁主要测点部位设置一些构件表面温度观测点。

项目小结

1. 桩基础在施工阶段的检测项目包括：钢筋加工及安装质量检测，护筒检验、泥浆性能指标检测，清孔的质量检测、成孔的质量检验、基桩完整性检验和基桩承载力检验。

2. 桥梁荷载试验的目的是检验桥梁整体受力性能和承载力是否符合设计要求。对于新桥型及桥梁中运用新材料、新工艺的应验证计算图式，为完善结构分析理论积累资料；对于旧桥通过荷载试验可以评定其运营荷载等级。

复习思考题

1. 什么是标准贯入试验？如何根据标准贯入试验锤击数确定砂土地基承载力？
2. 地基破坏分为哪几个阶段？现场荷载试验需要什么设备？
3. 钻孔灌注桩成孔时，泥浆起什么作用？泥浆的性能指标有哪些？
4. 灌注桩完整性检验的方法有哪些？
5. 板式橡胶支座质量检验有哪几个控制环节？
6. 桥梁橡胶伸缩缝装置按结构形式划分可分为哪几类？
7. 简述桥梁荷载试验的目的及静、动载试验的主要测试内容。

项目六

隧道检测

【材料试验员岗位工作标准】能够对隧道材料、隧道开挖质量、隧道支护施工质量和隧道混凝土衬砌进行检测。

【试验检测工程师职业资格考试要求】应考人员对隧道工程专业方面的基础知识完整、系统理解并运用；熟悉相关工程的技术标准、质量检验评定标准、养护检查规范，相关试验、检测标准、规程等；熟悉相关工程原材料、工程制品、结构试验检测技术的相关内容、基本原理和方法，以及试验检测涉及的仪器设备基本知识；要求考生具备较强的实际操作和分析解决问题的能力。

【教学目标】熟悉隧道施工质量检测，掌握隧道施工监控量测，能够对隧道进行检测及评定。

【思维导图】

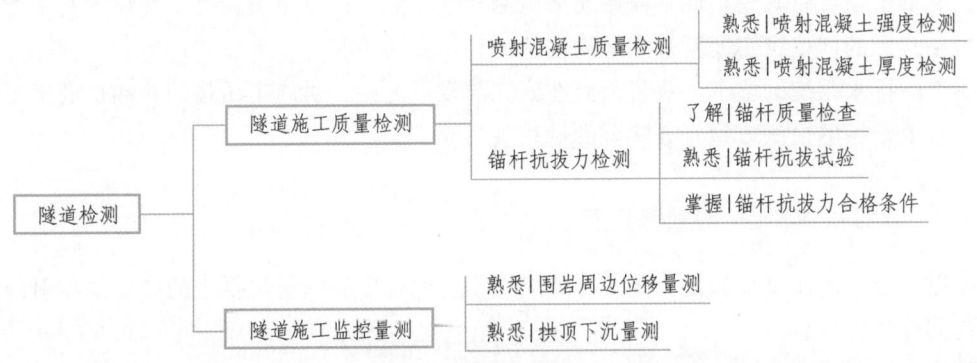

【思政映射】在规范的引领下养成良好的检测习惯，具有质量意识、安全意识、有较强的集体意识和团队合作精神。

【建议学时】8学时

任务一 隧道施工质量检测

隧道施工质量检测

【工作任务】随着我国道路建设的发展，道路隧道的建设也逐渐增多。由于隧道自身的特点及其他方面的原因，道路隧道易出现质量问题。其中最常见的有隧道渗漏、衬砌开裂、限界受侵、通风与照明不良等。为保证道路隧道的质量，道路隧道的检测工作便尤为重要。

【预备知识】

工程所需的原材料、半成品、构配件等都将成为永久性工程的组成部分,因此,需要事先对其质量进行严格控制。在隧道工程的常用原材料中,衬砌材料属于土建通用材料,支护材料和防排水材料较具隧道和地下工程特色。支护材料包括锚杆、喷射混凝土和钢构件等;隧道防排水材料包括注浆材料、高分子合成卷材、排水管和防水混凝土等。

隧道开挖或爆破成形好坏对后续工序的质量影响极大。目前成形质量检测技术发展很快,发达国家已广泛使用隧道断面仪来及时检测成形质量,我国在一些长大隧道施工中也已开始使用断面仪。该仪器可以迅速测取隧道断面轮廓,并将其与设计开挖断面比较,从而得知隧道的超欠挖情况。应用隧道断面仪还可以监测锚喷隧道围岩的变形情况。

支护质量主要指锚杆安装质量、喷射混凝土质量和钢构件质量。对于锚杆,施工质量检测的内容有锚杆的间排距、锚杆的长度、锚杆的方向、注浆式锚杆的注满度、锚杆的抗拔力等。对于喷射混凝土,施工中应主要检测其强度、厚度和平整度。对于钢构件,则要检测构件的规格与节间连接、架间距、构件与围岩的接触情况以及与锚杆的连接。此外,对支护背后的回填密实度也要进行探测。

衬砌混凝土质量检测包括衬砌的几何尺寸、衬砌混凝土强度、混凝土的完整性、混凝土裂缝、衬砌背后的回填密度和衬砌内部钢架、钢筋分布等的检测。其中外观尺寸容易用直尺量测,混凝土强度及其完整性则需用无损检测技术完成,混凝土裂缝可用塞尺等简单方法检测,衬砌背后的回填密实度可采用地质雷达法和钻孔法检测。

隧道防排水系统的施工方法目前尚在研究与发展之中,对施工质量的检测也处于探索阶段,工程上常用的检测或检查方法可参见相关书籍。

一、喷射混凝土质量检测

喷射混凝土的质量检验指标主要有喷射混凝土的强度和喷射混凝土的厚度及喷射混凝土粉尘与回弹量等内容。

(一)喷射混凝土强度检测方法

喷射混凝土强度包括抗压强度、抗剪强度、疲劳强度、黏结强度等。其中,抗压强度是表示喷射混凝土物理力学性能及耐久性的一个综合指标,工程实际中常用它作为喷射混凝土质量的重要指标。

1. 抗压试块的制作

(1)喷大板切割法。

在施工的同时,将混凝土喷射在 45 cm×20 cm×12 cm(可制成 6 块)或 45 cm×20 cm×12 cm(可制成 3 块)的模型内,当混凝土达到一定强度后,加工成 10 cm×10 cm×10 cm 的立方体试块,在标准条件下养护 28 d 进行试验。

(2)凿方切割法。

在具有一定强度的支护上,用凿岩机打密排钻孔,取出长约 35 cm、宽约 15 cm 的混凝土块,加工成 10 cm×10 cm×10 cm 的立方体试块,在标准条件下养护 28 d 进行试验。

2. 喷射混凝土抗压强度合格判定

试块的数量:隧道(两车道)每 10 延米至少在拱顶和边墙各取一组试样,材料和配合比变更时另取一组,每组至少取 3 个试块进行试验。

(1)同批(指同一配合比)试块的抗压强度平均值,不低于设计强度或 C20。

(2)任意一组试块抗压强度平均值不得低于设计强度的 80%。

(3)同批试块为 3~5 组时,低于设计强度的试块组数不得多于 1 组;试块为 6~16 组时,不得多于两组;17 组以上,不得多于总组数的 15%。

(4)检查不合格时,应查明原因并采取措施,可用加厚喷层或增设锚杆的办法予以补强。

(二)喷射混凝土厚度的检测

喷射混凝土厚度指混凝土喷层至隧道围岩接触界面间的距离。施工中保证喷射混凝土的厚度是保证喷射混凝土质量的前提。所以,厚度也是喷射混凝土质量检验的一个重要指标。

1. 检查方法和数量

喷层厚度可以用凿孔、激光断面仪或光带摄影等方法检查。凿孔检查时,宜在混凝土喷后 8 h 以内,用短钎将孔凿出,发现厚度不够时可及时补喷加厚。采用凿岩机钻眼,若因喷射混凝土与围岩黏结紧密,颜色接近较难辨认喷层厚度时,可用酚酞试液涂抹孔壁,碱性混凝土即呈现红色。

检查断面的数量为每 10 延米至少检查一个断面,再从拱顶中线起每隔 2 m 凿孔检查一个点。

2. 喷射厚度合格判定

每个断面拱、顶分别统计,全部检查孔处喷射厚度应有 60% 以上不小于设计厚度,平均厚度不得小于设计厚度,最小厚度不应小于设计厚度的 1/2。在软弱破碎围岩地段,喷射厚度不应小于设计的最小厚度。钢筋网喷射混凝土的最小厚度不应小于 6 cm。

(三)喷射混凝土与围岩黏结强度试验

1. 试块制作

成型试验法:在模型内放置面积为 10 cm×10 cm×5 cm 且表面粗糙近似实际情况的岩石,用喷射混凝土掩埋。当混凝土达到一定强度后,加工成 10 cm×10 cm×10 cm 的立方体试块,标准养护 28 d,用劈裂法进行试验。

直接拉拔法:在围岩表面预先设置带有丝扣和加力板的拉杆,用喷射混凝土将加力板埋入,喷射厚度约 10 cm,试件面积约 30 cm×30 cm(周围多余部分应予清除),养护 28 d 后进行拉拔试验。

2. 强度标准

喷射混凝土与岩石的黏结力，Ⅳ类及以上围岩不低于 0.8 MPa，Ⅲ类围岩不低于 0.5 MPa。

喷射混凝土在施工过程中，部分混凝土由隧道岩壁跌落到底板的现象称为混凝土的回弹。回弹数量与混凝土总数量之比，就是混凝土的回弹率。《公路隧道施工技术规范》规定（回弹率）：拱顶不超过 40%，边墙不超过 30%，挂钢筋网后，回弹率可放宽 5%。回弹物不得重新用作喷射混凝土材料。此外，应采取措施减少喷射混凝土粉尘。

二、锚杆拉拔力检测

1. 锚杆质量检查

检查锚杆质量必须做拉拔力试验。锚杆质量的检查，包括长度、间距、角度、方向、锚固力（即拉拔力）等项，有的已在隐蔽工程检查中进行。锚杆锚固力或拉拔力与锚杆形式、杆体材料、直径以及围岩强度、孔壁清洁程度等有关，因此，一般可提出锚杆质量的综合性能指标。进行锚固力或拉拔力试验时，达到设计指标即为合格。

2. 锚杆拉拔试验

根据要求将锚杆安设后，每 300 根至少选择 3 根作为 1 组进行拉拔力试验，围岩条件或原材料变更时另做 1 组试验。同组锚杆的拉拔力平均值应满足设计要求，每根锚杆的拉拔力最低值不得小于设计值的 90%。

3. 锚杆拉拔力合格条件

$$\bar{P}_{An} \geqslant P_A \qquad (6.1.1)$$

$$P_{A\min} \geqslant 0.9 P_A \qquad (6.1.2)$$

式中　n——每批锚杆抽样试验的试件组数；

$\bar{P}_{An}$——同批 n 组试件拉拔力的平均值（精确到 0.1 kN）；

$P_{A\min}$——同批 n 组试件拉拔力的最低值（精确到 0.1 kN）；

P_A——锚杆的设计锚固力（精确到 0.1 kN）。

4. 注意事项

（1）安装拉力计时，其拉力作用线应与锚杆同心。

（2）加载应匀速、缓慢，拉拔至预设计荷载即停止；设计无要求时，则不做破坏性试验。

（3）拉力计应固定牢靠，并必须有安全保护措施。

任务二　隧道施工监控量测

隧道施工监控量测

【工作任务】隧道现场监控量测，包括隧道施工阶段与营运阶段控制量测和监控量测。控制量测主要检查隧道施工阶段和竣工验收后的隧道中线和净空断面的位置与尺寸是否符合设计要求。监控量测是检测隧道施工阶段和营运阶段围岩变化情况及支护结构的工作状况，及时提供围岩和支护结构的稳定程度情况，预见事故和险情，以便调整和修改支护结构。本任务只介绍隧道施工阶段和营运阶段的围岩与支护结构的监控与量测。

【预备知识】

施工监控量测的主要任务是：确保施工安全；预测和确认隧道围岩最终稳定时间，以指导施工顺序和做二次衬砌的时间；根据隧道开挖后所获得的量测信息，进行综合分析，检验和修正施工预设计；积累资料，作为其他工程设计与施工的参考资料。量测要求：

（1）快速埋设测点。测点一般是开挖后埋设的，为尽早获得开挖初始阶段的变形动态，测点应紧靠工作面快速埋设，尽早量测。一般设置在开挖工作面2 m范围内，开挖后24 h内、下次爆破前测取初读数。

（2）每一次量测数据时间尽可能短。

（3）测试元件应具有良好的防振、防冲击波能力。

（4）测试数据直观、准确、可靠。

（5）测试元件在埋设后能长期有效工作。

（6）测试元件应有足够的精度。

量测项目与方法：施工监控量测的项目应根据隧道工程地质条件、围岩类别、围岩应力分布情况、隧道跨度、埋深、工程性质、开挖方法、支护类型等因素确定。各类围岩量测项目如表6.2.1所示，表中A类为必测项目，B类为选测项目。隧道现场监控量测项目及量测方法如表6.2.2所示。

表6.2.1　各类围岩量测项目

类别	A			B						
	洞内观察	净空变位	拱顶下沉	地表下沉	围岩位移	锚杆轴力	衬砌应力	锚杆拉拔试验	围岩条件	洞内弹性波
硬岩Ⅲ~Ⅴ	***	***	***	*	*	*	*	*	*	*
软岩Ⅱ~Ⅲ	***	***	***	*	*	*	*	*	*	*
软岩Ⅰ·Ⅱ	***	***	***	*	***	***	**	*	**	*
土砂	***	***	***	***	**	*	*	***	***	*

注：***——必须进行项目；**——应进行项目；*——必要时进行项目。

隧道现场监控量测应根据隧道的工程地质、水文地质、地形条件、支护类型和参数及其他有关条件制订监控、量测计划。计划的主要内容应包括：现场量测的主要手段、量测仪表和工具及其选用、量测项目及方法；施测部位和测点布置及测量人员组织；测试方案和实施计划的测定；量测数据处理与应用、量测管理等。

本项目仅介绍围岩周边位移量测和拱顶下沉量测，其他项目的量测可参考相关资料。

表 6.2.2 隧道现场监控量测项目及量测方法

序号	项目名称	方法及工具	布 置	量测间隔时间 1~15天	量测间隔时间 16天~1个月	量测间隔时间 1~3个月	量测间隔时间 大于3个月
1	地质和支护状况观察	岩性、结构面产状及支护裂缝观察或描述、地质罗盘等	开挖后及初期支护后进行	每次爆破后进行			
2	周边位移	各种类型收敛计	每10~50m一个断面，每断面2~3个对测点	1~2次/天	1次/2天	1~2次/周	1~3次/月
3	拱顶下沉	水平仪、水准仪、钢尺或测杆	每10~50m一个断面	1~2次/天	1次/2天	1~2次/周	1~3次/月
4	锚杆或锚索内力及抗拔力	各类电测锚杆、锚杆测力计及拉拔器	每10m一个断面，每个断面至少3根锚杆	—	—	—	—
5	地表下沉	水平仪、水准仪	每5~50m一个断面，每断面至少7个测点；每隧道至少两个断面；5~20m一个测点	开挖面距量测断面前后小于2B时，1~2次/天；开挖面距量测断面前后小于5B时，1次/2天；开挖面距量测断面前后大于5B时，1次/周			
6	围岩体内位移（洞内设置）	洞内钻孔中安设单点、多点杆式或钢丝式位移计	每5~100m一个断面，每断面3~5个钻孔	1~2次/天	1次/2天	1~2次/周	1~3次/月
7	围岩体内位移（地表设置）	地表钻孔中安设各类位移计	每代表性地段一个断面，每断面3~11个测点	同地表下沉要求			
8	围岩压力及两层间压力	各种类型压力盒	每代表性地段一个断面，15~20个测点	1~2次/天	1次/2天	1~2次/周	1~3次/月
9	钢支撑内力及外力	支柱压力计或其他测力计	每10榀钢拱支撑一对测力计	1~2次/天	1次/2天	1~2次/周	1~3次/月
10	支护、衬砌内应力、表面应力	各类混凝土内应力计、测缝计及表面应力解除法	每代表性地段一个断面，每断面宜为11个测点	1~2次/天	1次/2天	1~2次/周	1~3次/月
11	围岩弹性波测试	各种声波仪及配套探头	在有代表性地段设置	—	—	—	—

注：B为隧道开挖宽度，表中的1~4项为必测项目，5~11项为选测项目。

一、围岩周边位移量测

隧道开挖后，围岩向坑道方向的位移是围岩动态的显著表现，最能反映出围岩或围岩与支护的稳定性。坑道周边净空变化，一般用收敛计或净空变位仪量测其中两点之间的相对位移值。

1. 量测断面间距

应保证沿隧道轴线每类围岩至少有一个量测断面。一般情况下，洞口段和埋深小于两倍隧道宽度地段，间隔5～10 m 一个量测断面；其余地段可根据地质条件，每隔5～100 m 设一个断面。

地质条件好且收敛值（为两次量测的隧道内壁面两点连线方向的位移之差）稳定的隧道，可加大量测断面的间距；围岩较差，收敛值长期不稳定，开挖进度快或采用分部开挖法施工的隧道，可缩小量测断面的间距。

2. 量测频率

量测频率按表6.2.3取值。从不同测线得到的位移速度不同，测量频率应按速度高的取值。若根据位移速度和与工作面距离两项指标分别选取的频率不同，则从中取高值。

表 6.2.3　周边位移和拱顶位移量测频率

位移速度/（mm/d）	据工作面距离	频率
>10	（0～1）D	1～2 次/天
5～10	（1～2）D	1 次/天
1～5	（2～5）D	1 次/2 天
<1	>5D	1 次/周

注：D 为隧道宽度。

3. 周边位移量测布置

隧道开挖周边相对位移量测线的布设方法和要求，可参照如表6.2.4、图6.2.1所示。

表 6.2.4　周边位移测线数

方式	一般地段	特 殊 地 段		
		洞口附近	埋深小于2B	有膨胀压力或偏压	实施选测项目代表性地段
全断面开挖	一条水平测线		3条或5条		3条或5条、7条
短台阶开挖	2条水平测线	3条或6条	3条或6条	3条或6条	3条或5条、7条
全台阶开挖	每台阶一条水平测线	每一台阶3条	每一台阶3条	每一台阶3条	每一台阶3条

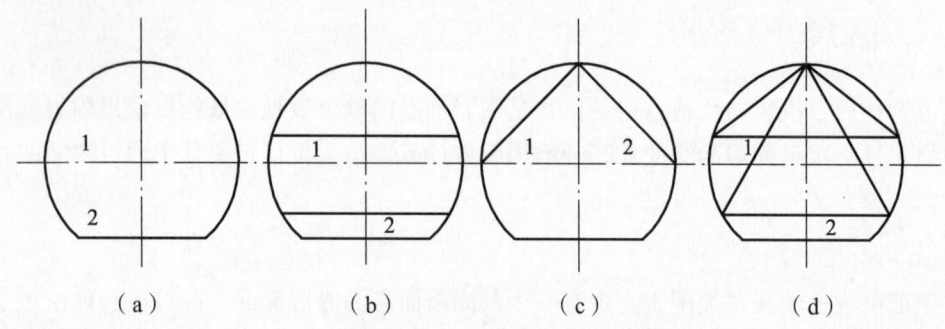

图 6.2.1 周边位移测线位置

4. 测试原理与方法

目前，我国道路隧道施工中常用收敛计量测坑道净空相对位移。常用的收敛计为机械式收敛计，不同的收敛计有不同的使用方法，现以 QJ-81 型球铰连接弹簧式收敛计（见图 6.2.2）为例，介绍机械式收敛计的测试原理与方法。

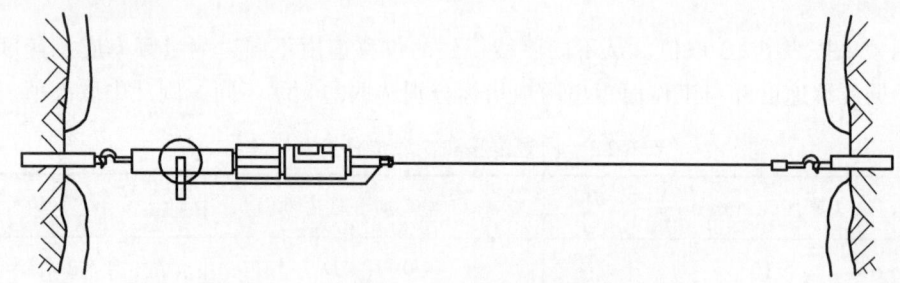

图 6.2.2　QJ-81 型球铰连接弹簧式收敛计

仪器安装后，利用弹簧秤、钢丝绳、滑管给钢尺施加固定的水平张力（弹簧秤拉力 90 N），同时，钢丝绳带动内滑管沿固定方向移动，内滑管上的触头压缩百分表，读得初始数值 X_0；间隔时间 t 后，用同样的方法可读得 t 时刻的值 X_t，则 t 时刻的周边收敛值 U_t 即为百分表的两次读数差。

每次量测后，需将原始记录及时整理成正式记录。对每一量测断面内的每一条测线，整理后的量测资料应包括：原始记录表及实际测点布置图；位移随时间以及开挖面距离的变化图；位移速度、位移加速度随时间以及开挖面距离的变化图。同时应包括开挖、喷射混凝土、锚杆施工工序和时间，并将位移警戒线和极限值计算出来。整理的图表应及时进行数据处理并指导施工。

收敛量测结果的主要用途在于评定隧道的稳定性。

二、拱顶下沉量测

拱顶是坑道周边上的一个特殊点，挠度最大，位移情况（绝大多数下沉，极少数抬高）具有较强的代表性。拱顶内壁的绝对下沉量称为拱顶下沉值，其量测也属位移量测。对于埋深较浅、固结程度低的地层和水平成层的场合，该量测比收敛量测更为重要，其量测数据是判断支护效果、指导施工工序、保证施工质量和安全的最基本的资料。

1. 量测方法

对于浅埋隧道，可由地面钻孔，用挠度计或其他仪表测定拱顶相对地面不动点的位移值。对于深埋隧道，可用拱顶变位计，将钢尺或收敛计挂在拱顶点作为尺标，后试点可设在稳定衬砌上，用水平仪进行观测。

2. 量测要求

拱顶下沉量测断面间距、量测频率、初读数的测取等同收敛量测。

每个断面 3 个测点，一般布置在拱跨中处和两侧拱腰。

量测时间应延续到拱顶下沉稳定后。一般情况，拱顶下沉量的历时变化在开挖后大致呈直线增长，一直到距开挖面约 1~3 倍隧道直径处之后下沉发展缓慢、坡率变缓、渐进稳定。如果有底臌时，可按拱顶下沉法量测。

量测的原始记录与收敛值相同，用下沉量、下沉速度的时间关系图表示。

拱顶下沉值主要用于确认围岩的稳定性，尤其是事先预报拱顶崩塌。

项目小结

按隧道修建过程分，道路隧道检测的内容有：原材料质量检测、工序检测（超前支护与预加固围岩施工质量检测、开挖质量检测、初期支护施工质量检测、防排水质量检测、施工监控量测、混凝土衬砌质量检测）、施工监控量测、施工环境检测（通风检测、照明检测）、交（竣）工检测等。

复习思考题

1. 简述道路隧道检测的内容。
2. 检验喷射混凝土质量的主要指标有哪些？
3. 简述喷射混凝土强度的检测内容及测试方法。
4. 简述喷射混凝土厚度的检查方法。
5. 简述锚杆拉拔力检测时的注意事项。
6. 隧道施工监控量测的主要任务是什么？常用的量测项目及方法有哪些？
7. 简述拱顶下沉量测的意义及量测方法。

项目七

试验检测资料的整理及归档

【材料试验员岗位工作标准】具有基本的工程质量验收与评定能力，参与组织竣工验收、编制竣工验收资料等工作。

【教学目标】了解试验检测管理制度，熟悉试验检测资料的整理及归档，能够对项目的检测资料进行整理和归档。

试验检测资料的整理及归档

【思维导图】

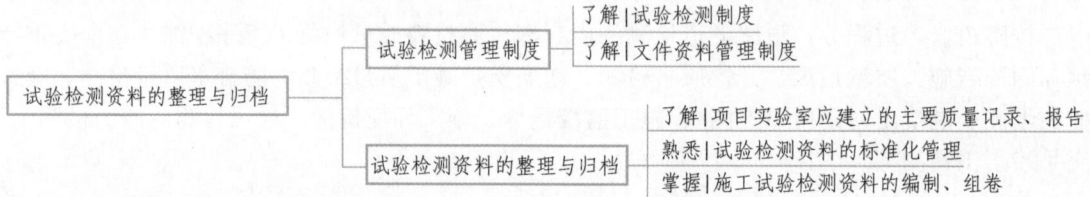

【思政映射】养成好的工作作风：办事认真、一丝不苟、讲究效率；谦虚谨慎，忠于职守；勤奋好学，精通业务；遵守纪律，严守机密。

【建议学时】4学时

试验检测资料是设计、施工、科学研究成果的重要记载；是进行竣工验收评定，编制竣工文件和试验技术总结的主要依据；也是作为工程质量事故调查分析的重要凭证，原始记录以及试验检测结果的真实记载，均具有法律效力。

任务一　试验检测管理制度

【工作任务】随着建筑市场的日趋完善，试验检测工作越来越被社会所重视，诸多建设单位为了规范项目试验室管理，减少项目试验室工作中的盲目性，提高项目试验室工作水平，要求施工企业的现场试验检测机构必须建立各项规章制度，具有独立工作能力，经过临时资质认证后，方可开展试验检测工作。

【预备知识】

一、试验检测制度

1. 原始记录

（1）检测原始记录是出具检测报告的依据，是最重要的记录。为了保证出具的检测报告能够复现，原始记录应包含足够的信息，记录中数据的有效位数和计量单位应正确无误，并且不允许随意更改，不许删减。

试验检测制度

（2）原始记录中还应包括参与抽样、样品制备（准备）人员的识别。所有的原始记录应按规定的格式填写。应使用钢笔或签字笔填写，字迹要清晰；不需要填写的栏目应用"/"占位。

（3）原始记录有错误需更改时，不得随意涂抹，在需要修改位置上划上"＝"线，然后在原数据的右上方写上正确的内容，在修改处加盖更改人的印章。

（4）在硬盘上的原始记录要打印一份用书面形式保存，并有书面签字。

（5）要指定专人负责原始记录的保管，每年年底应进行整理，按类别及编号顺序分别装订成册，并集中保存和管理。

2. 检测工作负责保证制度

（1）检测过程在项目主任指导下，由试验人员按检测要求完成。

（2）检测工作的环境应符合国家有关规范及设备运行环境要求。

（3）检测方法应按国家或行业有关规定进行，无国家标准或相关行业规定时，应由项目主任提出行之有效的方法并报上级主管部门审批。

（4）检测所用的设备应处于正常状态，并能做到有效的控制（应有设备的使用记录）。

（5）试验人员应熟练操作设备，并正确按检测规程进行工作，认真填写检测记录，互相校核原始记录。若检测过程中发现问题，应及时向项目主任汇报。

3. 测试数据检验制度

（1）试验检测数据的有效位数应与检测设备的准确度相适应，并符合相关规范、规程要求。

（2）检测数据应按相应规范、标准规定的方法进行整理，要求方法准确，计算无误，填写完整，签名齐全。

（3）所有的检测数据均应采用法定计量单位。

4. 检测报告及审批制度

（1）检测报告一般应采用行业或当地建设主管部门规定的统一格式，如无统一格式的报告表，项目试验室应按试验项目标准的通用要求自行设计，并报上级主管部门审核批准后使用。

（2）检测报告必须按规定用钢笔或签字笔填写，要求字迹清楚、内容完整、数据准确、结论正确。

（3）编写好的检测报告应由试验者、复核者签字，然后送交项目主任进行审核、签字并批准签发。

（4）经批准签发的检测报告，必须在报告上加盖试验专用章方可发送。

（5）未经项目主任批准，任何人不得随意借阅或复制检测报告，如确需借阅或复制报告，必须按规定办理相关手续。

5. 检测资料保密制度

（1）项目试验室对所有的试验检测项目和结果保密，在未得到上级主管部门许可或非法律查证，一律不予查询。

（2）所有的检测报告除提供给项目部和本室归档外，不得向其他单位和个人提供。

（3）所有的检测原始记录和复制件归档后，未取得上级主管部门同意，非本单位人员均不得查阅、复制或借出。

（4）凡属试验检测报告等资料，无关专业者不得借阅。

（5）凡需借阅试验资料者必须按有关规定填写表格并经项目主任同意后，方可按有关规定登记借阅。

（6）资料的复制必须经项目主任批准并登记，任何个人不得私自复制。

（7）项目试验室所有工作人员都有责任对检测技术资料保守秘密。

二、文件资料管理制度

文件资料管理制度

1. 文件管理制度

（1）项目试验室应以书面或电子文档形式对收到的文件进行分类，编目管理，易于识别，便于查找。

（2）对文件进行定期评审，必须及时予以修订并由授权人员确认其适应性。

（3）迅速将失效文件从所有发放和使用场所撤回，或采用其他措施防止误用。

（4）所有文件均须字迹清楚，注明日期（包括修订日期），妥善保管，并在规定期间内予以留存。

2. 试验检测资料管理

（1）试验检测原始记录是检查分析有关工程质量的依据，要按规定格式用黑色（蓝黑）墨水填写，字迹工整清晰。如确需更改，应在作废数据上划两条水平线，将正确数据填在水平线上方，加盖更改人印章或签名。

（2）试验检测报告是施工控制的重要技术依据，又是竣工验交的重要凭证，采用统一格式按规定和要求填写。发出的试验检测报告如发现有错误时，应重新补发一份更正，并注明所补发的试验检测报告编号，将原试验检测报告收回。

（3）试验检测原始记录应有试验者、复核者签名；试验检测报告应有试验者、复核者、项目主任签名并加盖专用章方可生效。经计量认证的试验检测项目，应加盖认证标志章，以保证试验检测报告的法律效力。试验检测资料保存期一般为工程移交后五年。

（4）各种试验检测表格应根据各类工程的不同要求，按有关工程的规定填写，使用法定计量单位，并妥善保存，列入竣工文件移交。

任务二 试验检测资料的整理与归档

【工作任务】试验检测资料的整理是在保证试验检测资料内在质量的基础上，注重提高外在品质，并要求及时收集、及时分析、及时报送，以便指导管理和施工。内在质量要求试验检测资料的内容要准确、真实、完整、规范；外在品质则要求及时和美观。

【预备知识】

一、项目试验室应建立的主要质量记录、报告

项目试验室建立的主要质量记录

项目试验室应建立的主要质量记录、报告有以下主要内容：
（1）工程原材料及特种材料进场报验单、试验记录、报告。
（2）工程原材料及特种材料出厂合格证及厂家有关技术资料。
（3）不合格品处理报告。
（4）试验资料月、季、年统计表。
（5）水泥、钢材、混凝土（砂浆）抗压强度试验台账及砂、石料使用台账。
（6）收发文登记。
（7）受控文件清单，并对受控与否做出明显标识。
（8）试验资料分类管理，建立卷内目录和总目录。
（9）试验室文件、报告发放登记。
（10）试验人员档案（包括上岗证及证书号码）。
（11）仪器设备档案（包括使用说明书、检定证书、履历书、维修记录、周检计划）。
（12）试验仪器设备合格的供方资料及花名册。
（13）试验检测计划表。
（14）取样检验登记表。
（15）其他有关工程试验的记录报告。

二、试验检测资料的标准化管理

1. 原始记录

试验检测资料的标准化管理

（1）原始记录表格主要内容应包括：委托单位、工程名称、施工单位、施工里程、试验编号、试验日期；产品名称、生产单位、规格型号、温度、湿度；取样位置、深度；检测项目；主要检测仪器名称、型号、编号；检测原始记录数据，数据处理结果；采用标准；试验者、计算者、复核者签名，以示负责。
（2）原始记录应用黑色钢笔填写，要求书写工整、规范、无误，如果确要修改，作废数据应划两条水平线，将正确数据填在上方，加盖更改人印章。
（3）所有记录填写均要使用法定计算单位。
（4）检测数据有效位数的确定，检测数据异常值的判定，区分可剔除异常值和不可剔除异常值应按有关标准、规程执行；整理好的数据填入原始记录的相应部分。

（5）有效数字的取舍必须按误差理论和数字修约规则，截取所需要的数据。

（6）其他工程的试验记录按行业统一表格或业主、监理指定的表格填写。

2. 试验报告

试验报告的主要内容应包括：委托单位、施工单位、施工里程、报告日期、报告编号；产品名称、生产厂家、产地、规格型号、产品编号（批号）、炉号、代表数量；钢筋焊接种类、焊工姓名、证书号；试验结果数据、检测评定依据、试验意见；试验者、复核者、试验室主任签名并加盖单位公章方可生效；通过计量认证的项目应在报告的左上角加盖认证标志章。

建立试验报告借阅登记表，表格主要应有以下内容：报告名称、份数、报告编号、借阅时间、归还时间、借阅人等。

3. 过期试验资料的报废或销毁

过期试验资料的报废或销毁要严格履行报批手续，首先由试验室主任向项目总工报批，经项目总工批准后，方可销毁，并造册登记入档。

4. 建立健全主要原材料及混凝土（砂浆）试验台账及地材使用明细

主要原材料及混凝土（砂浆）试验台账及地材使用明细主要包括以下内容：

（1）水泥、钢材、混凝土（砂浆）试件必须建立试验台账。

（2）水泥试验台账应有以下主要内容：送检单位、产品名称、品种标号、强度等级、生产厂家、批号、代表数量，使用部位、试验日期、报告单编号、试验结果、判定结果等。

（3）钢筋试验台账应有以下主要内容：送检单位、产品名称、牌号（炉号）、公称直径、代表数量、试验日期、报告编号、试验结果（屈服强度、极限强度、伸长率、冷弯性能），判定结果等。

（4）混凝土（砂浆）试件试验台账应包括：送样单位、制件日期、龄期、试验日期、试件代表部位、试验结果（抗压、折）、判定结果等。

（5）水泥、钢材使用台账应包括：产品名称、产地、产品种类、规格、代表数量、使用部位、试验结果、报告编号、判定结果等。

（6）砂、石料地材使用台账应包括：产品名称、产地、产品种类、规格、代表数量、使用部位、试验结果、报告编号、判定结果等。

（7）路基填料使用台账应包括：填料名称、取土场地、代表数量、使用部位、试验结果、报告编号等。

5. 特种材料的送检

特种材料的送检应填写送检委托单，委托单应包括以下内容：产品名称、规格型号、生产厂家、试验内容、代表数量、使用部位、委托时间，并有委托者和收样者签名。

6. 试验报告的保存期限

试验报告的保存期限一般为工程竣工移交后五年。

三、施工试验检测资料的编制、组卷

（一）桥梁工程组卷

施工试验检测资料
的编制和组卷

桥梁工程组卷包括以下主要内容：
（1）地基承载力检测报告（有复勘要求的项目）。
（2）桩基检测报告。
（3）水泥试验报告。
（4）砂样试验报告。
（5）碎（卵）石试验报告。
（6）外加剂试验报告。
（7）外掺料试验报告。
（8）岩石试验报告。
（9）钢筋原材料试验报告。
（10）钢筋焊接试验报告。
（11）水质分析试验报告。
（12）配合比审批报告。
（13）特种材料试验报告。
（14）混凝土（砂浆）试件抗压强度试验报告。
（15）防水材料试验报告。
（16）混凝土静力受压弹性模量试验报告。
（17）混凝土抗渗、抗冻试验报告。
（18）静载弯曲抗裂试验报告。
（19）混凝土试件抗压强度评定报告。
（20）各种原材料质保单、合格证。
（21）其他特殊要求的试验报告。

（二）隧道工程组卷

隧道工程组卷包括以下主要内容：
（1）水泥试验报告。
（2）砂样试验报告。
（3）碎（卵）石试验报告。
（4）外加剂试验报告。
（5）外掺料试验报告。
（6）岩石试验报告。
（7）钢筋原材料试验报告。
（8）钢筋焊接试验报告。
（9）各种原材料质保单、合格证。
（10）水质分析试验报告。
（11）混凝土配合比审批报告。

（12）混凝土（砂浆）试件抗压强度试验报告。
（13）混凝土抗渗、抗冻试验报告。
（14）混凝土试件抗压强度评定报告。
（15）特种材料试验报告（防水板、止水带、透水管等）。
（16）地质雷达检测报告。
（17）其他特殊要求的试验报告。

（三）涵洞工程组卷

涵洞工程组卷包括以下主要内容：
（1）地基承载力检测报告（有复勘要求的项目）。
（2）水泥试验报告。
（3）砂样试验报告。
（4）碎（卵）石试验报告。
（5）各种原材料质保单、合格证。
（6）水质分析试验报告。
（7）岩石试验报告。
（8）混凝土、砂浆配合比审批报告。
（9）混凝土（砂浆）试件抗压强度试验报告。
（10）防水材料试验报告。
（11）钢筋原材料试验报告。
（12）钢筋焊接试验报告。
（13）混凝土试件抗压强度评定表。
（14）外加剂试验报告。
（15）其他特殊要求的试验报告。

（四）路基工程组卷

路基工程组卷包括以下内容：
（1）地基承载力检验报告（有复勘要求的项目）。
（2）土工试验报告（土的液、塑性指标，土的重型击实试验，土的筛分试验，土的含水量试验）。
（3）压实度检测报告。
（4）特种材料试验报告（土工格栅、土工布、拉筋、锚索等）。
（5）涵背、桥台填土压实度检测报告。
（6）特殊地基加固试验报告。
（7）其他有特殊要求的试验报告。
（8）路基平整度检测报告。
（9）路基弯沉检测报告。

（五）路面工程组卷

路面工程组卷包括以下内容：

1. 基层（底基层）

（1）水泥（石灰）等无机结合料的试验报告。
（2）水泥（石灰）等无机结合料稳定材料的试验报告。
（3）水泥（石灰）等无机结合料稳定材料的无侧限抗压强度试验报告。
（4）基层（底基层）厚度试验报告。
（5）基层（底基层）压实度试验报告。
（6）基层（底基层）混合料配合比试验报告。
（7）水泥（石灰）等无机结合料剂量试验报告。
（8）基层（底基层）平整度检测报告。
（9）基层（底基层）弯沉值检测报告。

2. 面层

（1）沥青材料产品合格证。
（2）添加剂产品合格证。
（3）沥青原材料试验报告。
（4）添加剂材料试验报告。
（5）石料原材料试验报告。
（6）沥青混合料配合比试验报告。
（7）沥青混凝土面层压实度试验报告。
（8）沥青混凝土面层厚度试验报告。
（9）沥青混合料筛分试验报告。
（10）沥青混合料马歇尔试验报告。
（11）沥青含量抽提试验报告。
（12）路面平整度检测报告。
（13）路面弯沉值检测报告。
（14）路面抗滑性能检测报告。
（15）路面构造深度检测报告。
（16）路面透水性检测报告。

以上未尽事宜，请按照《公路工程质量检验评定标准》(JTG F80/1—2017)执行。

项目小结

试验检测资料是设计、施工、科学研究成果的重要记载；是进行竣工验收评定、编制竣工文件和试验技术总结的主要依据。作为工程质量事故调查分析的重要凭证，原始记录还是试验检车结果的真实记载，具有法律效力。

复习思考题

1. 做好试验检测资料的整理和归档有何意义？
2. 进行试验检测资料的管理要注意哪些问题？
3. 项目试验室应建立的主要质量记录、报告有哪些内容？

附录

公路工程质量检验评定标准

一、公路工程质量检验评定方法

（一）概　述

为加强公路工程质量管理，规范公路工程施工质量的检验评定，统一工程质量检验标准和评定标准，保证工程质量，交通部制定了《公路工程质量检验评定标准》（JTG F80/1—2017），该标准适用于各等级公路新建与改扩建工程施工质量的检验评定，该标准是公路工程施工质量的最低限值标准，公路工程质量检验评定除应符合本标准的规定外，尚应符合国家和行业现行有关标准的规定。

公路工程质量检验评定应按分项工程、分部工程、单位工程逐级进行，并应符合下列规定：

（1）在合同段中，具有独立施工条件和结构功能的工程为单位工程。

（2）在单位工程中，按路段长度、结构部位及施工特点等划分的工程为分部工程。

（3）在分部工程中，根据施工工序、工艺或材料等划分的工程为分项工程。

1. 单位工程

在建设项目中，根据签订的合同，具有独立施工条件的工程可划分为单位工程。每个合同段范围内的路基工程、路面工程、交通安全设施分别作为一个单位工程；特大桥、大桥、中桥、隧道以每座作为一个单位工程（特大桥、大桥、特长隧道、长隧道分为多个合同段施工时，以每个合同段作为一个单位工程）；互通式立体交叉的路基、路面、交通安全设施按合同段纳入相应单位工程，桥梁工程按特大桥、大桥、中桥分别作为一个单位工程。

2. 分部工程

在单位工程中，应按结构部位、路段长度及施工特点或施工任务分为若干个分部工程。每个合同段的路基土石方、排水、小桥、涵洞、支挡、路面面层、标志、防护栏等分别作为一个分部工程；桥梁上部、下部各作为一个分部工程；隧道衬砌、总体各作为一个分部工程。

3. 分项工程

在分部工程中，应按不同的施工方法、材料、工序及路段长度等划分为若干个分项工程。路基、路面单位工程中分部工程及分项工程的划分如附表1所示。

附表1　路基、路面单位工程中分部工程及分项工程的划分

单位工程	分部工程	分项工程
路基工程（每10 km或每标段）	路基土石方工程（1~3 km路段）	土方路基，石方路基，软土地基处治，土工合成材料处治层等
	排水工程（1~3 km路段）	管节预制，混凝土排水管施工，检查（雨水）井砌筑，土沟，浆砌排水沟，盲沟，跌水，急流槽，水簸箕，排水泵站，沉井、沉淀池等
	小桥及符合小桥标准的通道，人行天桥，渡槽（每座）	钢筋加工及安装，砌体，混凝土扩大基础，钻孔灌注桩，混凝土墩、台，墩、台身安装，台背填土，就地浇筑梁、板，预制安装梁、板，就地浇筑拱圈，混凝土桥面板桥面防水层，支座垫石和挡块，支座安装，伸缩装置安装，栏杆安装，混凝土护栏，桥头搭板，砌体坡面护坡，混凝土构件表面防护，桥梁总体等
	涵洞、通道（1~3 km路段）	钢筋加工及安装，涵台，管节预制，管座及涵管安装，波形钢管涵安装，盖板预制，盖板安装，箱涵浇筑，拱涵浇（砌）筑，倒虹吸竖井、集水井砌筑，一字墙和八字墙，涵洞填土，顶进施工的涵洞，砌体坡面防护，涵洞总体等
	砌筑防护工程（1~3 km路段）	砌体挡土墙，墙背填土，边坡锚固防护，土钉支护，砌体坡面防护，石笼防护，导流工程等
	大型挡土墙，组合式挡土墙（每处）	钢筋加工及安装，砌体挡土墙，悬臂式挡土墙，扶壁式挡土墙，锚杆、锚定板和加筋土挡土墙，墙背填土等
路面工程（每10 km或每标段）	路面工程（1~3 km路段）	垫层、底基层、基层、面层、路缘石、路肩等

分项工程完工后，应按照标准要求进行检验，对工程质量进行评定，隐蔽工程在隐蔽前应检查合格；分部工程、单位工程完工后，应汇总评定所属分项工程、分部工程质量资料，检查外观质量，对工程质量进行评定。

（二）工程质量检验

分项工程应按基本要求、实测项目、外观质量和质量保证资料等检验项目分别检查。

工程质量检验

1. 基本要求检查应符合下列规定

分项工程应对所列基本要求逐项检查，经检查不符合规定时，不得进行工程质量的检验评定，同时分项工程所用的各种原材料的品种、规格、质量及混合料配合比和半成品、成品应符合有关技术标准规定并满足设计要求。

2. 实测项目检验应符合下列规定

（1）对检查项目按规定的检查方法和频率进行随机抽样检验并计算合格率。

（2）标准规定的检查方法为标准方法，采用其他高效检测方法应经比对确认。

（3）标准中以路段长度规定的检查频率为双车道路段的最低检查频率，对多车道应按车道数与双车道之比相应增加检查数量。

3. 检查项目合格率的计算与判定

$$检查项目合格率（\%）=\frac{检查合格的点（组）数}{该检查项目的全部检查点（组）数}\times100\%$$

（1）关键项目的合格率应不低于95%（机电工程为100%），否则该检查项目为不合格。

（2）一般项目的合格率应不低于80%，否则该检查项目为不合格。

（3）有规定极值的检查项目，任一单个检测值不应突破规定极值，否则该检查项目为不合格。

（4）采用标准相关规定方法进行检验评定的检查项目，不满足要求时，该检查项目为不合格。

4. 外观质量检查

外观质量应进行全面检查，并满足规定要求，否则该检验项目为不合格。

5. 质量保证资料的检查

工程应有真实、准确、齐全、完整的施工原始记录、试验检测数据、质量检验结果等质量保证资料，应包括下列内容：

（1）所用原材料、半成品和成品质量检验结果。

（2）材料配合比、拌和加工控制检验和试验数据。

（3）地基处理、隐蔽工程施工记录和桥梁、隧道施工监控资料。

（4）质量控制指标的试验记录和质量检验汇总图表。

（5）施工过程中遇到的非正常情况记录及其对工程质量影响分析评价资料。

（6）施工过程中如发生质量事故，经处理补救后达到设计要求的认可证明文件等。

6. 检验项目评为不合格的，应进行整修或返工处理直至合格。

（三）工程质量评定

工程质量等级应分为合格与不合格，分项工程、分部工程、单位工程质量评定应有标准规定的资料。

工程质量评定

1. 分项工程质量评定合格应符合下列规定

（1）检验记录应完整。

（2）实测项目应合格。

（3）外观质量应满足要求。

2. 分部工程质量评定合格应符合下列规定

（1）评定资料应完整。

（2）所含分项工程及实测项目应合格。

（3）外观质量应满足要求。

3. 单位工程质量评定合格应符合下列规定

（1）评定资料应完整。

（2）所含分部工程应合格。

（3）外观质量应满足要求。

4. 评定为不合格的分项工程、分部工程，经返工、加固、补强或调测，满足设计要求后，可重新进行检验评定

5. 所含单位工程合格，该合同段评定为合格；所含合同段合格，该建设项目评定为合格

二、路基土石方工程质量检验评定标准

路基土石方工程质量检验评定标准

三、路面工程质量检验评定标准

路面工程质量检验评定标准

四、桥涵工程质量检验评定标准

桥涵工程质量检验评定标准

五、隧道工程质量检验评定标准

隧道工程质量检验评定标准

参考文献

[1] 交通运输部. 公路路基路面现场测试规程：JTG 3450—2019[S]. 北京：人民交通出版社，2019.

[2] 交通运输部. 公路路面技术状况自动化检测规程：JTG/T E61—2014[S]. 北京：人民交通出版社，2014.

[3] 交通运输部. 公路工程无机结合料稳定材料试验规程：JTJ E51—2009[S]. 北京：人民交通出版社，2009.

[4] 交通运输部. 公路工程沥青及沥青混合料试验规程：JTJ E20—2011[S]. 北京：人民交通出版社，2011.

[5] 交通部. 公路工程水泥及水泥混凝土试验规程：E30—2005[S]. 北京：人民交通出版社，2005.

[6] 交通运输部. 公路工程质量检验评定标准：第一册 土建工程：JTG F80/1—2017[S]. 北京：人民交通出版社，2017.

[7] 交通运输部. 公路土工试验规程：JTG 3430—2020[S]. 北京：人民交通出版社，2020.

[8] 杨晓丰，李云峰. 路基路面检测技术[M]. 北京：人民交通出版社，2006.

[9] 桂兰郑. 道路检测技术[M]. 北京：机械工业出版社，2006.

[10] 徐培华，陈忠达. 路基路面试验检测技术[M]. 北京：人民交通出版社，2004.

[11] 赵卫平，俞高明. 路基路面检测技术[M]. 北京：人民交通出版社，2006.

[12] 伍必庆，田伟. 公路工程试验员实用读本[M]. 北京：人民交通出版社，2000.

[13] 赵丽娜，闫新房. 公路工程资料管理[M]. 北京：化学工业出版社，2007.

[14] 张超，等. 路基路面试验检测技术[M]. 北京：人民交通出版社，2004.

[15] 张美珍. 桥梁工程检测技术[M]. 北京：人民交通出版社，2007.

[16] 范智杰. 隧道施工与检测技术[M]. 北京：人民交通出版社，2006.

[17] 张超，郑南翔，王建设. 路基路面试验检测技术[M]. 北京：人民交通出版社，2004.

[18] 徐培华. 路基路面试验检测技术[M]. 北京：人民交通出版社，2002.